JN120590

リカレント講座

西垣鳴人

令和日本の
金融システム

Recurrent

柘植書房新社

はしがき

　卒業して数年経った元大学生と懇談していて彼ら彼女らの口からほぼ共
通して出てくるのは「あの時の授業でやったことの重要さが今なら判る」
「なぜもっときちっと勉強しておかなかったのか」という後悔の言葉です。
もう大学の4年間は戻ってきません。それは皆さん承知しています。でも
もし一週間の二三時間でも，もう一度学習する機会が与えられたなら，彼
ら彼女らは猛勉強するはずです。現役大学生とはインセンティブがまった
く違うからです。

　リカレント教育 (recurrent education) とは一般に社会人になってからの再
学習のための教育のことを指します。欧米では1970年代から注目され，
日本でも言葉としては知られています。しかし実質的に定着しているとは
まだ言えません。

　勉強することの意味を知った若い社会人，その他改めて学びたいと思っ
ている管理職クラスは，思い立てば自学自習することでしょう。ただネッ
クはテキストです。入門書のほとんどは学生が授業で使うことを念頭にし
ており大学カリキュラムの一部として書かれています。社会科学系の学部
で使う数学くらいだったら難しくないし，分からなかったら勉強するか飛
ばせばよいでしょう。ただ扱われている内容が18歳から20歳前後の若者
向けであったり子供っぽかったり感じる人も多いはずです。社会人は政治
も含めて色々なことが見えていて，文字通り社会を広く知っていて，日本
の現代史についても教養に溢れているわけです。そんな人たちに興味を
持って読んでもらいたいというのが本書執筆の出発点です。

　本書は，社会人に学び直しのために読んでもらうことを念頭に置いた「日
本の金融システム」をテーマにした書物です。社会的常識があれば専門的
な予備知識は不要で，できるだけ幅広い層に理解して貰えるように努めて
います。

　本書の特徴の一つは，日本の金融システムや金融機関に関する実例を多

く紹介していることです。一般大学生だとピンとこない部分かもしれませんが社会人であれば理解の助けになるし，イメージを持ってもらい易いと思います。

　第二の特徴は，学術的なレベルは決して下げないで，大学専門課程の水準に設定していることです。大学院での使用にも耐える内容だと思います。ただ金融派生商品など多少テクニカルな内容(それ程高度ではないですが)は本筋とは独立させて補論A・Bにまとめてあります。選択的な学習をしていただければと思います。

　第三の特徴は，歴史的な記述を多用したことです。序章で日本の全般的な金融史について述べることから始まり，後の諸章でも個別業態/個別分野史がその都度紹介されています。これは特に金融システムのようなテーマを扱う場合，歴史的な理解がなければ「今」を理解することは難しいと考えるからです。

　そして第四に，書名に「令和」とわざわざ入れたように，現在進行形で日本の金融システムが直面している課題について，分野別に問題提起しています。歴史は大切ですが目的ではなく，あくまでも日本の金融の「今」について考えることを主題としています。それを考えることが日本経済の行き詰まりを打開するためのひとつの出発点になると思います。追々本文の中で触れましょう。

　本書の構成は以下の通りになります。

　序章「日本の金融システム眺望」では，そもそも金融システムとは何かという話から始めます。それから日本の金融システムがどのような種類の金融機関によって担われているのか，各々の業界(業態)を概観します。一通り空間的に眺めたら次はわが国金融システムの近代以前から20世紀末までの歴史を一気に概観します。そうして現在の日本の金融がどういった状況から歩み出しているかを把握します。

　第1章から第3章までは序章で紹介した金融システムの3タイプ，①直接金融，②間接金融，③市場型間接金融に対応しています。

　第1章「直接金融；証券取引のシステム」の前半は株式や債券を含めた

証券市場の機能および証券取引の仕組みについて，後半は現代日本における証券取引所や証券会社の業務ならびに経営戦略の事例について紹介します。

　第 2 章「間接金融；金融仲介のシステム」では証券取引と対比した銀行業務の意義および独自の機能についてお話します。そして銀行の直面する諸リスク，債権管理の方法，不良債権への対応，地域密着金融の実態等々について，具体例を挙げて解説していきます。

　第 3 章「市場型間接金融と保険」の前半では証券取引システムと金融仲介システムのハイブリッドタイプである市場型間接金融について，具体的には日本における投資信託と証券化について探求します。後半はわが国の保険業について基礎的なところから具体的なサービス内容・経営形態まで学んでいきます。

　次に，信用取引や現先・レポ，先物などデリバティブについて補論 A「仕組みを持った金融取引」として別途解説しています。多少テクニカルな内容ですが，現代日本の金融システム理解に役に立てばと思います。ただ読み飛ばしていただいても本書全体の流れとして不都合はありません。

　中程の 3 章分と補論 B はシステムを統合的かつ適切にコントロールする機関として中央銀行 (日本銀行) および金融庁を始めとする金融行政組織の役割や諸施策について歴史的・体系的にまとめています。

　第 4 章「中央銀行と決済システム」では，中央銀行の役割，組織としての性格，日本銀行のプロフィールについて紹介した後，金融取引を完了させるための決済システムについて日本を中心に類型化，海外との比較を交えて解説しています。ここでのポイントは，現代においてあらゆる決済手段は中央銀行によって統べられている事実です。併せてキャッシュレス化の流れについても言及しています。

　第 5 章「システムのコントロール 1；金融政策」は中央銀行のもう一つの重要な役割である金融政策 (貨幣政策) がテーマです。まず一般的テキスト通りの政策枠組みについて解説します。そして 20 世紀末に始まる非伝統的政策 (ゼロ金利や量的緩和，信用緩和)，黒田日銀による各種異次元緩和およびアベノミクスについて，データを交えて多少細かく検証して

います。

補論 B「金融政策についての諸論」では，非伝統的政策を深く理解するための理論について解説しています。現代日本の金融政策理解に役に立つ内容ですが，ここも読み飛ばしていただいて不都合はありません。

第 6 章「システムのコントロール 2；プルーデンス政策」は金融システム安定化のための諸施策についてです。わが国では金融庁を始めとした金融行政機関が担っています。前半はグローバルな金融規制である BIS(バーゼル) 規制の解説が中心となります。これが善かれ悪しかれ日本をはじめ世界の銀行による金融仲介活動を拘束しているにもかかわらず一般にはあまり理解されていないことから頁数を少し多く割いています。後半では金融庁を始めとした日本の金融行政組織の歩み，現状，そして課題について考えていきます。

最後の 2 章分は，日本の金融システムを別角度から捉える内容です。

第 7 章「日本の公助金融と共助金融」は，中央銀行を頂点とした民間金融システムと代替的な関係にあるとされるわが国の公助金融・財政資制度 (かつての財投システム) について，歴史的・機能的観点から議論します。加えて，同じ社会的目的という点では一致する民間中心の共助金融についても，日本の事例を紹介しています。

第 8 章「海外進出の上げ潮と引き潮」では本邦金融機関の世界における活動について，業態ごとに歴史的議論も含めて紹介しています。日本の金融機関は 70 ～ 80 年代に海外へと大きく活動の舞台を拡げました。しかしバブル崩壊とわが国金融危機を契機に潮が引くようにグローバル活動を縮小させました。それが 2010 年代，再び拡大へと転じています。特に地銀の場合，地元企業の海外進出を現地で支援するための海外リレーションシップが注目されます。加えて外資による日本進出等についても詳解しています。

歴史的な振り返りを盛り込んだことによって見えてきたことがあります。確かにマイナス金利や新型コロナの影響は日本の金融システム全体に暗い影を落としていますが，日本の金融の現場にいる人達は，営利か非営

利かに関わらず，力強さを増してきているという事実です。過去には政策等の失敗もありました。それも経験知として新しい世代の金融ビジネスパーソンや政策担当者は仕事力をアップさせています。また四半世紀前，政府・行政の方ばかり見ていた金融関係者が，今は多くが地元企業や生活者の方を見るようになってきています。

　昭和の金融恐慌，平成のバブル崩壊，令和のコロナ禍……なぜか年号が変わった頃，日本は困難に見舞われるように思われますが，殊日本の金融に関して希望はあると本書をまとめて感じた次第です。

　本書は著者の大学講義や各種の一般向け講座などのための資料を基に，最新のデータを加えて執筆されたものですが，地域の金融機関や非営利の金融事業に携わる方々のお話も多く伺い血肉としています。本書に面白味があるとするなら，これら実務家の方々に負っています。本来お一人お一人お名前を挙げるべきところですが，ここに記して感謝申し上げる次第です。一方で本書に過誤があるとすればすべて著者の責任です。最後に出版のアイディアを提案し気長に完成を待っていただいた柘植書房新社の上浦英俊氏に厚く御礼を申し上げます。

　令和 2 年秋

著者

リカレント講座

令和日本の金融システム◆目次

序章　日本の金融システム眺望

1　金融システムの基本枠組み

1-1　金融とは，金融システムとは

　金融とは何か？　——この問いには 2 つの方向から答えることができます。

　一つ目の答えは，黒字主体から赤字主体へ資金を (何らかの方法で) 融通することです。高等学校で政治・経済あるいは大学で経済学を勉強していると，社会に存在する大まかな経済の担い手もしくは部門 (セクター) して「家計」「企業」「政府」といった概念が出てきます。金融においてもこれらの主体 / 部門はもちろん重要ですが，もう一つ別な主体や部門の分類も採用されています。それが黒字と赤字という分類です。

　家計にも一か月あるいは年間の収入が支出を上回る（支出＜収入である）ケースがあれば，反対に支出が収入を上回る（支出＞収入である）ケースもあります。前者が**黒字主体**の家計，後者が**赤字主体**の家計です。この区別は企業にも各国の政府にも当てはめることができます。偶然に収支トントンの（支出＝収入である）ケースもあるでしょうが，金融が出番となるのは支出と収入が不等号になる場合です。ほとんどの場合がそうです。

　収入が支出を上回る黒字主体は資金的な「余剰」が生じています。この余剰は自分でため込んでいても何も生まないので，自分以外の誰かに有効活用してもらっていずれ利益の分配に与ろうとする「運用」のニーズが生じます。一方，赤字主体は資金の「不足」が生じているわけですから，この不足分を第三者から「調達」しなければならないニーズがあります。これら両者のニーズをマッチングさせる手段が金融取引もしくは金融サービスと言って良いでしょう。

一言でいうなら，金融とは，黒字主体から赤字主体へ資金的な「融通」あるいは「便宜」が図られることを意味します。ここで「融通」と言っているのは取引の契約時に貸借などの資金の受渡しが行われていることを指しています。また「便宜」と言っているのは契約の際の資金的な受け渡しはありませんが，クレジットカードの提示や約束手形の振出しなどによって支払いを将来へと繰り延べているケースを指しています。

　「金融とは何か」の二つ目の答えは，現在と将来とにまたがった資金の取引ということです。いったん金融取引が行われたら将来のどこかの時点で，今度は赤字主体から黒字主体への反対の資金の受け渡しが必要になります。それは借りたお金の返済や利息の支払い，クレジット代金の支払いなどです。これら支払いを一般に**決済**と呼んでいます。最初の「融通」「便宜」から最終的な「決済」までを一括りにして金融取引というわけです。このように時点をまたいだ取引という意味で，金融のことを異時点間取引と呼ぶこともあります。

　金融システムと言う場合，黒字主体と赤字主体の資金運用/調達から資金決済までの「全体的な仕組み」を意味します。この枠組みは大きく分けて三つのパターンがあります。以下に説明される直接金融，間接金融，および市場型間接金融の三つです。

1-2　システムI；直接金融と自己責任

　構造的にシンプルという理由で直接金融から説明を始めます。直接金融とは，黒字主体と赤字主体のダイレクトな資金取引が証券市場を介して行

図 0-1　直接金融の枠組み

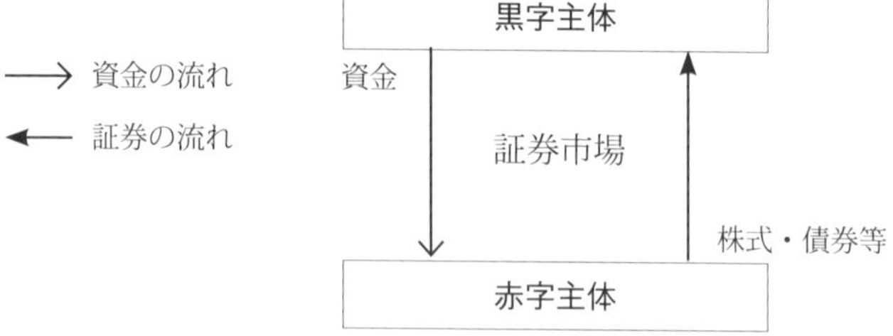

```
　　　　　　　　　　　　　┌──────────┐
　　　　　　　　　　　　　│　黒字主体　│
　　　　　　　　　　　　　└──────────┘
──→　資金の流れ　　　資金│　　　　　　↑
←──　証券の流れ　　　　　│　証券市場　│
　　　　　　　　　　　　　│　　　　　　│株式・債券等
　　　　　　　　　　　　　↓　　　　　　│
　　　　　　　　　　　　　┌──────────┐
　　　　　　　　　　　　　│　赤字主体　│
　　　　　　　　　　　　　└──────────┘
```

われる仕組みを指します。赤字主体が発行した債券あるいは株式を黒字主体が直接購入 (投資) する形で資金がやりとりされるシステムです。

　証券市場においては，証券会社が株式・債券の売買を仲介してくれたり，証券取引所が売買の機会を提供してくれたりしますが，取引当事者はあくまでも黒字主体と赤字主体であるということが次に説明する間接金融と決定的に違います。直接金融において特徴的なことは何かと言えば，資金の運用先である赤字主体についての「情報収集・分析」は黒字主体自身が自己責任で行うという点です。

　金融取引は異時点間取引なので将来の不確実性が伴います。少しでもこの不確実性を小さくするためには資金の運用先である赤字主体についてしっかり調査して資金を運用 (投資) する相手として相応しい者だけを選別する必要があります。この調査や選別は資金を運用 (投資) する黒字主体以外のだれも肩代わりしてくれません。運用の結果生じる（未返済・価格変動などの）リスクは黒字主体自身が引受けなければなりません。「**自己責任** (self-responsibility)」という言葉は，21 世紀に入ってから日本で多用されるようになりました。もともと欧米で主として使われていたのは株式投資など自らがリスクを引受け管理しなければならない金融取引の場面においてであったと言われます。

　直接金融 (証券取引) のシステムについては第 1 章で詳解します。

1-3　システムⅡ；間接金融の仕組みと本質

　金融仲介機関（銀行等）が黒字主体と赤字主体の資金融通を仲立ちするという意味では直接金融における証券会社等と似ていますが，黒字主体と赤字主体が直接取引することはありません。両者とも銀行等仲介機関だけと取引します。

　間接金融の一般的な手順について述べます。金融仲介機関は，最終的貸し手である黒字主体に対しては間接証券を発行して資金を調達します。銀行であれば預金証書を発行して一般公衆から預金を集めています。一方で仲介機関は最終的借り手である赤字主体が発行した借用証書や約束手形といった本源的証券と交換に黒字主体から調達した資金を運用します。

図 0-2　間接金融の枠組み

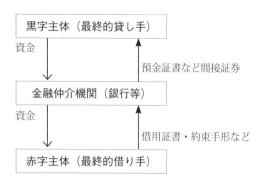

　用語の整理をしましょう。本源的証券は赤字主体が資金調達を目的として発行する証券です。直接金融にも間接金融にも存在します。直接金融では株式や債券が該当しますがとくに意識してこの言葉を使用することはありません。間接金融では仲介機関が発行する間接証券と区別するためこの用語が使用されます。借用証書や約束手形など銀行等が融資と引換えに得る証券が該当します。借用証書の正式名称は「金銭消費貸借契約証書」と言います。"消費"という言葉には単にお金を保管するのではなく一旦使って(消費して)しまって改めて稼得するなどして返還するという意味が込められています。

　「最終的貸し手」と「最終的借り手」も間接金融特有の用語法で，貸し手であり借り手でもある銀行など仲介機関と区別するための呼称です。最終的貸し手とは元々の資金の出し手という意味で間接金融における黒字主体のこと，最終的借り手とは元々の資金を必要とする者(取り手)という意味で間接金融における赤字主体のことを指しています。

　さて，銀行等の金融仲介機関が黒字主体から赤字主体へ資金を右から左へ流しているだけなのかと言えば，それは大きな間違いです。銀行預金の例で考えると分かり易いと思います。先ず最終的借り手である企業等は，数百万から数億円以上の大口資金ニーズがある一方で債務が返済できなかったり倒産したりするリスクを抱えており，融資した資金も直ちに返済してくれるわけではありません。これに対して最終的貸し手である預金者

から集める預金は多くは数万から数百万円の小口である上に預金者に元本と利息を保証する一方でいつでも引き出しに応じなければなりません。つまり銀行は小口/低(無)リスク/高流動性(換金自由)の資金を調達しておいて大口/ハイリスク/(中々返済されない)低流動性という正反対の融資先へ運用するという離れ技をやってのけています。これを**資産変換**と呼びます。この資産変換の中で金融仲介機関は最終的貸し手に代わって責任をもって「情報の収集・分析」や「リスク管理」を成し遂げてくれます。自己責任だった直接金融とここが本質的に異なる点です。

間接金融(金融仲介)のシステムについては第2章で詳解します。

1-4　システムⅢ；市場型間接金融というハイブリッド

直接金融と間接金融のハイブリッドな金融システムが市場型間接金融です。黒字主体（最終的貸し手）と赤字主体（最終的借り手）が直接取引せず，金融仲介機関が資金融通の仲立ちをする点では間接金融なのですが，何らかの形で証券市場を活用する点，黒字主体が自己責任でリスクを引受ける点では直接金融の性格も持ち合せています。

図0-3に示したように市場型間接金融には二つ類型があります。上で述べたように二類型とも金融仲介機関が証券市場を利用するのですが，その利用の仕方が違います。契約型投資信託では資金運用の場として証券市場を利用します。仲介機関は間接証券を発行して最終的貸し手から資金を調

図0-3　市場型間接金融の2パターン

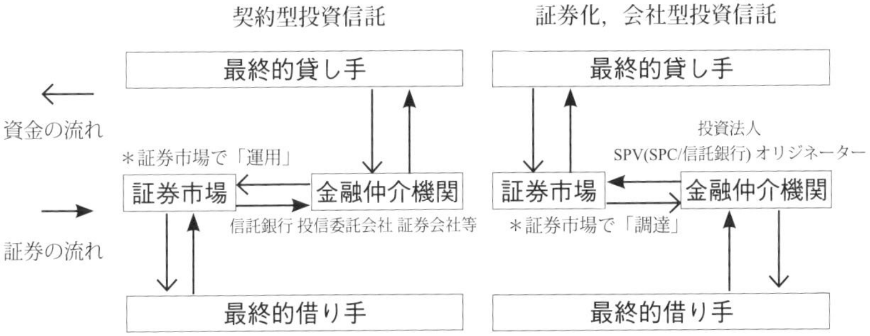

達し，証券市場を通じて最終的借り手にファイナンスする形です。仲介機関として証券会社，投資信託委託会社，および信託銀行など複数の機関が連携しています。

　もう一つの類型には証券化（資産流動化）や会社型投資信託が当てはまります。これらは資金調達の場として証券市場を利用します。すなわち市場を通じて間接証券を発行して集めた資金を最終的借り手にファイナンスする形態です。近年，注目されているクラウドファンディングもこのタイプに分類されます。なかには私募債など少数の投資家を対象とする間接証券発行もあります。

　市場型間接金融のシステムについては第3章で詳解します。

　以上，金融システムの三様態について概説しました。時としてここに政策当局や監督当局等による調整機能（金融政策やプルーデンス政策）まで含めて金融システムと言うこともあります。本書はこれらの全体について，特に日本のシステムを取り上げて，ところどころで歴史的視点も交えながら，解説していきます。

2　日本で活動する金融機関

2-1　広義の銀行（預金取扱金融機関）

　金融システムについて全体の枠組みを観てきました。次に実際に金融業を営んでいる日本の諸機関について概観して行きたいと思います。なお文中に示された機関数・店舗数等は，断りのない限り2020年8月末の値です。

　金融機関は非常に多種多様に存在しているにもかかわらず，多くの人は最初に銀行を連想するかもしれません。それだけ店舗の数が多いことと預貯金という金融商品の利用頻度が高いなどの理由があるからでしょう。金融機関の定義上，預金を取り扱っている金融機関という括りがあり，それを広義の銀行と呼ぶこともあります。広義の銀行（預金取扱金融機関）に含まれる狭義の銀行とは，銀行法にもとづいた「免許」をもって活動する金融機関で**普通銀行**と呼ばれています。普通銀行には都市銀行，地方銀行，

第二地方銀行，新たな形態の銀行，その他銀行，そして外国銀行の日本支店が含まれます。

都市銀行とは大都市に本店を構えて全国規模の支店網を有する銀行です。日本では，みずほ，三菱 UFJ，三井住友，りそなといった金融庁所管 (全国規模の業務展開の場合) の 4 行に地方財務局所管 (業務展開が地域限定の場合) の埼玉りそなが加わります。**地方銀行**は地域の中核都市に本店をおいて，本店所在地の都道府県を主な営業基盤とし，拠点地域に高密度の営業ネットワークを構築している銀行です (62 行，令 3.1)。**第二地方銀行**は中小企業専門の相互銀行が 1989 年から 91 年にかけて普通銀行に業態転換した銀行で地方銀行と実質な区別はありませんが独自の業界団体（地銀の全国地方銀行協会に対し第二地方銀行協会）に所属しています (38 行)。

新たな形態の銀行は 2000 年以降に登場してきたインターネット専業銀行(以下，ネット銀行)と商業施設との連携を主とする銀行(以下，流通系銀行)を指します。ネット銀行とはネットを通じた個人相手の決済・融資・証券仲介等を行う銀行 (7 行)，流通系銀行とはグループ店舗に ATM を設置して預金・決済業務を行う銀行 (3 行) であり，いずれも銀行としての固有店舗を持たないことから相対的な低料金や高預金金利を実現してきました。

上記のいずれにも当てはまらない国内銀行は**その他の銀行**に分類されます。旧長期信用銀行から業態転換したあおぞら銀行と新生銀行，郵政公社の貯金事業が民営化したゆうちょ銀行，韓国籍銀行の日本支店譲渡を受けて生まれた SBJ 銀行，破綻銀行の事後処理を行う整理回収機構 (詳細は第 6 章) が含まれます。

18 カ国 54 行 (20 年 8 月末) の**外国銀行支店**も普通銀行として金融庁の監督下にあります。近年は減少傾向で 19 年 8 月末の 22 ヵ国 56 行から低減しました。

以上が普通銀行 (狭義の銀行) です。以下はそれ以外の預金取扱機関です。

信託銀行という名称はよく聞かれるし，実際に利用されている方も少なからずおられると思います。定義としては信託業と銀行業とを兼営しており信託業を主務とする金融機関です (14 行，一部普通銀行も信託業務を行っています)。広義銀行の多くは，主として間接金融の担い手ですが，信託

銀行は市場型間接金融の担い手として不可欠の役割を果たしています (詳細は第 3 章)。

　銀行を傘下にもった金融持株会社のことを特に**銀行持株会社**と言います。これには全国的に事業展開する金融庁所管の都銀系 (みずほ FG 等)，信託系 (三井住友トラスト HD)，事業系 (ソニー FHD，日本郵政等) の 9 社と，地方財務局所管の地銀系 15 社があります。

　協同組織金融機関は，営利目的の銀行と異なり構成員の相互扶助を目的としています。**信用金庫**の会員は営業地区内に居住 / 勤労する個人および中堅中小企業で，預金は会員外も可能ですが融資は原則として会員が対象です (255 金庫)。**信用組合**の組合員資格は信金会員と変わりませんが組合員以外の預金は残高の 20％以内に制限され融資も原則として組合員向けです。信組には地域単位だけでなく職場単位の職域組合 , 一事業を単位とする業域組合などもあります (145 組合)。**労働金庫**は労働者団体を中心とする協同組合組織で全国の各地域に 13 組織が営業しています。**農漁協信用事業**には全国各地域に農林業者対象の JA バンク (642 店舗) と漁業者対象の JF マリンバンク (102 店舗) があります。

　協同組織の各業態は営業対象・地域に関しそれぞれ一定の制約があり，個々の機関としては必ずしも事業基盤が強固とは言えないものも多くあります。そのため各業態はスケールメリットを補うために中央機関，全国組織あるいは広域組織を有しています。中央機関では信用金庫の**信金中央金庫**と農漁協の**農林中央金庫**があります。全国組織では信用組合の全国信用協同組合連合会，労働金庫の労働金庫連合会があります。また広域組織には農漁協の信用農業協同組合連合会 (全国に 32) および信用漁業協同組合連合会 (全国に 27) があります。所管は中央機関と全国組織が金融庁，広域組織とすべての個別機関が地方財務局です。

2-2　証券業関連の金融機関

　近年，規制緩和が進んだことにより預金取扱い機関の多くが証券業に進出するなど直接金融とも深くかかわるようになってきましたが，伝統的に直接金融もしくは証券取引を支えているのは証券会社，証券取引所，その

他証券業関連のさまざまな金融機関です。

　銀行のことを預金取扱機関と言うように証券業関連の金融機関を，行政区分上，金融商品取引業者と呼んでいます。その言い方で行くと**証券会社**は，第一種金融商品取引業に該当します。証券会社は企業の証券発行を通じた資金調達を手助けしたり，投資家の売買注文を取引所に取り次いだり，あるいは自らの資金で証券売買を行うなど各種証券業務に携わっています。

　銀行に都銀や地銀の違いがあったように，証券会社にもまた類似の区分があります。国内外に拠点があり全国に支店をもつ大手5社に準大手2社，これらと同様に主要な証券業務をすべて行う中堅7社，そのほかインターネット専業証券，外国証券，地場証券，地銀系証券など，269社が全国で，あるいは各地域で営業しています。これら証券会社とは別に満期が1年以内の短期金融市場において，短期の証券発行を手助けしたり銀行間の資金貸借を仲介したりする**短資会社**(3社)もあります。

　証券の発行/流通のシステムを提供し管理しているのが**証券取引所**という金融機関です。東京証券取引所と大坂取引所(先物などのデリバティブ専門)を運営する日本取引所グループのほか，名古屋，札幌，福岡に独立の取引所があります。またデリバティブ取引のみを行う東京金融取引所もあります。きわめて公益性の高い業種ですが，すべて民間組織であり，証券会員制法人である札幌証券取引所の他はいずれも株式会社です。

　取引所は証券が主体から主体へと渡っていくためのシステムを提供しますが，誰かの所有となった証券を日常的に管理しているのが**証券保管振替機構**です。機構と付いていますが独占的に事業を扱う一株式会社です。独占的と言えば日本で唯一の**証券金融会社**である日本証券金融株式会社は，信用取引(詳細は補論A)など証券取引に関連した貸付等を行っています。

　証券関連でもう一つ重要なのが**格付け機関**です。日本格付研究所(JCR)，格付投資情報センター(R&I)，外資系のS&Pやムーディーズ・ジャパンなど7社が日本で事業を行っており，「格付け」により証券発行主体の「信用リスク情報」を投資家に提供するなど金融関連の情報生産を主業務としています。

2-3　保険業を営む金融機関

　4大金融業態というと銀行，信託，証券に保険が加わります。保険業，特に生命保険は黒字主体から赤字主体への資金の融通という金融仲介(市場型間接金融)にも関わっていますが，コアの保険事業は独自の論理に基づくシステムで成り立っています。

　生命保険会社(以下，生保)は，人の生死に関わるリスクに対して一定の保障を行う機関です。国内大手9社の他，損害保険の子会社(東京海上日動あんしん，損保ジャパン日動興和ひまわり等)，ソニーやSBIの事業会社系，アフラック，メットライフといった外資系生保など計42社が日本国内で営業しています。

　損害保険会社(以下，損保)は，偶然の事故等により生じる損害に対し一定の補償をする事業を行っています。生保で用いた「保障」ではない「補償」の字を用いるのは，具体的な事故損害額を補填する意味合いが強く，最初に決められた定額の保険金が支払われる生保と性格を異にしているためです。東京海上日動火災，損害保険ジャパン日本興亜，三井三友海上火災といった国内大手，明治安田損保や共栄火災海上といった国内中堅，外資系など54社が営業しています。

　その他，保険業に関連した機関として少額短期保険会社があり，一定事業規模の範囲内において少額・短期の保険の引受けのみを行っています。また保険に類似した制度である**共済**は，協同組合等が運営する相互扶助を目的とした保険システムで，全労済(国民共済)や県民共済などが，共同体で事業を営んでいます。

2-4　固有機能を持った各種金融機関

　銀行，信託，証券，保険の4業態には属さない，しかしシステムのなかで固有の役割を担っているのが各種金融機関です。

　信託銀行とは別に市場型間接金融と関わるものとして**投資法人**というカテゴリーがあります。例えば不動産投資信託(REIT，リート)などが該当します。出資証券(投資口)を発行して小口資金を集め，不動産や有価証券などの特定資産に運用し，投資家に利益分配を行う金融機関のことで

2020 年 8 月末現在 110 社が国内で営業しています。資産流動化 (いわゆる証券化) という形で市場型間接金融の担い手となっているのが**特定目的会社** (SPC) で，同 8 月末現在 815 社が日本国内にあり，過去一年で 50 社以上増えました (詳細は第 3 章)。

　各種金融機関の中でより耳慣れた存在と言えば**貸金業者**（ノンバンク）でしょう。しかしながらその定義は「預金を原資としないファイナンス事業」という非常に簡単なもので，おそらく一般に認知されるよりも多岐にわたっているのです。消費者金融業はノンバンクのなかで特に一般の個人に対する無担保での融資事業を中心とする業態であり，専業から銀行系，外資系，クレジットカード系まで多様です。これに対し事業者金融は事業者向けに事業用資金を融資します。これらは銀行と比べて無担保で融資決定までが迅速であるというメリットがある一方，リスクに応じて高金利が適用されることもあります。

　貸金業にカテゴライズされる機関は他にも多く存在します。消費者金融に近接するところではクレジットカードに関連した各種業者があります（第 4 章）。高額商品の割賦販売 (分割支払い) を斡旋する信販会社，金銭の代わりに高額な機器の貸付をリース料徴収によって行うリース業者は比較的古くからある貸金業者です。オリックスという幅広く事業展開しているグループ企業があります。(プロ野球チームをイメージする人も多いでしょうが) ルーツはリース業なのです。市民事業を対象とした非営利の NPO バンクも日本では貸金業にカテゴライズされています。日本でマイクロファイナンスというとグラミン銀行のような海外のイメージと少し違って多重債務者や生活困窮者を対象とする非営利の貸付事業が数的には主流になります。これも貸金業に分類されます。

　その他の各種金融機関には，近年注目されてきている暗号資産交換業者があります。金融庁から認定を受けた暗号資産 (仮想通貨) を取扱う業者ということで，20 年 8 月末現在国内で 25 社が事業を行っています。ちょうど 1 年前に 17 社だったので，投資法人や SPC と同様に成長分野と言えましょう。いわゆる**フィンテック**関連は参入する業者数だけでなく，新しい業種がこれから次々と生まれて日本の金融業態を拡大していくことが予

想されます。

2-5　政策金融，中央銀行，監督機関

　以上に見てきたものは営利も非営利もすべて民間の金融機関でした。以下は組織的には形式だけ民営化されたものや半官半民もありますが基本的に政府側の金融機関です。

　まず**政策 (政府系) 金融機関**とは自らが何らかの金融事業を営んでいる特殊法人を指します。特殊法人とは，金融機関である場合に限らず，固有の政策目的のために固有の法律に基づいて設立された会社組織のことを指し，資本金の全部または大部分を政府が出資しています。日本政策投資銀行，日本政策金融公庫，商工組合中央金庫，国際協力銀行などがそれに該当します。民間の全国組織金融機関と同じく金融庁の監督下にあることに加えて，国会，主務大臣等の統制を受ける点に特徴があります (詳細は第 7 章)。

　日本の中央銀行は**日本銀行**です。中央銀行の役割は国により多少の違いがありますが，①発券銀行，②銀行の銀行，③政府の銀行，④金融機関の監督といった基本機能はどこも共通しています。①発券銀行とは現金通貨や金融機関同士の決済手段を提供する役割です。②銀行の銀行とは金融機関に対する各種の金融サービスを提供する機能です。③政府の銀行とは政府の経済に対する金融窓口を提供する役割などを意味します。また④金融機関に対する監督も日本では日銀が金融庁と役割分担する形で果たしています (詳細は第 4 章)。

　金融システムが正常に機能するための様々なルールが存在します。そうしたルールを整備し，遵守状況を監督し，守られていなければ指導を行い，時として業務停止などペナルティーを科しているのが**金融庁**です。日銀にも監督機能はありますが罰する権限はありません。金融庁の目的とは，①システムの安定，②利用者保護，③市場公正確保のための金融機関の監督です。時代の要請に沿った発展的な制度設計も財務省と連携して担っています (詳細は第 6 章)。

　財務省の総合出先機関として**地方財務局**が全国を 11 の地域に区分けし

て設置されています。都銀や大手証券など全国区で営業する金融機関は金融庁が監督する一方，地銀や信金信組，地場証券などは各財務局が管轄しています。財務局には各地域で金融庁と同様の役割を遺漏なく果たすことが求められています。

3　日本金融システムの成立

3-1　金融システムの条件

　ここまで日本の金融システムを空間的に概観してきました。ここからは時間的もしくは歴史的にこれを眺めてみます。金融に限らず経済社会ステムは時と共に姿を変えるものであり，歴史を知らないと深く理解はできないものです。本節ではまず戦前までの日本の金融システム形成の歴史を辿ります。

　日本における金融の萌芽は平安時代(西暦794〜1192)にさかのぼるとも言われます。しかしそれ以前の特に貨幣がなかった時代においても自らが使用する以上の財を保有した者(黒字主体)が自ら使用する財が足りない者(赤字主体)に向けて，財の返済など何らかの将来的見返りを条件として財の提供を行っていれば，それは他でもない「金融行為」だったことになります。だから「金融」が遥か有史以前から存在したことは想像に難くありません。

　但し，私たちがテーマとする金融システムは，何らかの組織的な働きを前提としたファイナンスの枠組みを想定しています。したがって振り返るべき歴史は，もう少し下った時代からということになります。

　組織的な金融の枠組みを支えるものとして貨幣制度は，どこの国をながめても不可欠の要素であることは明らかです。貨幣自体は律令国家ができるより前に大陸中国から伝わっており，日本でも7〜8世紀以降には国家による貨幣鋳造がありました。しかしシステムとして金融が機能するためには貨幣が存在しているだけでは不十分で，全国的な制度が整えられる必要があります。

3-2　三貨体制と両替商

　日本における全国的な「貨幣制度」は 17 世紀，江戸時代前半に始まります。それが金 (両)・銀 (匁 (モンメ))・銅 (銭，文) を並立させた三貨体制でした。江戸を中心とした東日本は「金」，大坂 (大阪) を中心とした西日本は「銀」を主に使用，銅銭がそれらを補完していました。これは金銀の産出地域がそれぞれ東西に偏っていたことが理由でしょう。前節で述べたとおり，現代は中央銀行が発券銀行の役割を果たしていますが，この時代の通貨発行者は幕府勘定奉行 (今の財務大臣) の監督下における御用達町人，金座・銀座・銭座 (ゼニザ) などの民間業者でした。

　江戸期においては後の銀行の源となった**両替商**が成立します。これもいわば民間から自生したもので（ルーツは鎌倉時代の土倉），大名相手の各種換金業務を行っていました。当時の武士 (幕府や大名の官僚) の年棒は米の量 (石高) で測られ，大名は大坂 (経済の中心) の「蔵」に米等を保管，必要に応じ換金をしていました。両替商は大坂では米を銀に換金し，さらに江戸では銀と金との交換に応じていました。これら財とマネーの流通は基本において市場メカニズムに委ねられ，各交換レートは市場の実勢に応じて常に変動しました。両替商は換金業務に付随して大名の預金，為替，貸付など後の銀行業務も行うようになっていきました。

3-3　金融市場の始まり

　江戸期においてもう一つ注目されるのは金融市場の発達です。最初に生まれたのは金相場立会所 (1725 ～) です。ここで両替商が金銀売買を行い，金／銀相場が決定されました。誕生地は大坂の北浜，幕府 (政府) 公認です。幕府は監督する立場にありましたが，例外を除いて規制や介入をしたわけではありません。同じ大阪で次に誕生したのが**堂島米会所** (1730 ～) でした。ここでは米の現物取引 (正米取引) と先物取引 (帳合米取引) の両方が行われました。先物に代表される金融派生商品 (デリバティブ) 取引のルーツは古代メソポタミアにさかのぼると言います。ただ組織的な先物市場の最初は 18 世紀の大坂と言われます。

　当時の政府である江戸幕府は，政治的な秩序が守られる限り民間の経済

活動を割と自由にさせていた面があります。明治以降，日本は中央銀行制度や金本位制など近代的な金融システムの多くを欧米諸国に倣ったわけですが，自由取引中心の江戸期金融システムが基礎にあったことが，金融の近代化を円滑に進める上でプラスの要因になったことは間違いないでしょう。

3-4　近代システムへ；新貨条例と国立銀行条例

　明治政府は，いわゆる富国強兵策の一環として維新後間もない時期に当時の列強諸国に倣った金融制度改革に着手します。その第一手が**新貨条例**(1871(明 4) 年) であり江戸時代の東西に分れた通貨単位を改め統一的な貨幣制度の確立を目指しました。国内的には円・銭・厘の十進法(1 円 ＝ 100 銭，1 銭 ＝ 10 厘）による新通貨単位が導入されました。そして海外の金本位制を意識し，本位通貨 (正貨：正式な通貨) を「金」と定め，1 円イコール金 1.5 グラムとしました。これは当時の 1 ドルの金価値とほぼ等しかったため 1 円が 1 ドルと等価だと宣言したようなものです。

　貨幣制度の次の課題は貨幣を経済に送り出すシステム (銀行制度) の確立です。1872(明 5) 年に**国立銀行条例**が施行されました。その主な目的は「国立銀行」を設立して正貨 (金) 準備に裏づけられた兌換紙幣を流通させ，旧貨幣や不換紙幣を回収することです。国立銀行と言っても政府系ではなく「発券業務を行う民間銀行」の意味でアメリカ「国法銀行 (national banks)」に倣ったものです。多方面で近年再注目されている渋澤栄一が設立した東京第一国立銀行 (1873) に始まり第百五十三銀行 (1879) まで短期間に各地で設立が相継ぎました。

3-5　日本銀行の設立

　しかしながら，上の各条例 (当時の条例は法律と同義) が目指した金本位制の根幹である銀行券の金兌換は国内的な金準備不足 (幕末に金が海外に流出したことはよく知られています) から保証ができませんでした。そこで1876(明 9) 年には早々に国立銀行条例が改められ事実上正貨準備なしでも銀行券が発行できるようにしました。このことが，とくに西南戦争 (1877)

後のインフレを導いたのでした。このインフレを終息させるための引締め策の意味もあり、(後に松方デフレとして記憶される) 松方正義らが中心となり日本銀行が設立されます (1882(明 15))。

　日本銀行の設立は、西欧各国の中央銀行制度を参考にした日本銀行条例に基づいています。この条例 (法律) に従って国立銀行 (上記) は発券権を失い (1883，明 16)，(金ではなく) 銀兌換が保証された中央銀行券 (日銀券) の発券業務が開始されました (1885，明 18)。そして 1889(明 22) 年までに日銀は前節で述べた①発券銀行，②銀行の銀行，③政府の銀行としての地位を固めます。旧不換紙幣・国立銀行紙幣などの回収が完了し、日銀券の流通体制がここに確立しました。

3-6　金本位制への参加

　19 世紀から 20 世紀にかけて，各国が金本位制を採用したことが正しい選択であったかは判断が難しいところです。それが国際決済システムの確立による通貨的安定をもたらし各国の経済発展に寄与した面もあれば，金準備に拘束されて自由な通貨発行ができないことによる経済停滞や金の取り合いによる国際関係の悪化から第一次大戦につながる要因になったという見方も可能です。ただ当時の日本政府は金本位制採用が国力発展を対外的に示すものであり国際交渉も有利に進められると考えていました。

　清国との戦争 (1894 ～ 95) の後，賠償金 (3 億 6 千万円，当時の国民所得の 3 割に相当) を使ってロンドン金融市場から金 (GOLD) を調達します。これによって 1897(明 30) 年，日本は金本位制を金正貨 1 億 900 万円，銀正貨 4,900 万円の準備でスタートさせました。金正貨準備は、国内的には兌換銀行券の発券の基礎となり、対外的には国際決済手段となるものです。

　金本位制とは、採用各国が自国通貨と金貨もしくは金地金との兌換を保証し、一定の金兌換比率を定めることにより採用国間の外国為替レートを決定する制度です。採用時、日本は金兌換比率 (金平価) を 1 円＝金 2 分 (750㎎) としました。これは 1 ドルが約 2 円となる外為レートを意味し、1917(大正 6) 年に金本位制を離脱するまでの固定相場としてアメリカ向け生糸など輸出貿易における為替リスク回避の役割を果たしました。

3-7　初期の銀行システム

　番号付き国立銀行に始まった民間銀行の設立は，**銀行条例** (1890) によって銀行が「預金・為替・貸付・手形割引を行う組織」と定義されてのち新規参入が爆発的に増加します。普通銀行数はピークの 1901 年に 1867 行まで膨張しました。しかしその大部分が支店を持たない (といってもネット専業とは異なり単に零細という意味の) 単点銀行と呼ばれる状況でした。当時，銀行という名の金融業者に信用はなく，いつ潰れてもおかしくない銀行の預金は株式と同等の危険資産でした。余裕資金を持った人たちの資産運用として株投資が銀行預金を凌いで隆盛していたことも今の日本と真逆の様相でした。例外は国家の信用をバックにつけた郵便貯金です。これが庶民にとっては唯一の安全資産と言ってよく日本の貯蓄習慣の涵養に大きく寄与したと言われています (詳細は第 7 章)。

　銀行の信用が低いため預金は思うように集まりません。その一方で銀行業者は貸出には積極的であったため不足する資金は日銀からの借入で賄われました。こうした状況は**オーバーローン**と呼ばれ戦後高度成長期まで続きます。当時の日本の金利は「強い資金需要・不十分な貯蓄形成」を反映し全般に高め，例えば民間銀行が中央銀行から借入れする時の金利である公定歩合はイギリスより 3 パーセント程度高いことが常態であったと言います。

　多くの銀行が零細であった一方，江戸時代の両替商にルーツを持つ三井と住友，新興の三菱と安田，そして最初の国立銀行だった第一が，明治期から大正期にかけて**五大銀行**を形成して都市圏の企業を主要取引先に業容を拡大していきました。その地位が固まったとされるのが次に見る昭和金融恐慌です。そこで多くの零細単店銀行が閉鎖されていく中，5 行で普通銀行全体の 5 分の 1 強の預金を集めたと言われます。

3-8　転機となった昭和恐慌

　昭和金融恐慌 (1927(昭 2) 年 3 月 14 日～) は，戦前期日本の金融システムにおける一大転機となった出来事です。もっと言えば，江戸期から続いて

きた無規制で市場主義的なシステムを終わらせた巨大ショックでした。当時の片岡蔵相の一民間銀行破綻についての失言がトリガー(引金)になった話は有名ですが，第一次大戦後のバブル崩壊，関東大震災の影響が重なり，累積する不良債権に対して有効な対策が採られてこなかったことが真因です。上記トリガーで全国的な銀行取付け(預金の一斉引き出し)が起こり，閉鎖34行，休業/営業停止は126行に及びました。

　政府の恐慌に対するレスポンスは比較的迅速でした。約2週間後の3月27日に銀行法が改正され，①日銀による立入り調査である**日銀考査**を受けること，②銀行自身による内部検査を実施することが義務付けられました。そして③貸付に際しては損失を補填できるだけの担保を徴求することも義務付けられました(**有担保原則**)。　方，全国的な取付け騒ぎは，日銀による金融機関救済のための大量貸出しによって5月13日頃には終息しました。これが後の日本銀行特別融資(最後の貸し手)の始まりとなりました(詳細は第6章)。

　もう一つ，銀行同士が資金過不足を融通し合うインターバンク市場(第1章)も日本では同恐慌を契機として自然発生的に生まれてきたものです。

3-9　金本位制復帰の失敗

　19世紀末に金本位制に参加し，実質的な固定為替レートによる安定的な対米輸出を通じて経済発展が遂げられたことは日本にとって大きな成功体験でした。金本位制は1917年に停止していましたが恐慌に始まる経済停滞に際してかつての成功のベースだった同制度を復活させようという意見が強まります。欧州諸国も先に復帰していました。

　1930(昭5)年，金貨および金地金の輸出再自由化(いわゆる金解禁)が一部の反対にもかかわらず断行されます。金本位制では金を国際決済手段とするわけですから自由な金輸出入は制度の前提です。断行した政府側には旧平価(1ドル2円)で金本位制に復帰することで物価を安定させ(いわゆるデフレ政策)，固定レートの下で輸出振興を図ろうという意図がありました。しかし現代の経済理論に従えば相対的にインフレが進んだ国の輸出品は高くなっているので変動か固定かにかかわりなく為替レートが自国通

貨安 (円安) にならないと国際価格競争で不利になってしまいます。さらにこの時期，主要な輸出先のアメリカは恐慌後大不況に突入したばかりで金解禁政策の破綻は目に見えていました。大幅な輸入超過になったこと等により大量の金が流出します。正貨準備が不足して金本位制は維持困難となりました。

3-10　戦後型システムの素地

　デフレ政策に代わって登場してきたのがリフレーション政策でした。リフレとは一定程度のインフレを容認し意図的に通貨供給を膨張させる政策を指します。2013 年に始まった黒田日銀の異次元緩和のルーツともとれる政策です。これを 1931(昭 6) 年にスタートした人物が蔵相・高橋是清でした。彼はまず金輸出を再禁止し金兌換を停止しました。翌 1932(昭 7) には日銀引受け (買取り) による国債発行を開始しました。金準備に縛られない物価 / 為替相場を重視する政策でした。さらに資本の海外逃避を回避する目的で内外資金取引を原則禁止する**外国為替管理法** (1933) が成立しました。

　30 年代前半の是清による一連の政策は，しかしながら，1936 年に彼が暗殺 (二・二六事件) されてから適正なコントロールを失った感があります。30 年代後半からは軍事費が日銀の直接引受けによる国債発行によって調達されるようになり，これが戦後インフレの原因にもなりました。通貨の番人としての日銀は最初，際限ない国債引受けには抵抗したと言います。しかし 1942(昭 17) 年に (旧) 日本銀行法が成立，政府に対する無担保貸付け，国債引受けは法文化されてしまいました。この旧法は戦後の 1949(昭 24) に組織形態について一部改正されて後，1997(平成 9) 年に全面改正されるまで存続することとなります。戦後日本は民主化 / 平和憲法など様々な面で戦前と大きく異なりますが，金融に関して言えば統制的な側面が戦後も継続しました。

　もう一つ戦前期に確立されたシステムとしては**一県一行主義**があります。各都道府県内の民間銀行の統合を進めて恐慌以前とは違う安定的システムを構築しようとしたものでした。まず規模を大きくして信用を高めた

各地の銀行が預金を吸収します。次に預金として集まった資金を各地の銀行はインターバンク市場を通じて大都市の大手銀に融通します。そして融通された資金を大手銀が大企業に貸出します。このような戦後システムの素地が戦前期に生まれたのでした。

4　現代システムへの道程

4-1　市場競争の排除と金利規制

　戦後復興期から高度成長期までの金融システムに求められたこと，それはまず少額の貯蓄を広く国民全体から集めてくること，そして鉄鋼・造船を中心とする大企業への融資を円滑にし，資金面から経済復興/成長を支えることでした。それにはすでに戦前から進められていた一県一行主義を基盤とした間接金融中心のシステムが目的に合っていると政治家および産業界によって判断されたのです。

　そこで間接金融の担い手である銀行の経営基盤を確固たるものとする目的で戦前の統制を高度化(規制強化)することから戦後システムの構築は始まりました。方向性は1950(昭25)年ころまでに定まりました。簡単に言えば，競争を徹底的に排除すること(競争制限的規制)によるシステムの安定化です。

　今，金利規制というと消費者金融における利息制限法等を連想します。ですがかつては日銀が一方的に決める公定歩合を中心とした規制金利体系のことを指しました。銀行預金金利は公定歩合に連動させなければならず，長短の貸出金利は預金金利に各々一定率を上乗せして決められました。したがって公定歩合の変更は国内金利全体の変更を意味しました。顧客を獲得するために他行より高めの預金利息や低めの貸出利息を提示するなどあり得ませんでした。

　一方，証券の分野では株式の委託売買手数料(第1章)が一律に決められるなど，金融システムから市場競争が排除されていきました。

4-2　業務分野規制と護送船団行政

金融機関同士の競争を排除するための業務分野規制が幾つかあります。

銀証分離は銀行の業務と証券会社の業務を排他的にした規制です。銀行には市場性証券(有価証券)の関連業務が禁止され(株式保有は例外),証券会社には金融仲介関連の業務が禁止されました。昭和金融恐慌の原因の一つに銀行による証券業務の失敗があったことも銀証分離の根底にはありました。**長短分離**では長期金融(満期が1年超の融資)を担う金融機関(長期信用銀行と信託銀行)と短期金融(満期が1年以内の融資)を担う金融機関(普通銀行など)を明確に区別しました。他にも生保と損保の分離があります。これらは競争を回避すると共に専門性を高め経営の安定化を図ること等を目的としていました。

以上に加えて出店舗規制,新商品規制などによって競争は徹底排除されました。これら一連の政策はもっとも船足の遅い(効率の悪い)金融機関に全体の進行速度を合わせるという意味で**護送船団行政**(convoy system)と呼ばれます。かつて経験した大量倒産/システム不安を回避するための保護政策です。但し,日本の金融機関(とくに銀行)の潜在的な国際競争力は確実に低下しました。

4-3　為替管理強化と国際金融システムへの復帰

戦前の為替管理をさらに強化し徹底させるべく1949(昭24)に**外国為替及び外国貿易管理法**が施行されました。これによって内外の資金的なやり取りは「原則禁止,例外自由」とされました。具体的にみて行くと日本企業には外債発行などによる外貨調達の制限,非居住者には日本市場での株式発行や株式購入の制限および日本の公社債市場での起債(社債等の発行)制限,邦銀(日本の銀行のこと)に対しては海外市場からの借入れやドル建て預金を円に転換することの禁止,そして在日外銀は日本のインターバンク市場を通じた資金融通(コール取引)や日銀借入れの禁止――といった全面的なものでした。

為替管理には三つの意味がありました。一つは競争制限的な規制を対外的にも徹底させることです。競争力の高い外国金融機関と競争して経営破綻してしまっては国内で競争回避している意味がありません。二つ目はよ

り有利な運用先を求めて資金が海外に向かうのを防ぐことです。日本の経済復興・成長のための資金が不足しないよう，それを回避するという目的がありました。

　そして為替管理のもう一つの目的が外国為替の固定相場維持を容易にすることでした。日本は 1949 年に 1 ドル 360 円の固定相場を定めました。内外資本取引を自由にしておいて固定レートを維持するとなると円売りドル買い投機に対して通貨当局 (日銀) は外貨準備のドルを売って円を買い支える必要があります。しかし外貨準備は有限です。外貨準備不足に陥らないためにも為替管理は不可避と考えられました。

　日本は 1952(昭 27) 年に IMF・世界銀行に加盟，国際金融システムに復帰しました。唯一金との兌換が保証された通貨がアメリカ・ドルです。そのドルと各国が固定レートを維持することによりグローバルな固定レート体系が実現しました。それがブレトンウッズ体制です。日本の国際金融システム復帰はブレトンウッズ体制に参加することから始まりました。

　1954(昭 29) 年，**外国為替銀行法**により東京銀行を外国為替専門銀行に指定します。民間の国際金融業務は東京銀行と主要銀行 (外国為替公認銀行) だけが担う，いわゆる**為銀主義**がここに始まりました。外国為替取引をごく一部の金融機関に限定することで統制と監視は容易になりました。

4-4　高度成長期の金融構造

　競争回避を徹底させた戦後金融レジーム (体制) の下で，高度成長期に特徴的なシステムの在り方 (金融構造) が観察されました。

　特徴的な金融構造の一つ目は，民間の旺盛な資金需要が「銀行借入れ」に過度に依存した状態 (**オーバーボローイング**) です。二つ目はその資金需要に応えたことによって銀行の「貸出残高」が「預金残高」を超過する状態 (**オーバーローン**) です (数値的に言えば預貸率が 100％を超えること)。銀行は足りない資金を日本銀行からの借入れで賄っていました。その日銀からの借入金利が公定歩合です。公定歩合の上げ下げによる金融政策は，銀行貸出金利の上げ下げに直結し，高度成長期の日本経済に非常に大きな統制効果を発揮しました。

資金の偏在はオーバーローンと同じく戦前からつづく金融構造です。日本の地方では貯蓄超過，都市部では貸出超過が常態化していました。一県一行主義によって経営基盤を確固たるものとした地銀が各地の預貯金を集めてインターバンク市場を通じて都銀にファイナンスし大企業の資金需要を満たしました。

間接金融中心のシステムが築かれた一方において，直接金融は発達が抑制されました。たとえば社債発行は株式の東証1部上場 (詳細は第1章) よりも厳しい基準（昭和60年当時，有担保で純資産30億円以上等）をクリアしないと認められないといった具合です。

また**株式持合い**という日本独自の慣行もありました。これは発行株式を公募により市中消化するのではなく系列会社や関連会社そして主たる取引先の銀行 (メインバンク) が引受けて長期安定保有してもらう慣行です。この慣行によって市場に出回る株式は発行残高の一部に限られました。そのため企業価値を株価に反映させるという株式市場本来の機能が妨げられました。株価が企業業績と無関係に変動するため一般投資家にとって株は投機対象でしかないというイメージが固まっていきます。

4-5　高度成長の終りと金融構造の変化

最初の変化は高度成長の只中だった東京オリンピックが開催された1964(昭39)年に起こりました。この年，日本はIMF 8条国入りをします。8条国とは「自国通貨の経常取引における交換性を認めている国」であり輸出入において円と外貨の交換が自由になったことを意味します。但し，一方において為銀主義 (上記) は健在であり，交換に応じられる銀行は一部に限られました。また証券取引における円ドル交換はなお厳しく規制されていました。

次の変化が起きたのは1971(昭46)年8月のニクソンショックです。このとき金と米ドルの兌換が停止され以後復活することはありませんでした。同年12月，円は1ドル360円から308円に2割近く切り上げられ，しばらく新レートの下で固定相場が維持されました。しかし73年2月，日本は変動相場制に移行します。固定相場の放棄は内外資本取引を禁止し

なければならない理由の一つ (上記) が消滅したことを意味しました。

　第三の変化は，変動相場に移行した同じ 73 年の秋の石油ショックとその後の不況によって高度成長が終焉したことです。ここから戦後の金融レジームを揺るがす様々な出来事が起こってきます。

　1974(昭 49) 年に戦後初のマイナス成長を経験し税収の大幅減および景気対策のために政府は翌 75(昭 50) 年に赤字国債を大量発行しました。ただし昭和 22 年に施行された財政法によって日銀は例外を除いて国債買取りを禁止されていました。そのため日銀は幹事 (取りまとめ役) に回り市中銀行に赤字国債を買取らせました。高度成長が終わったことによって企業からの借入需要が細っていた銀行は最初，新たな運用先として赤字国債の買入に応じていました。しかしやがて資金不足になった一部銀行が国債の放出先を求めるようになりました。

　また設備投資など企業からの資金需要が大幅に減少したことによって一方ではオーバーボローイングの解消が進みます。銀行を特別扱いする規制の必要性は低下しました。

4-6　規制緩和の始まり

　岩盤のように硬かった戦後の金融規制体系の一角が崩れたのは 1977(昭 52) 年，国債引受けで資金繰りに困っていた銀行に対して資金的余裕のある金融機関へ国債の転売が許可されたことでした。東京証券取引所に国債流通市場が開設され，そこでの国債の取引価格および利回りは市場実勢 (需要と供給) によって決まる仕組みになりました。

　この後銀行には 1983(昭 58) 年に一部国債の一般顧客向け窓口販売が許可されました (詳細は第 1 章)。一方で証券会社には 1980(昭 55) 年，中期国債ファンドの販売を認可しました。これは契約 1 ヶ月後に引出自由となる銀行預金に対抗し得る流動性を備えた金融商品でした。

　こうして金利規制と業務分野規制の両方が崩れ始めました。

　1979(昭 54) 年，外国為替及び外国貿易管理法が 30 年の時を経て改正され翌年施行されます。「原則禁止，例外自由」の資本取引が「原則自由，例外禁止」に変わりました。自由と言っても大蔵省もしくは地方財務局の

許可は必要で，為銀主義も残っていました。しかしこの後，**金融の国際化**は加速していきます。

1980(昭55)年には外貨預金と国内居住者向けの外貨建て貸付(インパクトローン)が認可されました(但し円に戻すには許可が必要)。80年代になると海外から自由化要請の声が大きくなります。それに応えるように84年には海外資本の日本株投資に関する規制緩和や為銀による外貨・ユーロ円(海外で取引される円)の国内持込み自由化(円転規制の撤廃)，実需に基づかない通貨先物取引の自由化が一気に進みました。また86年には国内規制の適用を受けない「外‐外(内外分離)型」の東京オフショア市場が創設されました。

80年代の特徴として，60～70年代から海外進出を始めていた大企業に加えて，中堅・中小企業でも国際化が進展したことが挙げられます。こうした動きに合わせて大手行は国際業務体制を拡充しました。また地方銀行の中にも海外駐在員事務所そして海外支店を開設するものが現れました。内外資本フローの増大は，海外市場での起債など資金調達/運用の多様化を進展させます。80年代は外銀の日本進出と邦銀海外進出が相互進展した時代でもありました(詳細は第8章)。

4-7　バブル発生のメカニズム

80年代後半における日本のバブル経済とは，株式市場と不動産市場で同時発生した複合バブル，それと連動した好景気(バブル景気)，これら全体を指します。バブルとは合理的な価値計算からは説明できない「資産価格の上昇」を意味します。株式バブルや不動産バブルが有名ですが，原油，商品先物，17世紀のチューリップ球根など将来収益が期待される財(すなわち資産)と呼べるものなら何でもバブルが生まれる可能性があります。

バブルが発生するには必要条件と十分条件があります。

バブルの必要条件とは市場心理的な要因，すなわちある特定資産に対する投資家の大部分が同様の前向きな心理傾向を持つことです。例えば株価や不動産価格は「絶対下がらない」などという固定観念，日本で言えば「右肩上がり神話」と呼ばれた心理的傾向がそれでした。加えて，直前の成功

を過大評価したり将来の損失を過小評価したりする偏向的思考 (心理的バイアス) によって合理的計算からは導けない過大な収益期待（金融ユーフォリア）が醸成されました。

　ただし心理要因だけではバブルは生じません。バブル発生には過剰流動性という十分条件が不可欠です。どんなに将来収益への期待が高まったところで手元に潤沢な投資資金が無ければ財に対する需要は高まりません。投じられるマネーによって市場価格が上昇しなければ定義から言ってもバブルは発生しないのです。

　80 年代後半の日本にはバブル発生の十分条件を満たす環境が整っていました。第一は製造業からの借入れ需要低迷によって銀行が余剰資金を不動産業に長期運用できたことです。第二はこの時期がかつてない低金利だったため誰もが低コストで投資資金を調達できたことです。そして第三は前項で述べた金融国際化の影響です。「Japan As Number One」と言われた日本ブームもあって海外からも大量の資金が流入しました。

　1985 年末に初めて 13,000 円を超えた日経平均株価は 89 年末 (12 月 28 日) に以後更新されていない 38,957 円という史上最高値を記録しました。不動産バブルはその後一年半継続します。日本列島全体の土地を売ればアメリカ全体の土地が買えるというような無意味なたとえ話をマスメディアでさえ取り上げていました。

4-8　バブル崩壊と負のレガシー

　バブルが弾けた主な理由は，実際に期待されたレベルのキャッシュフローが得られなくなった時期に始まった引締め政策です。株に関しては 89(平成元) 年 4 月に公定歩合がそれまでの 2.5 パーセントから引き上げられだし，翌 90 年 8 月に 6.0 パーセントになって約 1 年後の 91 年 7 月まで維持されたことが影響しました。後にアジア通貨危機の引き金となるヘッジファンドの投機売りも日本で市場崩壊を引き起したというデータに基づく指摘もあります。一方，土地バブルを崩壊に導いたのは不動産向け融資の伸び率を総貸出の伸び率以下に抑制することを義務付けた**総量規制** (90.4 〜 91.12) でした。

　その後の長期不況の原因を作ったとしてバブルをバーストさせた引締め策を恨む声もありました。しかし以後の日本経済に残された「負の遺産（レガシー）」はバブル経済自体が生み出したという説が有力です。

　第一に，バブル景気のおかげで石油危機以来低迷することの多かった企業の資金需要が再び増加し現状維持の機運を醸成したことです。この増大した資金需要の多くは合理的な将来キャッシュフロー計算に基づくものではありませんでした。本来自由化は市場競争を激化させるファクターなのであって，金融機関を中心に日本企業は国際競争力の強化に向けた転換を迫られていたはずです。金融機関の多くはバブルによってその機会を逃してしまいました。

　第二に，バブルによるリスクの過小評価が挙げられます。株価の過大な上昇により（持合いも含めた）保有株に膨大な含み益（未実現のキャピタルゲイン）が発生したことで「株を売却すれば貸倒損失も簡単に穴埋めできる」という楽観が邦銀の多くに生まれました。また値上り続けた担保としての不動産を処分すれば債権回収が十分可能と考えられたこともリスク評価を甘くした一因でした。

　株式バブルの崩壊で含み益は含み損になり，地価が急落したことによって担保処分による債権回収は困難になりました。バブル経済の崩壊過程で多くの銀行融資が返済不能になり，見込んでいた回収ができず大量の不良債権が発生します。これが最大の負のレガシーとなり90年代後半から00年代にかけ不良債権の処理なしに日本の金融システム，あえて言えば日本経済の再生はあり得ないとまで言われるようになったのでした。

4-9　それでも構わず進展した自由化

　70年代後半に始まる金融規制緩和（自由化）は，バブル経済やその崩壊とは無関係に，90年代に至るまでペースとしてはゆっくりでも粛々と進められていました。国債流通市場の誕生が契機となり70年代末の譲渡性預金（CD，次章参照）を嚆矢として80年代には次々と自由金利商品が認可されていきました。91年に貸出金利，94年には預金金利が規制撤廃され日本における金利の自由化は完了します。かつて規制金利時代に金利体系

27

の中心にあった公定歩合は，銀行による日銀借入れが激減したことと相まって，急速にその重要性を失っていきました (詳細は第 5 章)。

　業務分野規制に関して，さらなる規制緩和の方法として選択されたのは**業態別子会社方式**でした。これは銀行や証券会社が本体として他業態の業務に進出するのではなく，例えば銀行が証券子会社，証券会社が銀行子会社を各々設立して，親会社として他業態と関わりを持とうという間接的な進出方式です。銀行と証券そして信託の三業態については 1993(平 5) 年，損保と生保の相互乗り入れについては 96(平 8) 年にそれぞれ子会社方式が導入されました。

　もう一つの大きな金融規制の緩和が，債券発行の自由化です。86(昭 61) 年 1 月に始まった規制緩和は 10 年という歳月をかけて 96(平成 8) 年 1 月に完全自由化という形で終了しました。規制こそ撤廃されましたが信用リスクが低くないと債券発行できないのが日本の慣行です。そこで注目されるようになったのが格付け機関でした (詳細は第 1 章)。

　ここまでの金融規制緩和は「激変緩和 (早すぎる自由化は市場の混乱を招くので徐々に緩和を実行すること)」という言葉で実施主体の大蔵省 (当時)が自らを正当化したように 10 年 20 年かけて完成するスローな施策でした。しかし世界的な金融自由化の流れに従い，金融部門の競争力向上を狙うために残りの自由化を 5 年で実現すると当時の政府が宣言します。それが**日本版金融ビッグバン**でした。

　金融ビッグバンとは先行する英国版ビッグバン (1986 年) に倣ってのネーミングです。日本版の目玉とされたのが為替管理の撤廃です。これによって国際金融取引は完全自由化され,事後届出だけで良いようになりました。法律名も外国為替及び外国貿易管理法から**外国為替及び外国貿易法** (1998年施行) へと「管理」の二字が除かれました。為銀主義は廃止され外為公認銀行という概念がなくなります。外貨取引はコンビニでも可能となり外貨預金の円転換は自由となりました。外国為替証拠金取引 (FX) もこの時に認可されたものです。それにより個人の外貨取引が為替相場に影響を及ぼす時代になりました。

　もうひとつ 21 世紀に大きく影響することになる規制緩和は**金融持ち株**

会社の解禁 (1999) でした。業態別子会社により他業態進出の道は開かれましたが，子会社の業務に制限があるなど規制の束縛は残りました。それが持ち株会社を設立し銀行，信託，保険，証券などの金融関連会社を傘下に収めることでグループ全体としてユニバーサルな金融事業展開が自由に行えるようになったわけです。これにより業界再編が加速し，現代の巨大金融グループ誕生へとつながりました。

　金融ビッグバンにおける一連の改革の中で，証券売買手数料の自由化，証券会社の免許制から登録制への移行と業務多様化など証券制度改革が進みます。その一方で銀行の投信窓口販売や独自投信開発とその販売が許可されるなど，銀証の相互乗り入れも進みました。これが競争の激化を通して業界再編を促進していく一因になるのでした。

4-10　現代へ

　金融ビッグバンがまさに始動した矢先の 97(平 9) 年 7 月，アジア通貨危機がタイから始まります。10 月には韓国まで拡大しました。これが一つの引き金になり溜まっていた不良債権問題が一気に噴き出す形で 11 月，日本の金融危機が始まります。都銀の一角だった北海道拓殖銀行，四大証券の一つ山一證券を始め金融機関の破綻が相次ぎました。翌年にはやはり大手の日本長期信用銀行と日本債券信用銀行が破綻，まさに「金融有事」の時代に突入しました。

　不良債権問題は 90 年代半ばの住宅金融専門会社の破綻辺りから注目されだしていました。しかしここにきてその深刻さが明るみに出ます。大蔵省を頂点とした監督当局は危機に迅速な対応ができず，石油危機以来のマイナス成長とデフレ懸念に対して日銀の金融緩和は後手後手に回っていると批判されました。

　金融ビッグバンは既に始まっており，自由化を推し進めようとするグローバルな潮流のなか, 高度成長期の競争制限的なシステムに戻ることは，選択肢としてはなかったわけではありませんが賛同する人は最早少数でした。つまり競争を前提とする新しいシステム安定化策が求められるようになっていたのです (詳細は第 6 章)。

次章からは2000年以降，令和に至る日本の金融システムについて，テーマごとに詳しくお話ししていくこととします。

第1章 直接金融；証券取引のシステム

1 はじめに

　序章で述べたように，証券と言っても赤字主体 (最終的借り手) が資金調達目的に発行する本源的証券もあれば，銀行などの金融仲介機関が黒字主体 (最終的貸し手) から預金などの形で資金を募るとき発行する預金証書 (通帳) などの間接証券もあります。さらに同じ本源的証券でも最終的借り手が金融仲介機関から資金を融通してもらうときに発行する借入証書や約束手形もあれば，株式や債券のように市場を通じて発行・流通する**有価証券**もあります。本章で証券取引システムと言う場合，最後に述べた有価証券が株式市場や債券市場などを通じて取引される直接金融を指しています。

　第2節では証券市場の全体を捉えます。第3節では証券市場でもとくに株式市場，第4節ではとくに債券市場についてそれぞれ詳論します。第5節では証券会社による証券業務の具体的な内容について，第6節では日本の証券取引所について紹介します。そして第7節では日本の証券業についての歴史を簡単に振り返り，現代の大手および地場証券の経営戦略について紹介します。

2 金融市場と証券市場

2-1 金融市場の分類

　様々な金融取引が行われる場を広く金融市場と言います (図 1-1)。広義の金融市場とは金融システムの全体を「直接」「間接」「市場型間接」とは別角度から捉えたものです。証券市場を含んだ狭義金融市場の他に間接金

融の場となる預金貸出市場と年金保険市場，市場型間接金融の舞台となる投資信託市場と資産担保証券市場があります。さらに金融派生商品(デリバティブ)市場や外貨取引が行われる外国為替市場へと広がります。

　本章では話を狭義金融市場に絞ります。図に示されたように，同市場は短期金融市場と長期金融市場に分かれます。短期とは1年以内，長期とは1年超の取引が行われる市場です。この長短という区分は他の預金貸出市場等にも当てはまります。例えば3か月や半年の短期の定期預金がある一方で2年3年あるいは10年といった長期の定期があったり，手形を使った短期貸しがある一方で満期が1年を超える長期融資があったりします。

2-2　長期金融市場もしくは証券市場

　一般に長期金融市場のことを証券市場と呼んでいます。ただ「証券」の意味を広くとれば短期市場も含むことになりますが，あくまで一般的な使用法です。具体的に言えば株式市場と債券市場の二つです。

　株式市場と債券市場は，それぞれが「発行市場」と「流通市場」に分かれます。物理的空間が分かれているわけではなく，同じ取引所空間のなかの役割（機能）の違いというべきです。**発行市場**とは最終的借り手や金融

図表 1-1　金融市場の全体像

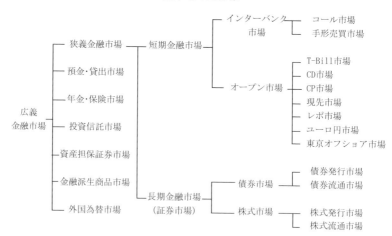

仲介機関の資金調達を目的として新規に証券が発行される市場です。**流通市場**とは一度発行された証券 (既発行証券) が，黒字主体どうしや金融機関との間で売買される市場を意味します。ちなみにこの発行市場と流通市場という機能的な区別は，後で述べる短期金融市場のオープン市場にも存在します。

　金融資産としての株式や債券については第3節と第4節で触れるので，以下では発行市場と流通市場の役割や相互の連関性についてお話しします。株式，債券など本源的証券本来の役割は既述のように赤字主体が不足する資金を調達することにあります。この赤字主体のニーズは発行市場において満たされるので何故に流通市場が存在するのか疑問に思われる方がいてもおかしくありません。むしろ流通市場があるおかげで投機が助長されて経済が不安定になるのではないかという見方もあって不思議ではないと思います。しかしそのネガティブな面を打消して余りある効能がこの市場にはあります。

　流通市場が持つ第一の機能 (効能) は，株式や債券に**流動性**を与えることです。流動性とは，いつでも貨幣に転換できること (換金の容易さ) を意味します。人は資産一般ではなく貨幣を殊更に好むものです。経済学者ケインズが流動性選好と呼んだ人間本性の一部分です。株式や債券に投資するプロフェッショナルは「市場が危険だ」と感じたその時にそれらをいつでも売るすなわち貨幣に換えることができるかを投資の判断材料の一つとしています。株式市場における特定銘柄の出来高 (売買量) が少なければ投資を躊躇する場合もあるくらいです。

　流動性の確保は投資家に安心を与えます。株式や債券を発行する赤字主体からすれば流動性が高まることによって資金調達が容易になると言うことも可能です。流通市場が整っていれば，投資家は有価証券を貨幣に換えたいときに換えられるので，発行市場も円滑に機能するわけです。

　流通市場が持つ第二の役割は，時価情報のフィードバック機能です。赤字主体が資金調達を目的として株式を発行するときに考慮すべきことの一つは「一株いくらで売出すか」です。高すぎれば買い手がつかないし，必要以上に安くても十分な資金（資本金）が調達できなくなります。適切な

基準となる価格が必要です。取引所に上場済みの株式銘柄の場合，参照するのは流通市場でリアルタイムに取引されている**時価**です。この時価を参照した価格で発行することを時価発行といいます。

　債券を発行することを起債といいますが，起債で重要になるのは利回り(金利)です。この発行利回りも時々の流通利回りを参照して決められます。流通市場は発行市場にとって重要な情報源になっているのです。

　伝統的に発行市場のことを一次市場，流通市場のことを二次市場と呼ぶことがあります。しかしながら実際のところ二次市場があるおかげで一次市場は円滑に機能しているのです。

2-3　インターバンク市場

　狭義の金融市場における短期市場はインターバンク市場とオープン市場に分かれます。インターバンク市場は金融機関だけが参加できる市場です。同市場はさらにコール市場と手形売買市場に区分されます。

　コール市場とは，金融機関が原則1か月未満の資金を融通しあう市場であり，資金余剰の機関と資金不足の機関とのあいだで日々資金過不足が調整されています。戦前から高度成長期にかけて地銀と都銀の間で資金偏在が調整されていたのもこの市場です。ただ証券市場のような取引所は存在しません。短資会社という専門の仲介機関が資金の取次ぎをしています。コール市場における金利が**コールレート**で，その一種である無担保コール翌日物金利はかつて日本銀行が誘導すべき政策金利でした(詳細は第5章)。

　コール市場で使われる用語について解説します。コールで資金運用する金融機関のことを「出し手」，資金調達する金融機関を「取り手」と呼びます。高度成長期までの主な出し手が地銀で主な取り手が都銀だったわけです。また出し手から見た運用資金を「コールローン」，取り手から見た調達資金「コールマネー」と言います。出し手のコールローンに適用される金利よりも取り手のコールマネーに適用される金利は高く設定されており，この差が短資会社の収益になります。一般にコールレートという場合，低い方のコールローンの金利を指しています。

　手形売買市場は，優良企業が発行する手形を売買することによって金融

機関同士が資金融通をし合う市場です。コール市場に比べて比較的期間の長い (1 ～ 3 カ月程度の) 資金取引がおこなわれます。但し後述のように近年は取引される資金のほとんどが日本銀行による手形売買オペレーション (金融政策手段の一種) に限定されています。

2-4　オープン市場 (公開市場)

　オープン市場は金融機関以外も参加できる短期金融市場です。中央銀行による公開市場操作 (Open Market Operation) が行われる伝統的な金融政策発動の舞台です。オープン市場は多様で，各市場において個別に市場操作が行われます。各市場とそこで取引される短期証券について見ていきましょう。

　代表格が**国庫短期証券** (T-Bill, Treasury Discount Bills) 市場もしくは短期国債市場です。その発行目的は，①国庫の一時的な資金不足を補うこと，②国債の償還に伴う借り換え，この二つです。09 年 2 月に①のみを目的とした政府短期証券 (FB) と②のみを目的とした割引短期国債 (TB) が統合され生まれました。2 カ月，3 カ月，6 カ月，1 年の 4 種類の満期があり金融機関のみを対象とした公募入札方式で発行されます。入札対象となる発行価格が額面より低く，満期に額面と同額が償還されるという割引債 (後述) の一種です。

　コマーシャル・ペーパー (CP, Commercial Paper) は信用力の高い企業が短期の資金調達を目的として発行する無担保の約束手形です。これも割引債の一種で発行単位は 1 億円以上，法的には短期社債の扱いです。

　譲渡性預金 (CD(NCD), (negotiable) certificate of deposit) は預金者がオープン市場で満期前に譲渡できる定期預金です。一般的な預金は第三者への譲渡が許されていませんが CD は例外です。満期 2 年以内で預入時に任意日を満期日として指定できます。かつては 5 千万円以上の大口購入しかできず企業や金融機関による運用に限られましたが，現在は 1 千万円以上 1 円単位で購入可能になりました。個人の運用手段としても注目されていますが，取扱銀行により利用条件が多少異なるため注意が必要です。

　オープン市場としては他に債券現先市場や債券レポ市場 (詳細は補論 A)，国際的な資金取引と関わる円建て B A 市場，ユーロ円市場，東京オ

フショア市場などがあります。

3 株式の発行と流通

3-1 株式という有価証券について

　株式を資金調達手段としてみると「株式会社が資本金（会社自身に属し，返済義務のない半永久的資金）を調達する目的で発行する有価証券」という定義になります。一般に日本で有価証券という場合，譲渡可能な財産権を表す証券を指しています。株式の利点は，少額の出資金を多数の出資者から募ることによって巨額の資金調達を可能にすることでしょう。例えば普通銀行が株式会社であることを定めているのは財務的基盤を頑健にするという理由が第一にあります。

　資金運用手段としてみた株式は「株主が出資金の範囲内で損失を負う**有限責任**の証券」です。つまり無限責任におけるような証券発行企業が負債を抱えて経営破綻した場合の出資者による債務負担は免れます。その意味において株式投資のリスクは限定されています。一方で元金償還や定期的利払いといった確実な将来収益は見込めません。現金化するには市場において刻々変動する時価で売却するのが基本です。業績が悪化すれば配当は減少し無配もあり得ます。会社が倒産すれば株式は価値を失います。

　そのようなリスクを伴う株式ゆえに債券など他の証券にはない権利が株主には付与されます。**株主総会議決権**は株式会社における最高意思決定会議である株主総会で保有株数に応じて投票する権利などを指します。発行済み株式総数に占める持ち株比率が1％以上なら議案提出権が与えられるなど，大株主ほど権利の範囲は拡大します。**利益配当分配請求権**は企業業績に応じて保有株数に比例した配当を受取る権利です。また残余財産分配請求権は発行企業の解散時，残余資産を保有株数に比例して分配請求できる権利のことです。但し株主の同請求権は融資を受けた銀行や債券保有者など債権者に劣後するため，発行企業が債務を抱えて倒産した場合などほぼ意味がなくなります。

　次に株式の種類ですが，一般に公衆が投資対象とするのは普通株です。

普通株とは株主の権利に特例のない株式を指します。それ以外が種別株と呼ばれ何種類かあります。**優先株**は普通株に比べ配当などの分配を優先的に受けられる株式であり出資金返還も可能です。過去には政府が銀行の不良債権処理を促進するため資本注入を行った時などに発行されました。この優先株の一種が償還株で会社の利益で償還が予定されているものを指します。反対に普通株より配当や残余財産の分配が後回しになるのが**劣後株**(後配株) です。劣後株発行ではリスクを伴う新事業の資金調達などで一般株主の利益を損なわないよう経営者自らが資金を拠出する「経営者引受け」がしばしば見られます。

3-2　株式発行市場について

　株の発行方式は大きく有償増資と無償増資に分かれます。**有償増資**は資本金調達を目的として新株を発行することです。2001(平13) 年に廃止されるまで株式に 50 円や 500 円といった額面があり，額面発行が存在していました。現在は時々の市場価格 (時価) を参照し，発行価格が決定される時価発行のみとなっています。また誰を対象に発行するかで①公募 (不特定多数の投資家)，②株主割当て (既存株主に保有株数に応じ引受権を与える)，③第三者割当て (株主以外の特定の第三者，会社関係者や取引銀行に引受権を与える) といった区別があります。

　資本金を増やすことが新株発行の目的とすれば**無償増資**とは不思議な言葉かもしれません。しかしこれが株式分割の別名と言えば理解される方も居られることでしょう。株式分割とは 1 株を 1 株超に分割し既存株主に割当てることです。資本金額は不変ですが，発行済み株式数 (供給量) が増加することによって一時的にでも株価は下がります。そうするとより多くの投資家を呼び込んで取引が活発になります。株式分割の後に有償増資を行うことで資本金調達を容易にしたり，あるいは人気の銘柄がさらに時価総額を増やすことで企業のプレゼンス (存在感) を高めたりする等の目的で利用されます。

3-3　株式流通市場について

次に既発行株式が売買される流通市場について見ていきます。

一日の取引時間である立会時間は東京証券取引所の場合，午前（前場と言います）が9時から11時半までで，一時間の休憩をはさんで午後（後場といいます）が12時半から15時までです。

株の一取引単位数を**単元株**と言います。国内株は2018(平30)年10月に100株単位に統一されました。一般的な取引は100の倍数でしかできません。株主総会における議決権は一単元一票とされています。

取引は不特定多数の投資家による競合売買が行われる**オークション方式**に現在は統一されました。

オークション方式における注文の出し方には指値（さしね）と成行き（なりゆき）があります。**指値注文**は売買値段を指定した注文です。「買い指値」であれば指定された値段かそれ以下で，「売り指値」であれば指定された値段かそれ以上で，売買が約定（やくじょう）されます。**成行き注文**はいくらでもよいから約定してほしいという注文の出し方です。売買が成立する（約定される）までの時間は指値に比べて早いですが，いくらで約定されるか不確実さがあります。

取引は2つの原則（基本ルール）に基づいて行われます。第一は**価格優先の原則**です。まず指値注文より成行き注文を優先します。そして指値注文の場合，（できるだけ高値が良い）売りなら安い指値から，（できるだけ安値が良い）買いなら高い指値から順に約定するルールです。第二が**時間優先の原則**です。指値注文において同一価格による注文なら先に出された注文から約定していくルールです。

以上がオークションの基本枠組です。オークションの一形態として，新興企業を上場させている東証ジャスダックでだけ採用されているリクイディティ・プロバイダー方式という取引制度があります。ジャスダックのような新興市場には注文が少なくスムーズに売買が成立しない銘柄がありますが，一方で上場させた企業を「育成」する役割が新興市場には期待されています。売買不成立が継続することは新規の資金調達ができないだけでなく値付けによる企業価値評価ができないことで事業面にも支障をきたします。そこで証券会社が銘柄毎に届出てリクイディティ（流動性）・プ

ロバイダー(供給者)となって自己勘定で「売り」「買い」の一方または両方の注文を毎営業日必ず出します。そうすることで新興企業の成長を手助けすることになります。

　しかしジャスダックの新規上場銘柄は減少傾向にあります。もう一つの新興市場である東証マザーズとの統合が取り沙汰されるなど，リクイディティ・プロバイダー制度が存続するかは不透明です。

4　債券の発行と流通

4-1　債券という有価証券について

　債券とは「借入を目的として発行する債務の履行を約定した有価証券」です。投資する側にとっては融資であり，借り手が発行する債券を貸し手が購入する形で資金が融通されます。融資なので当然ですが満期における額面償還が約束されている点，株式とは異なっています。そして銀行融資と同様，債務が履行されないリスク(**信用リスク**)が伴います。

　債券は期中(発行から満期償還まで)において第三者に転売(市場売却)が可能です。しかし中途で売却すると時価で換金されることとなり，この金額が購入価格を下回るなど株の場合と同様に**価格リスク**に直面します。また市場で主に流通しているのは発行後間がない銘柄がほとんどで，時間が経過した債券は最悪の場合換金できなかったり換金できても安値だったりする**流動性リスク**が存在します。これらのリスクについて投資家は十分な注意が必要です。

　これも株式と違う点ですが，債券には額面(一口当りの償還金額)があります。円建て債(後述)の場合は100円に統一されています。とくに利付債(後述)で額面と合わせて記載されているのが一口当り利息(クーポン)額です。額面が100円であることから**表面利率**とも言います。たとえば額面100円に対して利息が5円なら5%となり，利率と金額が同じ数値になります。債券には他にも発行者，発行日，償還日といった基本情報が記載されています。尤もペーパーレス化によってこれら記載内容はすべて電子情報化されました。実は株式も含めたほぼすべての有価証券でペーパーレ

ス化が完了しています。日常取引される金融資産で未だペーパーレス化が完了していないのは現金紙幣だけになりつつあります。

4-2 多種多様な債券

　株式と比較した債券のもう一つの特徴は非常に種類が多いことです。株の種類は(発行企業を表す銘柄の違いを別にして)株主の権利による違い(優先株や劣後株など)だけでしたが，債券は多様な分類が可能です。

　まず元金が償還されるまでの期間(満期)による分類です。償還までの期間が1年以内のものを**短期債**，1年超で5年以内のものを中期債と言い，5年超で10年以内のものを**長期債**，さらに10年を超すものを超長期債と呼びます。但し例えば長期債として発行されても償還期限が1年以内に迫れば短期債とみなされることがあります。また日本にはありませんが償還がない代わり無期限で利息が支払われ続ける英国のコンソル債などは永久債と呼ばれます。

　発行体(誰が発行するか)による分類では，政府部門が発行する**公共債**(公債)，政府が出資するなどしている公組織が発行する**政府関係機関債**，そして民間組織が発行する**民間債**といった種類があります。公債には財務省が発行する①国債（普通国債），財政融資資金の貸付け財源とされる②財投債(正式には財政融資資金特別会計債，詳細は第7章)，および地方公共団体の発行する地方債があります。政府関係機関債には政府保証債と財投機関債(政府保証なし)の区別があります。民間債には銀行など金融機関も含めた民間会社が発行する**社債**(事業債)，農林中金など一部金融機関が資金調達を目的に発行する**金融債**，他に非営利団体が草の根の社会活動資金を集めるために発行するNPO債などもあります。

　事業債の中には発行企業の株式と関連させた特殊なものがあります。例えば発行企業の株式を一定価格で買い取る権利(ワラント)が付いた事業債のことを**新株予約権付社債**(ワラント債)と呼びます。また発行企業の株式に予め決められた価額で転換できる社債を転換社債型新株予約権付社債(転換社債)と言います。実務的には予約権を行使した者に新株を発行したり，あるいは自己株式(金庫株)を交付したりしています。ワラント

債や転換社債は株式 (equity) 発行を伴うことからエクイティ債とも呼ばれます。

　次に利払い形式による分類です。**固定利付債**は，①毎期一定の利払いが約束され，②額面に近い価格で発行されて，③満期に額面が償還される債券です。**変動利付債**は②③は固定利付債と同じですが，毎期の利払いが市場実勢に応じて変動する債券です。**割引債**は①利払いはありませんが，②額面より低価格で発行され，③満期に額面が償還される債券です。発行価格と額面価格の差が利息のような意味を持ちます。オープン市場における国庫短期証券や CP 等がそうです。

　円貨表示 (円建て) か外貨表示 (外貨建て) かによる分類も重要です。**円建て債**は払い込み，利払い，償還が円貨で行われる債券で額面が円で表示されます。**外貨建て債**は払い込み，利払い，償還が外貨で行われる債券で額面が外貨で表示されます。海外の発行体が，日本国内で発行する円建て債のことはサムライ債，海外の発行体が，日本国内で発行する外貨建て債のことはショーグン債と一般に呼ばれます。また払い込み，利払い，償還が異なる通貨で行われる債券のことをデュアルカレンシー債 (二重通貨建て債券)，元本の払い込みと償還が同じ通貨で利息の支払い通貨が異なる債券のことをリバースデュアルカレンシー債 (逆二重通貨建て債) と呼びます。

　また，資金調達を目的として新規発行される債券を**新発債**，既に発行され投資家が保有あるいは売りに出されている債券のことを**既発債**と言い区別されています。

　以上の一般的な分類とは別に，同じ発行体による同じ種類の債券であっても，発行年月日が違えば発行条件や利回りが異なることから別銘柄であるとみなされることも，株式にはない特徴と言えるでしょう。

4-3　債券の発行市場と流通市場

　債券発行には公募と私募の区別があります。公募の字義は不特定多数の投資家から買い付けを募ることです。株式発行の場合は字義通りと言ってよいのですが，債券発行の場合は応募者が 50 人以上になる場合を公募，

図表 1-2　個人向け国債の商品性比較

商品名	変動金利型10年満期	固定金利型5年満期	固定金利型3年満期
金利設定方式	基準金利×0.66	基準金利-0.05%	基準金利-0.03%
基準金利	利子計算期間開始日の前月までの最後に行われた10年固定利付国債の入札における平均落札利回り	募集期間開始日の2営業日前において，市場実勢利回りを基に計算した期間5年または3年の固定利付国債の想定利回り	
金利の下限	0.05%（年率）		
利子の受取	半年毎に年2回		
発行頻度	年12回（毎月15日頃）		

参照：財務省ウェッブ・サイト（2020.10.5 閲覧）

49 人以下の場合を私募として区別しています。大量発行される国債や大企業の社債などは公募が一般的ですが，小規模なファンドや NPO 債などは私募中心です。

　国債発行は**公募入札方式**が基本です。決められた発行予定額などの条件に基づき購入希望価格の高いもの (利回りの低いもの) から，順に買い手を決めて行く方式です。国債入札の主な買い手は，外資を含む大手証券，大手銀行といったところです。

　発行され大手の金融機関に買取られた国債は，次には一般投資家たちに売り出されます。発行機会と発行量が多い中長期国債を売出すのが**新型窓口販売方式**で，財務省指定の発行価格で買付募集がされます。10 年 /5 年 /2 年の 3 種類があり，年 2 回の利払い，購入単位は 5 万円以上 5 万円単位です。**個人向け国債**は通常国債をより小口化したものです。1 万円以上 1 万円単位で購入可能です。発行 1 年経過後は中途換金可能で一定の流動性が確保されています (図表 1-2 参照)。

　債券の流通（既発債の売買）には取引所取引と店頭取引とがあります。取引所取引とは金融機関が受けた売買注文を証券取引所に取り次ぎ，取引所で売買の相手方を探すやりかたです。店頭取引とは金融機関が自ら売買の相手方になって相対 (あいたい) で取引する方式です。一部の流動性の高い新発国債等を除いて，既発債の多くは銘柄毎の流通量が限られるため

図表 1-3　債券格付けの例

AAA (Aaa)	当該金融債務を履行する債務者の能力は極めて高い。
AA (Aa)	当該金融債務を履行する債務者の能力は非常に高く，最上位の格付け（AAA）との差は小さい。
A (A)	当該金融債務を履行する債務者の能力は高いが，上位2つの格付けに比べ，事業環境や経済状況の悪化の影響をやや受けやすい。
BBB (Baa)	↑「投資適格」：　信用リスクが中程度・・・(中略)一定の投機的要素を含む格付け。
BB (Ba)	↓「投機的」：　投機的要素を持ち，相当の信用リスクがあると判断される格付け。
B (B)	債務者は現時点では当該金融債務を履行する能力を有しているが，当該債務が不履行になる蓋然性は「BB」に格付けされた債務よりも高い。
CCC(Caa)	当該債務が不履行になる蓋然性は現時点で高く，債務の履行は，良好な事業環境，金融情勢，および経済状況に依存している。
CC(Ca)	当該債務が不履行になる蓋然性は現時点で非常に高い。
C (C)	債務不履行に陥っており，元利回収の見込みも極めて薄い債務に対する格付け。
D(なし)	当該債務の支払いが行われていないか，想定した約束に違反がある。

(スタンダード アンド プアーズ(S&P)社．括弧内はムーディーズ・ジャパン)

ほとんどが店頭取引です。

　資産運用対象として債券を考える場合，私たち一般人は満期まで保有することを前提とした「多少利回りの良い貯蓄手段」と捉えることが無難です。そうすれば価格リスクや流動性リスクに悩むことはありません。ただその場合も信用リスクの可能性は残るので次に述べる**債券格付け**は気にしておいた方が良いでしょう。

4-4　債券格付けの知識

　社債(事業債)の場合，格付けを得ないと債券発行はできません。とくに日本ではBBB格以上でなければ投資適格とみなされず債券発行ができない慣習です(規制ではありません)。債券格付けとは，格付機関が広く公衆に向けて提供する，債券の信用リスクの程度を記号で評価した投資情報のことです。格付けが高い(低い)ほど，信用リスクは小さい(大きい)とされます。記号は格付け会社ごとにやや異なりますが構造はほとんど同じです(図表1-3参照)。

　ところで同じ債券発行企業でも格付け会社によって格付け評価が違うことが一般によく見られます。格付け機関が格付を行う判断材料としては，

①財務状況など発行体の開示情報はどの会社も共通していますが，②実地の聞取り調査が加わることもあれば加わらないこともあります。もちろんこれは一つの理由に過ぎませんが，利用する側としては一社の判断を鵜呑みにするのではなく何社かを比較することが大切でしょう。

5 証券業務について

5-1 アンダーライター(引受け)業務

　証券会社等が携わっている業務は，発行市場と流通市場に分かれています。証券発行による資金調達を円滑にするための業務として**アンダーライター(引受け)業務**と**ディストリビューター(売捌き)業務**とがあります。前者のアンダーライター業務には有価証券の(狭義の)引受けと有価証券の売出しがあります。

　有価証券の引受けとは，赤字主体が資金調達のために新規発行する証券を，売出し（均一条件での買付け申込み勧誘）を目的として買い取る業務です。証券発行者にとっては買取りの時点で必要資金が確保されます。引受けには証券全てを予め取得する買取り引受けと，売れ残った分を事後的に取得する残額引受けの区別があります。前者の方が証券会社にとってリスクが高いため手数料が高くなります。

　有価証券の売出しとは，既発行の証券を発行会社から，やはり売出しを目的として買い取る業務です。例えば未上場会社の株式を新規公開しようとするとき，創業者大株主の持ち株を証券会社が一括買い取って不特定多数の投資家に売出す場合などです。

　以上に見たアンダーライター(引受け)の重要な点は，いずれも証券会社が自己勘定で発行もしくは売出し証券を買取っていることです。一定の資金力と多かれ少なかれ存在するリスクを許容できるだけの経営体力が求められます。したがって一定以上の規模の証券会社でないと当該業務は行っていません。

5-2 ディストリビューター(売捌き)業務

　発行市場におけるもう一つの証券業務がディストリビューター(売捌き)業務です。前述のアンダーライター業務との明確な違いは，自己勘定での買取りをしないことです。売捌き業務には有価証券の募集と有価証券売出しの取扱いの二種類があります。

　有価証券の募集とは，新規発行の有価証券を買い取らないで不特定多数の投資家に売出すこと，すなわち均一の条件で買付けの申込みを勧誘することです。一方で有価証券の売出しの取扱いとは，既発行の有価証券を買い取らないで不特定多数の投資家に均一の条件で買付けの申込みを勧誘することです。自己勘定を使わないので証券会社が引き受けるリスクはアンダーライター業務と比べて小さくなります。

　以上が，有価証券の発行と関わる業務です。

5-3　ディーラー業務とブローカー業務

　次に有価証券の流通と関わる業務について見ていきましょう。

　ブローカー(委託売買)業務とは，証券会社が顧客の注文を受け，証券会社名義で有価証券の売買を行うものです。会員制をとっている取引所に一般の投資家は直接売り買いの注文を出せないので，会員である証券会社が顧客の委託を受けて売買を行っているのです。売買損益は注文を出した投資家に帰属しますが，証券会社は委託手数料を顧客投資家から買いと売りの二度徴収し収益としています。

　ディーラー(自己売買)業務は，証券会社自らが有価証券の売買当事者となるものです。証券売買による利益もしくは損失は証券会社自身に帰属します。2000年頃まで証券会社の主な収益源はブローカー業務による手数料収入でした。しかしネット証券や銀行系証券の参入によって競争が激化し手数料の値引き競争が収益を圧迫したため，近年は証券会社自身が市場取引に積極的となってディーラー業務を主な収益源としている会社も増えました。

5-4　投資運用業・助言業・代理業

　以上が伝統的な証券業務であり，これら全てを営んでいるところをかつ

て総合証券会社と呼んでいました。しかしビッグバン以降，ネット証券に大手銀行系や外資も加わり競争が激しくなったことで，より付加価値の高いサービスの比重を高める必要が生じました。以下は高付加価値サービスのベースとなる各種業務です。

投資運用業は，投資一任契約に基づき投資者から投資判断や投資関連の権限を委任され，有価証券あるいはデリバティブ取引を対象にして，金銭その他財産の運用を行うものです。証券会社以外に，契約型投資信託における投資信託委託会社や会社型投資信託における J-REIT 等の運用会社も投資運用業者に数えられます (第 3 章参照)。

投資助言業は，投資顧問契約に基づき，有価証券など金融商品への投資判断について助言を行うサービスです。実際の投資判断は，顧客たる投資者自身が行う点が上記の投資運用業と異なる点です。

代理業は，投資運用業者との投資一任契約，投資助言業者との投資顧問契約の締結代理や媒介を行うサービスを指します。

5-5 金融商品仲介業, その他

証券会社以外の銀行，保険会社，一般事業会社あるいは個人が，証券会社等の金融商品取引業者などの委託を受けて，有価証券など金融商品の売買などの媒介をしたり，募集や売出しなどを行ったりすることを**金融商品仲介業**と言います。2007(平 19) 年の規制緩和によって実現しました。

図表 1-4　証券業務 (まとめ)

発行関連	アンダーライター（引受け）	引受け業務（狭義）	新発証券を売出し目的で買い取る
		売出し業務	既発証券を売出し目的で買い取る
	ディストリビューター（売捌き）	募集業務	新発証券を買い取らず，買付けの申込み勧誘
		売出し取扱い業務	既発証券を買い取らず，買付けの申込み勧誘
流通関連	ブローカー（委託売買）業務		証券会社が顧客の注文を受け，会社名義で証券売買
	ディーラー（自己売買）業務		証券会社が，自己勘定で，有価証券を売買
高付加価値サービスの基礎となる業務		投資運用業	投資者から投資に関する権限を委任され，有価証券/デリバティブ取引に投資するなどを行う業務
		投資助言業	金融商品への投資判断について助言を行う
		代理業	投資運用や投資助言の契約締結の代理・媒介を行う

　ビッグバン以降，業態間の壁は確実に低くなってきています。個々の機関が銀行と呼ばれるか，証券会社と呼ばれるか，あるいは保険会社と呼ばれるかは何を「主務」とするかで決まる時代が到来しつつあるように思われます。

　他にも証券関連業務には信用取引，現先 / レポ取引，先物などのデリバティブ取引がありますが，これらは多少テクニカルな内容を含みますので補論Aにおいて別途，解説しています。

6　証券取引所について

6-1　取引所の機能

　証券取引を円滑にする証券会社の次は，証券取引を行う場 (システム) を提供している証券 (金融商品) 取引所の機能について見ていきましょう。

　第一の機能は効率的取引の実現です。あらゆる市場に当てはまることですが，売買を一箇所に集中させることでより多くの売り手と買い手がマッチングできます。それによって価格形成が適正に行われ，売買を円滑かつ迅速に成立させることが可能になります。かつては証券売買の取引所集中義務というルールがありました。電子的ネットワークが発達することで取引を空間的に集中させなければならない必然性は薄れ上記義務は撤廃されました。しかしルールとシステムが整備された取引所がより高い効率性を維持している点は現在も変わりません。

　第二の機能は取引の適正化です。多様な主体が巨額の資金と金融資産の交換を行う取引所の公共性はたいへん高いものです。そこで大切なことは参加者が互いに信用し合えることでしょう。その信用を担保するために取引所は会員制と上場制度を採用しています。会員となった証券会社だけが売買に参加でき，上場基準をクリアした企業銘柄だけが取引を許可されます。上場基準には形式基準と実質基準の二つがあり，上場するには両基準を満たす必要があります。図表1-5に東京証券取引所における各市場の形式基準をまとめています。

　取引所参加者の信用を担保するために取引所が果たしているもう一つの

役割が市場の監視者としての機能です。企業が株式上場を果たした後も，形式 / 実質の上場基準を満たし続けているのか，価格操作などの不正取引を行っていないかなどモニタリングを通じて公正性が維持されるよう努めています (第 6 章参照)。

6-2　日本の証券取引所

　2013(平 25) 年に東京証券取引所と大阪証券取引所が経営統合して**日本取引所グループ** (JPX) が発足しました。2020 年 6 月末時点で株式売買額および上場企業数はニューヨーク，ロンドンに次いで世界第 3 位の規模です。JPX の傘下に東京証券取引所と大阪取引所があります。

　東京証券取引所では，株式および債券の現物売買が行われます。個別市場として①内国株式第一部市場，②内国株式第二部市場，③外国株式市場，新興銘柄を扱う④マザーズおよび⑤ジャスダック (スタンダードと成長期待銘柄に特化したグロースに分割)，⑥債券市場などを有しています。

　江戸時代の堂島米会所等 (序章参照) をルーツに持つ**大阪取引所**は，先物などのデリバティブ取引を専門としています。①日経平均先物 / オプション市場，② TOPIX 先物 / オプション市場，国債先物市場などを有しています。

図表 1-5　東京証券取引所の形式基準 (抜粋)

項目		第一部	第二部	マザーズ	JASDAQ	
					スタンダード	グロース
株主数		2,200人以上	800人以上	200人以上	200人以上	
流通	流通株式数	2万単位以上	4千単位以上	2千単位以上	なし	
	流通株式時価総額	10億円以上	10億円以上	5億円以上	5億円以上	
	流通株式比率	35%以上	30%以上	25%以上	なし	
公募又は売出し等の実施		なし	なし	公募500単位以上	①千単位以上，②上場株数10%以上のいずれかの公募・売出し	
時価総額		250億円	20億円以上	10億円以上	なし	
事業継続年数		3年以上		1年以上	なし	
純資産額(連結・上場時見込み)		10億円以上		なし	2億円以上	プラスの値

典拠：東京証券取引所のウェッブ・サイト（2020.10.5 閲覧）

48

戦前の日本には全国各地に 10 箇所以上の取引所が存在していました。戦後統廃合が進み，現在は JPX 以外に 3 つの取引所が営業しています。**名古屋証券取引所**は個別市場として①第一部市場と②第二部市場，新興市場として③セントレックス，そして④債券市場などを有しています。**札幌証券取引所**と**福岡証券取引所**は，それぞれ本則市場と新興市場 (アンビシャス，Q-BOARD) を有しています。

7　日本の証券業；歴史と現状

7-1　わが国証券業の現在に至る流れ

日本で証券事業者がビルブローカー銀行として登場してくるのは 20 世紀初頭のことで，後に証券会社と短資会社に分岐します。

第二次大戦前から 1990 年代にかけて野村，大和，日興，山一が四大証券として日本の証券市場を牽引してきましたが，序章で述べたように 97(平 9) 年 11 月に山一証券が破綻しました。同じころ金融ビッグバンで銀行が投信販売などで証券業へ参入，不況が重なって証券会社の多くが経営を悪化させました。

2000 年の一年間に準大手および中堅の証券会社による合併が立て続けに起こりました。①つばさ証券はユニバーサル，第一，太平洋および東和の 4 証券の合併によって誕生しました。また神栄石野と山種の 2 証券が合併して②さくらフレンド証券になりました。③新光証券は新日本と和光の合併でした。④みずほ証券は第一勧業，富士，興銀の銀行系証券子会社の合併によって誕生しました。そして東京と東海丸万の二証券が合併し⑤東海東京証券が生まれました。

その後，05 年に①つばさ証券は三菱 UFJ 証券に統合されました。②さくらフレンド証券は三井住友フィナンシャルグループ傘下に入って SMBC フレンドとなり 18 年に SMBC 日興証券に統合されました。そして③新光証券は 09 年にみずほ証券に吸収合併されました。銀行界も同じですがこうした目まぐるしい業界再編は，バブル崩壊後の長引く不況とデフレ経済の影響に加え，ビッグバンによって証券会社が免許制から登録制に変わり

設立が容易になるなど競争が激化したことも大きく響いています。

　他に競争を激化させた要因としてインターネット専業証券(以下，ネット証券)の拡大を挙げることができます。背景として①90年代後半にインターネットが普及したこと，②99(平11)年に証券売買の委託手数料が自由化されたことがあります。ネット証券は基本的に物理的店舗，営業員が不要です。また人件費などの固定費削減や機動的運営が可能です。これによって委託売買手数料を大幅に引下げ，価格競争力により市場シェアを急拡大させました。

　代表的なネット証券としてSBI，楽天，マネックス，松井，カブドットコムなどを挙げることができます。ネット証券は参入障壁が低いため大手銀行や商社，外資系，既存大手証券が相次ぎ参入し競争過多となり，価格競争に拍車がかかって撤退や合併が相次ぐことになりました。残った会社も価格競争に加え，商品多様化などサービスの充実に取り組む必要が生まれました。既存証券は料金では太刀打ちできず，何らかの新しい付加価値をもったサービスを提供していくことが求められたのでした。

　序章で触れたように2020年8月末現在，外国法人10社含む269社が証券会社として登録されています。大手5社(野村，大和，SMBC日興，みずほ，三菱UFJ・MS)は国内外に拠点をもち，全国の主要都市に支店を構えています。準大手は2社(岡三，東海東京)で，いずれも東海地方から拡大，やはり全国の主要都市に支店を持ちます。中堅7社(藍澤，いちよし，岩井コスモ，極東，東洋，丸三，水戸)は大手・準大手と同じ基本証券業務すべてを行っていますが必ずしも全国展開せず，むしろ地元を意識した事業展開をするものも見られます。他に上で触れたネット証券，外国証券，地場証券，地銀系証券が，それぞれの競走優位性を意識した事業を展開しています。以下に具体事例をみて行きましょう。

7-2　全国／グローバルに事業展開する証券会社の事例

　まず大手証券会社についてです。

　野村ホールディングス(資本金：5944億9300万円)は，基本コンセプトとして「アジアに立脚したグローバル金融サービス・グループ」と自らを

位置づけ，世界 30 カ国・地域を超えるグローバル・ネットワークを構築しています。グループを 4 つの部門 (①営業，②アセット・マネジメント，③ホールセール，④マーチャント・バンキング) に分け，それぞれが横断的に連携，国内外顧客に高い付加価値をもった商品・サービスの提供を目指すとしています。

　営業部門はどの業種にもありますが対顧客業務を担う部門です。全国 124 の本支店・営業所を構え，コールセンター / インターネットを通じて国内の個人向け，法人向けに種々の金融サービスを提供販売します。主要な取扱商品として株式，債券，投資信託，ファンドラップ，保険商品を挙げています。ファンドラップとは投資家が証券会社などにある程度の金額の資金を預け，資産管理・運用を請け負うサービスで先述の投資運用業務の一種です。同じく上で見た投資助言業は野村ではコンサルティング•サービスと呼ばれています。個人顧客のライフステージを考慮した資産運用の提案，相続・事業承継に関するサービスなどです。また日本とアジア (特に中国) の富裕層向けの総合金融サービスであるウェルス・マネジメント・ビジネスは，金融資産に限らず土地・建物などの運用も含んでいます。富裕層を意識したビジネスは野村に限らず他の大手証券や外国証券が近年力を入れている分野です。

　アセット・マネジメント部門は「(株) 野村アセット・マネジメント」を中核とする資産管理 / 運用を専門とするセクターです。日本をはじめ世界 12 か国・地域においてグローバル・ネットワークを活用した資産運用ビジネスが展開されています。同部門の特徴的事業としてスチュワードシップ活動を挙げることができます。スチュワードシップとは建設的な目的を持った対話を通じて投資先企業の企業価値の向上や持続的成長を促し，それによって顧客の中長期的なリターン拡大を図ることです。

　ホールセール部門とは，国内外の機関投資家を顧客とするセクターです。ホールセールとは大口の意味であり，機関投資家を対象としたリサーチの提供，債券・株式・為替およびそれらの派生商品の販売を展開しています。同部門の資金調達サービスでは国内外の事業会社，金融機関，政府機関などに対して債券や株式の引受，M & A 助言，金利・為替等に係る各

種ソリューション(解決法の提案)などを提供します。

　そしてマーチャント・バンキング部門では，事業再編・事業再生・事業承継・MBO(会社経営陣が親会社・オーナーから株式・経営権を買い取って独立する手法)等の案件に関して，ソリューションの一つとしてプリンシパル・ファイナンスを提供します。プリンシパル・ファイナンスとは，キャッシュフローの安定した事業，将来成長・業績改善が見込める企業を，金融機関が自己資金で買収，長期的視点から投資先の価値の向上を目指し，経営再建を施して収益性を高めた後，株式公開などの手段を通じて投資回収する手法です。いわば顧客の収益性を高めて自らの増収を図ろうとするビジネスモデルです。

7-3　地場証券の事業展開

　グローバルに事業展開する大手証券に対して，中小の証券は主に国内市場あるいは地元経済を営業基盤としています。例えば地場証券は各地域において個性あふれる事業戦略を繰り広げています。以下ではそれら事例のいくつかを見ていきたいと思います。

　地場証券とは，主に個人投資家を対象に地元を営業エリアとして活動している証券会社を指します。一般に言われることは大手証券と比べ地元情報に精通し，プロ・セミプロ投資家たち，迅速な情報入手や安心感を求める個人投資家に好まれる傾向があるということです。そうであっても零細な事業者である場合が多く，株式の売買手数料が主な収入源であるため，手数料が安いネット証券の台頭によってその多くは苦戦し近年は同業との統合/廃業を選択する地場証券も少なからず見られます。収益力強化のため，株式から投信売買に営業の比重を移す会社，ディーリングや不動産事業に注力する会社，フィンテックを活用する会社など様々な戦略が採られています。図表1-6は東海4県(静岡，愛知，岐阜，三重)に所在する地場証券です。地元に根付いたということでいえば地銀子会社の証券も入れないといけませんが，話を簡単にするため独立系に限定します。

　図表最上段の安藤証券を少し詳しく紹介しましょう。表中「事業の特色」で記したようにグローバルな視点を持って地元に貢献しようというのが事

業コンセプトです。野村ホールディングスはグローバル企業のケースでしたが，安藤証券のケースは国内を地盤とした証券会社の一般的な事業組織について理解するのに役立つでしょう。

営業本部は地域に根ざした証券会社として顧客ニーズに沿った投資・資金運用計画をグローバルな視点から提案するという方針を示しています。**法人部**は地元企業の株式・社債発行における幹事引受業務を展開します。**商品本部**では日本以外にグローバル医薬品株式ファンド / 中欧株式ファンド / オーストラリア・リート・ファンドといった国際的な投資信託や外債を販売しています (これらは同証券の独自開発商品)。**管理本部**は本店に設置され，各部署に内部管理責任者を置きコンプライアンスを徹底，意識の向上を図っています。**投資情報室**では①投資参考資料の作成 (企業訪問調査や，企業説明参加による) ，②顧客資産運用のためのタイムリーな市場情報収集による銘柄選定などを行っています。そして**国際部**では急速な経済のグローバル化に対応した (上記の商品本部で販売する) 商品の開発，投資機会の国際的拡大，FX 取引などを展開しています。

　次に紹介するのが豊 (ゆたか) 証券です。野村證券が保険の販売してい

図表 1-6　東海地区の地場証券

会社名	設立(年)	本店所在	資本金(万円)	事業の特色
安藤証券	1944	名古屋市中区	228,000	地元とグローバルの両面
岡地証券	1948	名古屋市中区	150,000	信用取引サービスの強化
木村証券	1944	名古屋市中区	50,000	地域と江戸時代からの繋がり
寿証券	1944	名古屋市中区	30,500	中長期的な資産形成に資する
三縁証券	1944	名古屋市中村区	15,000	岐阜県エリアに支店充実
静岡東海証券	1944	静岡市葵区	60,000	個人向けに徹した対面営業
新大垣証券	1944	岐阜県大垣市	17,500	岐阜県内に特化した店舗
大万証券	1948	名古屋市中区	30,000	地域密着の対面営業
野畑証券	1948	愛知県岡崎市	16,500	岡崎・碧南の地元証券
松阪証券	1944	三重県松阪市	10,000	地域の多様なニーズに貢献
丸八証券	1944	名古屋市中区	375,185	中堅，顧客第一の収益最大化
豊 (ゆたか) 証券	1962	名古屋市中区	254,000	地域密着の保険サービス

(50 音順，丸八は正確には中堅分類の地元証券)

ることに気づいた方も居られたと思いますが，豊証券は各種証券業務に加え保険サービスに注力する全国的にも数少ない地場証券です。証券会社から見た保険商品の意味とはなにか，それは「予期しないあらゆるリスクから大切な資産を守ること」および「次の世代へ円滑に財産継承をしていくこと」と同社は説明します。つまり財産管理の一環として保険サービスを捉えてるわけです。

豊証券は生命保険のコンサルティング業務を専門に行う子会社「株式会社 保険見直し工房」を設立しました。同工房を複数社の生命保険を取り扱うことが可能な乗合代理店として位置づけています。顧客は個人と企業の両方です。販売商品として個人向けでは終身保険，介護保険，医療保険・がん保険，個人年金保険などがあります。企業向けでは収入保障保険 (万一の際，保険金が従業員の遺族に年金形式で支払われる保険)，定期保険，総合福祉団体定期保険などが扱われています (第 3 章参照)。

以上に紹介した二社は地場証券としては比較的規模の大きい会社です。他にも地元に根付いた個性的な会社がいくつも見られます。

名古屋市 (それも中心に位置する中区) に本店を置く会社が比較的多いですが岐阜県エリアに注力する会社として三縁証券と新大垣証券があります。静岡県には個人向け対面営業に徹する静岡東海証券があります。また三重県松坂地域の多様なニーズに貢献しようとする松坂証券，愛知県三河地方の限定された地域で密着営業をつづける野畑証券など，どれも目を引く存在です。

第2章 間接金融；金融仲介のシステム

1 はじめに

　本章では日本の預金取扱金融機関(広義の銀行)によって担われている金融仲介システムについて，多角的に捉えていこうと思います。

　まず証券取引と比較した(銀行業など)金融仲介の積極的な役割について，主として預金者の立場から考えてみたいと思います(第2節)。そして具体的な銀行の機能および具体的な業務について，預金者と借り手の両視点から眺めていきます(第3節)。

　後半は主に銀行を経営する側の視点からの考察で，第4節は銀行が直面している様々なリスクについて考察します。そしてこれらリスクへの対処についてまとめます(第5節)。第6節は日本における特徴的な金融仲介の在り方としてかつて注目されたメインバンク・システム，そしてその先にあるリレーションシップ・バンキングについて，いくつかの実例を紹介しながら理解を深めたいと思います。

2 金融仲介(間接金融)の意義

　銀行が担っている間接金融と有価証券を赤字主体と黒字主体の間で直接取引する直接金融とでは形式的な枠組み以上に何が根本的に違うのでしょうか。この問いに答えるため，仮に私たちの金融システムに直接金融しかなかったとしたら，まず黒字主体にとってどのような不便さがあるのか考えてみましょう。

2-1 投資費用の問題

まず投資に掛かる諸費用を考える必要があります。個人が直接金融 (証券取引) と関わるにはコストの壁が立ちはだかります。たとえば株式に投資する場合, 最低必要となる手持ち資金は銘柄ごとの「株価×単元」です。単元とは一投資単位のことです (前章参照)。たとえばトヨタ自動車株の買付代金は 2020 年 10 月 12 日の終値で 6911 円ですから必要な手持ち資金は 100 倍の 691,100 円です。債券投資の場合, 一般向けに売られている中長期国債は 5 万円単位, もっとも小額投資が可能な個人向け国債で 1 万円単位です。社債となると 10 万円もしくは 100 万円単位です。政府は過去 20 年「貯蓄から投資へ」のスローガンを掲げていますが, まず貯蓄でまとまった資金を準備してからでないと一般人が投資に参入するのは困難です。

　投資にかかる費用は買付け額だけで済みません。追加の費用は大きく 3 つあります。第一は証券会社を通じて取引所に注文を出すときの委託売買手数料です。近年競争が促進された結果かつて売買代金の 0.5 〜 0.6% だったものが 0.1 〜 0.2% 程度に下がりました。但し購入するときと売却するときの 2 回掛かります。第二に同じく証券会社に支払うコストとして年間数千円程度の証券口座管理料があります。第三に NISA など非課税枠以外では配当および譲渡益に対して一律 20.315% 課税されます。慣れれば当たり前になりますが初心者は手数料と税金を差し引くと思ったほど手元に利益が残らずガッカリすることも少なくありません。

2-2　リスクと流動性の問題

　直接金融では, 費用と並んでリスクのことを気にしないわけにはいきません。ひと口にリスクと言っても様々なタイプがあります。たとえば株式投資においては投資した銘柄の株価が買い付けた瞬間から上下して自分の資産額が変動するようになります (価格リスク)。価格リスクと向き合うためには複数銘柄に投資する分散投資が基本です。しかし一銘柄でも数十万円必要なら複数銘柄ならさらに多くの資金を準備する必要があります。たとえば時価総額の大きいところでトヨタ自動車, ソフトバンク・グループ, ソニーの 3 銘柄に分散するには最低 2,186,100 円 (2020 年 10 月 12 日終値) が必要になります。個人でリスク分散するには元手が必要です。

債券に投資した場合，満期償還まで保有すると決めれば価格変動をいちいち気にする必要はありません。しかし投資先によっては満期までに元利金が約束通り支払われなくなる可能性があります(**信用リスク**)。また一旦，株式や債券に投資してしまうと，現金が必要なときに，望ましい価格で現金化(換金/流動化)することが困難になる可能性もあります。有価証券は買い手が付かないと売れないし価格が下落すれば必要な現金額が確保できません(**流動性リスク**)。流動性についてはリスクだけでなく，証券投資は預貯金と比べて換金するための手間(証券決済の期間)や費用(売却時の手数料)が多くかかります。手軽に現金を引き出すことができない点も預金に比べて不便です。

2-3　金融仲介機関の資産変換

以上に見た資金運用における費用とリスクそして流動性の問題を黒字主体に代わって解決しているのが銀行などの金融仲介機関だと言えます。その解決策が資産変換です。**資産変換**とは大口で高リスクかつ長期(低流動性)の本源的証券を，全く正反対の小口で低リスク，短期(高流動性)の間接証券に生まれ変わらせる技術を指します。どうしたらそのようなことが可能になるのでしょうか。

もっとも重要なことは，仲介機関が規模のメリットを活かせるという点です。たとえば銀行は数万から数百万人の顧客から預金という形で小口資金を集め，その一方で億円単位の大口融資を実現しています。ここでもし預金者などの最終的貸し手が個々に小口融資や小口投資を行えばいちいち管理費等の運用コストが発生します。ですが銀行がまとめて融資すれば，かかる費用が同じなら預金者一人当たりが負担しなければならない費用は(数万数百万という)預金者の数で割った値となり，金額的には僅かなものになります。

規模のメリットは費用逓減に限りません。前項でリスク分散にも元手が必要という話をしました。仲介機関は集積された巨額資金で多数の最終的借り手に対して分散投融資を行うことができます。もちろん対リスクでは分散効果だけを使っているわけではありません。専門的スキルを活かし

て融資審査等による運用先の選別（スクリーニング），投融資後にはモニタリングによって運用先が正しく効率的に資金を使用しているのか監視します。そうやって損失の可能性をゼロに近づける努力をしています。また銀行は預金者に損失を与えないよう，仮に運用に失敗しても貸倒引当金などによって損失は自らが原則100％引受けます。さらに銀行は自らが経営破綻などした場合に備えて預金保険(詳細は第6章)にも入っており，預貯金の安全性を担保する仕組みが確立されているのです。

　最後は期間もしくは流動性の問題です。預貯金とくに普通預金などの要求払預金は原則いつでも引出しが可能です。要求払預金を受入れることで集まった資金は，しかしながら，一旦運用すれば簡単には回収できない貸出債権になります。それがなぜ預金者の引出し要求にいつでも応えられるのか？です。それは非常に多数の顧客から預金を受入れているため引出し時期が細かく分散されて一度に引出される割合が全体の1％にも遥かに及ばないからです。さらに引出されるとほぼ同時に新たな預金を受入れているので銀行には常に一定の預金が滞留します。したがって銀行は受入れた預金のごくわずかな割合だけ引出しに備えて手元に準備しておけばよいことになります(部分準備制度)。そして預金の大部分は長期安定的に企業貸付けなどで運用することができるのです。

　以上に見てきたように金融仲介機関は，規模のメリット等を活かし，もともと小口でローリスクかつ短期の資金を間接証券で集めます。それを本源的証券の引受けによって大口でハイリスクかつ長期の運用に転換しています。ここに銀行の第一の存在意義が見いだせるのです。

3　銀行の基本機能と業務

3-1　銀行の基本機能

　金融仲介(間接金融，市場型間接金融)を担う金融機関は広く存在します。本節では特に預金取扱金融機関(広義の銀行)に固有の機能について考えます。

　一つ目は**貯蓄手段提供機能**です。預金の受入れによって，リスクのない

58

貯蓄手段を提供することです。前節で述べたように金融仲介機関は高リスクの本源的証券を規模のメリットを活かした分散融資によって低リスクの間接証券に転換しています。でもそれだけでリスクを消し去ることはできません。あくまで相対的に低くするだけです。銀行が発行する間接証券である預金証書はリスクがないことを原則としています。銀行は運用で出た損失はすべて自己勘定で処理し, 預金者には一切転嫁しないことを約束します。ここが重要です。

　二番目は**資金供給機能**すなわち受入れた預金を融資という形で企業や個人に貸し付けることです。そこでは債務不履行など損失の可能性を適切にマネジメントしています。

　以上の二つの機能；貯蓄手段提供 (受信) と資金供給 (与信) の両役割を併せ持つことによって銀行は**資金仲介**を果たし間接金融を実現します。

　固有機能の三番目は**信用創造機能**です。これは個別銀行によって実現されるものではなく銀行システムが全体として関わっているものです。融資資金の一部は再び預金され更に別の融資に向けられ次々に融資および預金を生み出します。信用創造とは信用 (融資) を創造すると同時に支払い手段たる貨幣 (預金通貨) を創造することを意味します。他の金融機関にはない特別な機能です (詳細は第 5 章)。

　そして四番目が**資金決済機能**です。金融取引は最終的な支払い (決済) をもって完結します。信用創造のプロセスで生み出された預金は決済機能を備えた通貨 (マネーストック統計の M 1) の一種とみなされます。中央銀行を中心とした銀行組織は預金通貨を使った決済のシステムを提供しています (詳細は第 4 章)。

3-2　銀行の受信 (預金) 業務

　銀行は上記の各種機能を果たすために具体的には受信 / 与信 / 為替の三業務を営んでいます （為替については第 4 章）。

　受信業務では以下の預金サービスを提供します。**要求払い預金**とは, 字義通り要求に応じて払い戻される預金のことです。流動性預金とも言われとくに決済機能を持った無利息のものを決済用預金と呼びます。主なも

のでは当座預金 (主として企業対象，手形等の支払いのために保有する無利息の預金) と普通預金 (主として個人対象で①公共料金やクレジットカード代金支払い，②給与 / 年金の授受，③一般に有利息) があります。どちらも資金決済機能を果たすことから預金通貨の別名があります。

定期性預金 (貯蓄性預金) は決済機能を持たない貯蓄目的に特化した預金のことです。払い戻しには一定の解約手続きが必要となります。主なものでは定期預金 (預入期間が満了するまで原則として払い戻しできない預金) や定期積金 (一定期間にわたり毎月一定の期日に一定額を受け入れ，契約満了時に払い戻し) などがあります。超金融緩和の現代にほとんど違いは感じませんが，要求払い預金よりも流動性が低い分だけ利回りが高いという一般的特徴があります。

3-3 　銀行の与信 (融資) 業務

　銀行は集めた預金を個人や企業，地方自治体などに融資します。その方法には 4 種があります。令和の現代において金額的にも件数的にも一番割合が高いのは**証書貸付**です (融資残高全体の 8 割超)。借り手が銀行に借用証書（金銭消費貸借契約証書）を発行する形で行われる融資の形態です。長期の融資手段で，企業貸出では一年ごとに更新される契約が一般的ですが一年超の場合もあり，住宅ローンもその一つです。以下残りの三つはいずれも短期の融資に分類されます。

　手形割引は企業が受取った約束手形を支払い期日前に残存期間分の利息を差し引いて (割引いて) 現金化する手法です。下のような簡便な計算式で融資金額を求めることができます。計算式の手形割引率は大手銀行の場合もっとも信用度が高い振出人が大体 1.0％，リスクに応じて大体 4.0％までの範囲に設定されます。これは一般的な金利設定の考え方（後述）と同じです。

$$融資額 ＝ 額面 － （手形割引料 ＋ 手数料）$$

$$手形割引料 ＝ 額面 ×割引率（年率）× \frac{残存日数}{365}$$

60

注意点ですが，銀行で現金を受け取った割引依頼人は手形振出人 (手形の発行者) が破産その他の理由で手形額面の支払いができなくなったとき，手形を割引いた銀行によって額面での買取りを請求されます (買戻し請求権の行使)。手形割引は依頼人にもリスクがあるし，銀行には依頼人も支払い不能になるというリスクがあります。バブル以降の長期不況でこうしたリスクが大きくなったせいで手形割引件数は減少しました。現在は融資残高全体の 1% 未満です。

　もう一つ手形を使った貸出し方法に**手形貸付**があります。これは借り手を手形振出人，銀行を手形受取人として銀行が資金融通する形態の与信方法です（融資残高全体の 1 ～ 2%）。

　1980 年代以降，徐々に増えてきた融資手法が**当座貸越** (かしこし) です。契約された限度（極度）内で手形支払い等に対する預金残高不足を銀行が自動的に何度でも融資する手法です。当座貸越は企業融資の場合の呼び名で，個人を対象にした同様の融資方法は口座貸越と呼ばれます (後述)。

3-4　貸出金利の構造，返済方法

　かつて銀行の貸出金利は公定歩合に連動した規制金利でした (序章)。完全自由化された現在の金利は各行の判断により 2 つの観点から差別化されます。一つは期間 (満期) の長さ，もう一つはリスクの程度です。基本として短期 / 長期とも各プライムレート (最優遇貸出金利つまりもっとも信用の高い貸出先に適用される金利) を下限として貸出先ごとの**リスクプレミアム**を上乗せします。

　短期プライムレート (短プラ) は 1 年以内の短期融資に適用される最優遇貸出金利のことです。金融機関毎に貸出案件 1 件当たりの①資金調達コスト，②管理コストなどから総合的に判断して決定されます。①②とも規模のメリットを活かした低減が可能で大手行では低く中小行では高くなる傾向があります。**長期プライムレート** (長プラ) は満期 1 年超の長期融資に適用され，短プラに期間スプレッド (期間が長くなるほど高い) を上乗せして決定されます。

　次に借入金の返済方法について述べます。短期貸出 (満期 1 年以内) の

場合，利息は先取り(融資時点で予め徴収)しておいて，元金は期日一括返済(満期にまとめて全額を返す)というのが一般的です。先述の手形を使った二種類の融資がこれに該当します。利息先取りとして手形割引では与信時に利息相当分が額面(元金に相当)から割引かれ，手形貸付では額面から利息分を差引いた金額が融資されます。そしてどちらも額面(元金)が期日に一括して返済されます。

　長期の貸出は分割返済が一般的です。返済されるのは「元金部分」と各時点における元金残高に金利を掛けた「利息部分」の「合計額」です。その「合計額」の分割の仕方によって元利均等返済と元金均等返済の別があります。**元利均等**は毎期の元金と利息の支払い額の合計を一定にする方式です。**元金均等**は毎回の元金の支払額を均等にする返済方式です。借り手からするとどちらも一長一短があります。元金均等の方が元金残高の減少が元利均等より早いためトータルの利息支払い額は少なく済みますが，返済開始当初の負担は大きくなります。貸し手からするとトータル収入は元利均等の方が大きくなりますから勧めたくなる気持ちはわかりますが，契約時に相違をどれだけ明確に説明するかで銀行の顧客本位度が測れます。

図表 2-1　長期融資 返済方式の比較

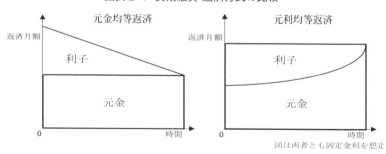

3-5　銀行が提供する消費者ローン

　周知のように平成末期から日本はマイナス金利の時代に突入しました。大手行の長プラは1%を下回る水準となっています。このような状況下でもある程度の金利収入を獲得できるのが消費者ローンの分野です。小口なので銀行収益に占める割合は大きくありませんが，多数ゆえにリスク分散

ができ確実性の高い収益が見込めます。

　有担保の**無目的ローン**には総合口座貸越サービスがあります。定期性預金残高の (一般的に)90％までを普通預金のマイナス残高として融資するもので金利は定期預金金利＋ 0.5％程度です。比較的低利なのは定期性預金が担保となっているからです。

　担保不要で貸付けるローンは**無担保ローン**と呼ばれます。幅広い業態によって提供されており，銀行のカードローン (金利～ 15％)，クレジットカード会社によるキャッシング (金利～ 18％)，貸金業もカードローン (金利～ 18％) を扱っています。金利水準は借り手の信用状態によって決まりますが低くて 3 ～ 4％が一般的です。

　カードローンの返済方法として一般化してきているのが**リボルビング方式** (リボ払い) です。リボ払いは，利用限度額の範囲内で，利用金額や件数に関わりなく，毎月原則として「一定金額」か「(残高の) 一定割合」を支払っていく返済方式です。返済負担が少ない分，元本が減少しにくく残高は膨脹し易くなります。派遣切りや雇い止めで所得が減少したり，事故や病気等で支出が増加したりした場合，リボ払い返済が困難になって自己破産したという話は後を絶ちません。リボが過重債務あるいは多重債務の一因とも言われます。現代の日本でこうした問題を引き起こしているのは貸金業に限らず銀行である場合も少なからず報告されています。ただ個々の金融機関の金利等融資条件はかなり違います。借りる前にネット社会の利点を生かし徹底的に比較検討することが大切です。

4　銀行が直面する諸リスク

4-1　信用リスク

　銀行が与信業務において直面する基本的なリスクが**信用リスク**です。一般的な意味としては，与信 (信用供与) 先の財務状況の悪化等により，資産価値が減少ないし消失することによって貸し手が損失を被るリスクを指します。貸し手のリスクなので債券に投資している場合も該当します。債券の場合は格付け情報によってリスク状況が把握できます (第 1 章)。

銀行の場合に限定すれば，貸付先の企業が経営難に陥るなどして元利払いが遅延もしくは滞るなど融資資金(貸出債権)の価値が減少/消失して損失を被るリスクと捉えられます。こうした損失の可能性が現実化した債権がいわゆる**不良債権**です。

　銀行は預金者に預金の安全性を100％約束しています。そのため不良債権から生じた損失は銀行自らが引受けるという選択肢しかありません。債権を「健全」に保つためのマネジメントや健全性が損なわれた場合の速やかな対処は銀行経営にとって要となります。

　与信先が海外である場合，信用リスクは複雑になります。借り手自身の経営難といった理由以外に，借り手が所在する国の通貨危機(特に急激な当該国の通貨安)や政変その他さまざまな情勢の悪化が資産不良化の要因に加わってきます。これら各国事情による信用リスクは特に**カントリー・リスク**と呼んで区別しています。外国債券に投資している場合も同リスクの影響を考えねばなりません。

4-2　市場リスク，為替リスク

　各種の金融市場の変動要因によって損失を被るリスクを市場(マーケット)リスクと呼びます。規制緩和そして金融ビッグバンを経て，業務が多角化した銀行が市場リスクに晒されることが多くなりました。マーケット関連のリスクには何種類かあります。

　市場で取引される有価証券や投資信託，不動産などが時価の変動に伴って資産価値を増減させるリスクを**価格(変動)リスク**と言います。銀行は資金の一定割合を有価証券で運用しており，加えて不動産を担保に取っているので当該リスクと無縁ではありません。

　資産価格だけでなく金利(利子率)もインターバンク市場や債券市場の需給関係で変動しています。金利変動と関連したリスクを**金利リスク**と言います。かつて銀行の金利リスクと言えば，資金調達と資金運用の金利差(利ザヤ)が縮小したり両金利が逆転して(逆ザヤになって)損失を被ったりするリスクのことでした。この意味での金利リスクは金利スワップ(補論A)が普及するにつれて弊害が縮小します。その一方で，銀行が債券(主

に国債)に巨額資金を投資するようになってからは金利上昇により債券価格が低下(一般的な金利と価格の関係)してこうむる損失が新しい金利リスクとして警戒されるようになりました。

　為替リスクも市場リスクの一種です。外国為替レートの変動と関わるリスクのことです。一般の投資家は外貨建て資産の価値が減少する円高のリスクを主に意識するのでしょう。しかし調達(負債)と運用(資産)の両面と関わる銀行の場合，特に海外事業展開しているケースにおいて，外貨建て資産と外貨建て負債について純額ベースで資産超過(買い持ち)か負債超過(売り持ち)になったときのリスクが問題になります。

　図表2-2の数値例を使って説明します。現在，1ドル/100円，3か月後は円安(1ドル/110円)と円高(1ドル/90円)の二つの可能性があると仮定しましょう。保有する外貨資産が外貨負債を上回る買持ちポジション(資産5億ドル/500億円，負債4億ドル/400億円)の場合，仮に3か月後円安(1ドル/110円)になったとすれば，5億ドルの資産は円評価で550億円に，4億ドルの負債は440億円となります。資産(増えた方が良い)の為替差益は50億，負債(減った方が良い)の為替差損は40億，純額ベースでみると10億円の為替差益(純益)が生じています。円高になった場合は反対に10億円の純損です。理屈は同じですが，外貨負債が外貨資産を上回る売り持

図表2-2　銀行の為替リスクの例

対外ポジション	現在	3か月後			
	1ドル100円	円安；1ドル110円		円高；1ドル90円	
買い持ち(資産＞負債)	資産5億ドル(500億円)	550億円→50億差益	10億純益	450億円→50億差損	10億純損
	負債4億ドル(400億円)	440億円→40億差損		360億円→40億差益	
売り持ち(資産＜負債)	資産7億ドル(700億円)	770億円→70億差益	20億純損	630億円→70億差損	20億純益
	負債9億ドル(900億円)	990億円→90億差損		810億円→90億差益	

簡単化のため利息や配当などの収入はないとします。

ちポジション (資産 7 億ドル /700 億円, 負債 9 億ドル /900 億円) のケースでは対照的に, 円安だと 20 億の純損, 円高は 20 億の純益になります。

　為替純益が出る可能性もありますが, 基本的にリスクを回避したい銀行としては外貨資産と外貨負債を同額 (スクエア・ポジション) に近づけていく財務戦略が望まれます。このような戦略を**外国為替持高操作**と言います。しかし完全にスクエアにすることは困難です。他にもデリバティブ取引によるリスクヘッジ (防御策) が有効な対策となります (詳細は補論 A)。

4-3　流動性リスク, システミック・リスク

　三大金融リスクというと信用リスクと市場リスクに**流動性リスク**が加わります。流動性リスクとは資金繰り (資金調達) と関わる様々なリスクのことです。銀行の場合, 同リスクには数パターンが存在します。

　第一は, 銀行が財務悪化等の理由で信用を失ってどこからも資金調達できなくなるパターンです。90 年代には不良債権が山積していよいよ経営が危なくなった銀行がインターバンク市場で何処も融通してくれなくなったり, 噂を耳にした預金者が大挙して預金引出しに押し寄せる取付け騒ぎが起こったりしました。昭和金融恐慌の再来とも思われたものです。

　第二は, 第一のケースの手前で見られる現象ですが, 通常より高い金利での調達を余儀なくされ損失を被るリスクです。銀行自らに責任がない場合でも 90 年代のロンドン市場など邦銀全体が信用を失ったことで高金利 (ジャパンプレミアム) が適用されたことがありました。あるいは財務に問題を抱えた銀行が高利回り商品を販売して顧客から資金を集め財務をさらに悪化させるようなことが稀にあります。

　第三は, 安全資産として保有していた国債等の有価証券が金融危機の混乱で著しく不利な価格でしか売却できず顧客への支払いや他行への返済に必要な資金が確保できなくなるケースです。主に欧米の出来事でしたが 1998 年のロシア危機や 2008 年のリーマンショック等のとき, 切り札として保有していた本来安全な国債がパニック売り一色となった市場で売却ができず, 決済が滞った金融機関が経営破綻を起こしたり連鎖倒産したりしました。

　個々の金融機関が直面するリスクによってシステム全体が不安定化する
リスクを**システミック・リスク**と言います。全国的な取付けによる昭和金
融恐慌などは古いタイプのシステミック・リスクです。証券市場の混乱や
インターバンク市場を通じた連鎖的破綻によるものはニュータイプのシス
テミック・リスクとされ今日的な課題です (詳細は第 6 章)。

4-4　オペレーショナル・リスク

　金融機関が遂行する日常業務に付随して損害が生じる危険を**オペレー
ショナル・リスク**と言います。これには 2 つのタイプがあります。

　まず事務リスクです。ヒューマン・エラーと言われる事務的ミスや事故,
役職員の遂行すべき業務の怠慢, あるいは不正取引によって会社が損害を
被る危険です。この最後の不正に関わるものを金融庁は**コンプライアンス・
リスク**と呼んで特に令和に入ってから警戒を呼び掛けています。

　もう一つのタイプがシステム・リスクです。前項のシステミック・リス
クに言葉は似ていますが, こちらはコンピューターシステムのダウンある
いは誤作動等の不備, ときには不正な使用によって金融機関が損害を被る
リスクです。顧客情報の漏洩や, 経営統合したばかりでインフラ統合が追
い付かず ATM がうまく作動しないなどネットワーク系統のトラブルがし
ばしば報告されます。

5　銀行の債権管理

5-1　非対称情報の問題

　銀行のリスク管理には「事前策」と「事後策」があります。「事前策」
はリスクを封じ込めるための諸策です。「事後策」はリスクが現実化した
場合の対処法です。まず事前のリスク管理について見ていきます。

　リスクを管理するにあたって非対称情報 (情報の非対称性) が生み出す
諸問題は最大の課題であり, 1970 年代以降多くの経済学者によって研究
されてきたテーマです。それらの問題は資金運用者が資金調達者について
十分な情報を持っていない (非対称情報の) 状態で投融資を行うことによっ

て生じます。第一は**逆選択**です。十分な情報があれば予め排除するような高リスクあるいは低収益の相手に資金を運用してしまう失敗です。もう一つが**モラルハザード**です。こちらは投融資後，十分な監視ができないために運用相手に返済や収益向上の努力を怠らせてしまうことです。

　銀行に限らずファイナンスに携わる諸機関は多かれ少なかれ非対称情報に関連する問題を排除するために経営資源を傾けています。以下では特に預金取扱機関(広義の銀行)の信用リスクに関わる事前的管理策について，具体的な取組みを見て行きたいと思います。

5-2　財務諸表準拠貸出

　融資先が企業である場合，その経営状態を知るための最大の手掛かりとなる情報源が損益計算書, 貸借対照表(バランスシート), キャッシュフロー計算書といった財務諸表です。財務諸表準拠貸出とは，融資の可否や条件を財務諸表の質によって判断するものです。

　財務諸表の種類によって見所は異なります。たとえば損益計算書は一定期間における企業の収益と費用の状況を示すものであり，全般的な「経営成績」を評価するのに使えます。そこで費用が収入を上回っていては融資資金が返済される見込みが薄いということで余程のプラス要因が他になければ融資は実行されません。貸借対照表は一時点における企業の資産，負債および純資産の状況を示すものです。自己資本比率や負債比率などから企業の諸リスクを査定したり万が一の場合に資産売却による返済が可能かをチェックしたりします。キャッシュフロー計算書からは一定期間に生じた企業の営業/投資/財務の各活動における現金流出入状況が分かります。「現金創出力」「支払い能力」など企業活力を査定するのに使えます。たとえ創業期の赤字経営でも将来的な伸長が(他の情報と合わせて)確信できたとすれば，地域経済における事業育成等の観点から敢えてリスクを取って融資を決断する場合もあります。

　但し，財務諸表のみに準拠した融資決定は財務諸表が出揃いかつ監査も行き届いた企業(多くは中堅以上)でなければ難しいと言えます。

5-3　資産担保貸出

　担保が十分であるかどうかによって融資の可否や条件を判断するのが資産担保貸出です。担保とは特定の債権について，債務不履行の危険 (信用リスク) に備えて，債権の経済的価値を確保 / 保証するための諸手段です。担保には物的担保と人的担保の別があります。

　担保としての資産を徴求するものが**物的担保**です。債務が履行 (元利金が約束通りに返済) されない場合，債権者が優先的に担保資産を第三者に譲渡したり運用したりできます。そうすることで損失を回避し収益を確保します。貸し手は担保物件の評価 (査定) を行い，その評価価値に担保掛目という比率を掛けて融資額の上限を決めます。物的担保に多いのは不動産ですが土地柄などの条件により掛目は 0.7 から 0.8 の値を取ります。例えば担保価値 3000 万円で掛目 0.8 ならば，融資上限は 2400 万円となります。

　人的担保とは，債務不履行の場合に債務者以外の者に帰属する財産によって債務の弁済を確保することを意味します。一般的な言葉では「保証」です。

　中小零細企業において，物的 / 人的担保が (形式的に要件を満たしているかどうかを別として) 十分でないと判断され借入れが困難になる場合があります。全国には 51 の**信用保証協会**があり，借り手が保証料 (融資金額の 0.5 〜 2.0％程度) を支払うことで返済困難になったときに返済を肩代わり (代位弁済) してくれる制度があります。中小零細企業としては協会の信用保証を取り付けることで自前の担保が補完され融資が受けやすくなります。

　昭和金融恐慌 (1927) 以来，日本では有担保原則が定着してきました。しかし担保ばかりを頼りにする融資は問題です。護送船団行政やバブル経済で邦銀の融資審査能力が失われ担保が十分でないために将来性豊かな新興企業が融資を受けられない，といった批判が 90 年代から 00 年代にかけてなされました。

5-4　クレジット・スコアリング

　金融業は情報産業と言われることがあります。財務諸表をはじめとする企業データを独自のスキルによって加工し融資先をランク付けするなど，

付加価値を伴った情報をアウトプットしているからです。

　クレジット・スコアリングは，比較的簡便な情報生産の手法です。企業または個人の信用度を項目ごとに点数化して，その合計スコアによって融資の可否/(金利などの)条件を迅速かつ客観的に判断します。個人の場合には年齢，住居形態(自宅か賃貸か等)，勤務先，年収，勤続年数など，企業の場合には業歴，売上高，黒字/赤字の状況，純資産，在店エリアなどが評価項目とされています。

　開発されたのは古く1950年代から60年代のアメリカです。日本では80年代に消費者金融の自動与信システムで導入されて，90年代を通じて普及，住宅ローンやクレジットカード発行の可否において銀行でも利用されるようになります。そしてアメリカに倣って企業金融でもスコアリングを活用する動きが90年代後半から見られるようになりました。

　中小企業融資においてスコアリングに依存することに対しては当初から慎重を求める意見がありました。個人と比べ金額が大きく，審査内容が複雑であること，統計データの集積が不十分でスコアリングでは正確な評価が難しいといった意見です。とくに新分野における創業の場合には客観的データがありません。逆にそうした状況でも融資を伸ばそうとすれば，非対称情報の問題が解決しないままに融資を実行することで却ってリスクを高める可能性もあります。

　ビッグバン以降に登場した新たな形態の銀行に「中小企業への融資を主体にする銀行」というカテゴリーがありました。新銀行東京と日本振興銀行の二行です。これら銀行はスコアリング中心の無担保融資を行い，当時の貸し渋り状況を打開するものとして期待が持たれました。しかしながら二行は赤字経営が改善されないまま合併や清算によって市場から退出してしまいました。

　融資審査における主観を排した客観中立な情報生産手法としてクレジット・スコアリングは他の審査手段を補完する役割が認められます。ただそれが万能ではないという認識は必要なのです。

5-5　リレーションシップ貸出

　クレジット・スコアリングと補完的に用いるべき他の審査手法が**リレーションシップ貸出**です。財務データなど定量情報に加えて定性情報を用いる点に特徴があります。

　定性情報 (ソフト情報) とは経営者に関しては①人柄や頭脳，②経営判断能力，③業界での評判，④地域での風評等です。また会社や従業員に関しては①資質，②士気，③技術レベル，④開発能力，⑤業界 / 地域での評価等が該当します。これらを評価項目に入れて定量 (ハード) 情報を補完する形でスコアリングに使用します。

　尤も「リレーションシップ」という言葉の由来として金融機関が企業と長期的な取引関係を維持していることが前提となります。リレーションシップがないと十分な定性情報が獲得できないからです。なお日本でよく使われるリレーションシップ・バンキングは単なる融資手法を越えた銀行経営の在り方に関わる概念であり，次節で改めて議論したいと思います。

5-6　債権評価と開示義務

　ここからは融資の事後的管理について見ていきたいと思います。

　いかに万全の融資審査を行い，定期的に融資先を訪問して状況把握に努めていたとしても，後で融資先の経営が思わしくなくなるなど元利払いの不確実性は多かれ少なかれ存在します。そして実際に元利返済が滞るなど注意や管理を厳しくしなければならない貸出先も出てきます。事後的な対処として，銀行がまずするべきことは個々の債権の適切な評価 (自己査定) です。自己査定には 90 年代以来「金融検査マニュアル」に基づく債権区分が利用されてきました。同マニュアルは令和元年 12 月に廃止されました (詳細は第 6 章)。しかし金融庁は利用を禁止しておらず，なお同マニュアルの債権区分を参照する金融機関は少なくありません (図表 2-3 参照)。

図表 2-3　金融庁「金融検査マニュアル」に基づく債権区分

貸付先区分	内容			債券区分
a) 破綻先	法的・形式的な経営破綻（破産，会社更生法適用など）に陥っている貸付先			不良債権
b) 実質破綻先	上記破綻には至っていないが，深刻な経営難の状態，再建の見通しが立たないなど，実質的に経営破綻に陥っている貸付先			
c) 破綻懸念先	実質的に経営破綻ではないが，経営難の状態，再建計画の進捗状況が芳しくなく，今後，経営破綻に陥る可能性が大きい貸付先			
d) 要注意先	業況が低調・不安定，貸出条件や財務内容に問題があるなど，今後の管理に注意が必要な貸付先			
	d-1) 要管理先	債務履行3か月以上延滞，または貸出条件の緩和を受けた貸付先		
	d-2) 要管理先以外	要注意先の貸付先のうち，要管理先以外の貸付先		正常債権
e) 正常先	業績が良好で，財務内容にも問題がない貸付先			

　ここには上に行く程状況が深刻な債権の定義が示されています。いわゆる不良債権に該当するのは要注意先のなかのd-1) 要管理先までで，要注意先のd-2) 要管理先以外とe)正常先を合わせて正常債権とされています。

図表 2-4　リスク管理債権

破綻先債権	未収利息不計上貸出金*のうち更生手続き開始等の事由が生じているもの *元本又は利息の取立て又は弁済の見込みがないものとして未収利息を計上しなかった貸出金
延滞債権	未収利息不計上貸出金であって，上記破綻先債権及び債務者の経営再建または支援を図ることを目的として利息の支払いを猶予したもの以外のもの
3カ月以上延滞債権	元金又は利息の支払が，約定支払日の翌日を起算日として3カ月以上延滞している貸出債権　（破綻先債権，延滞債権に該当するものを除く）
貸出条件緩和債権	経済的困難に陥った債務者の再建または支援を図り，当該債権の回収を促進すること等を目的に，債務者に有利な一定の譲歩を与える約定条件の改定等を行った貸出債権（上記に該当するものを除く）

＊銀行法に基づく

図表 2-5　金融再生法開示債権

破綻更生債権及びこれに準ずる債権	破産，会社更生，民事再生などの事由により経営破綻に陥っている債務者に対する債権およびこれらに準ずる債権
危険債権	債務者が経営破綻の状態には至っていないが，財政状態及び経営成績が悪化し，契約に従った債権の元本の回収及び利息の受取りができない可能性の高い債権
要管理債権	3ヶ月以上延滞債権および貸出条件緩和債権
正常債権	債務者の財政状態及び経営成績に特に問題がないものとして，上記以外に区分される債権

　次に自己査定結果に基づいて，どのような対応を銀行として採ったかを明確にする必要があります。これについては，リスク管理債権と金融再生法開示債権の 2 種類があり，どちらも開示が義務付けられています。

　リスク管理債権 (図表 2-4) は，銀行法に基づいており，対象を貸出金に限定しています。延滞債権は金融庁「金融検査マニュアル」における実質破綻先と破綻懸念先であり，銀行による対応の中身が明示化されています。また同じく要管理先が「3 カ月以上延滞」と「貸出条件緩和」とにはっきり区分されています。

　金融再生法開示債権 (図表 2-5) は，対象をすべての与信先に広げたものです。検査マニュアルに近い債権区分ですが定義はより明確です。リスク管理債権と合わせることで銀行の債権状況全体が把握できるようになっています。

5-7　不良債権処理の方法

　債権評価が適切になされたなら，次に融資資金を回収できない可能性に備えて予めバランスシートの負債の部に必要な金額を繰り入れておきます。それが貸倒引当金です。引当金には一般貸倒引当金と個別貸倒引当金の 2 種類があります。一般貸倒引当金は正常先及び要注意先を対象にするもので過去の統計データ等にもとづいて集合的に計上されるものです。これに対して個別貸倒引当金は破綻先・実質破綻先・破綻懸念先・(一部の)要管理先といった対処が必要となっている債権を対象とし，個別に回収不能見込額を見積もって適時に償却・引当が計上されるべきものです。

　破綻懸念先以上の不良債権処理は二段階で行われます。

　第一段階は**間接償却**です。不良債権を資産として残したまま，担保や保証によって保全されていない部分について，回収不能になる可能性に応じて個別貸倒引当金を計上する方法です。直ちに償却しないのは，経営再建計画の進捗が好転する可能性があるためです。もちろん将来の状況次第で必要な引当金が増えれば処理後に利益は減るでしょうし，逆に引当金が減れば利益が増加するなど影響は後に残ります。状況が好転せず実際に破綻してしまったら，第二段階の**最終処理** (直接償却) に移ります。これは法

的整理や売却によって不良債権をバランスシート上から完全償却することです。償却時点で損失額が確定するので後に影響がでることはありません。

図表 2-6　債権の開示 / 償却の事例 (名古屋銀行 (2019 年度)，単位：百万円)

自己査定結果 (対象債権：総与信)		金融再生法に基づく開示額 (対象資産：総与信及び自らの保証を付した私募債　＊要管理債権は貸出金のみ)					リスク管理債権 (対象資産：貸出金)	
債務者区分	金額	債権区分	金額	貸倒引当金	担保保証等	保全率	開示区分	金額
破綻先	2,365 〈979〉	破綻更生債権及びこれらに準ずる債権	6890 〈4,025〉	2,865	4,025	100.00%	破綻先債権	2,365 〈979〉
実質破綻先	4,526 〈3,045〉						延滞債権	45,598 〈44,146〉
破綻懸念先	41,251	危険債権	41,251	4,368	33,429	91.63%		
要注意先 要管理先	14,221	要管理債権＊	7,418	995	3,338	58.43%	3ヵ月以上延滞債権	574
							貸出条件緩和債権	6,843
		小計	55.562 〈52.696〉	8,230	40,793	88.23%	合計	55,382 〈52,544〉
要注意先 要管理先以外の要注意先	470,354	正常債権	28,190,312	〈 〉内は直接償却を実施した場合の開示債権額 金融再生法開示債権(小計)の対象債権に占める割合：1.93%，〈1.84%〉 リスク管理債権の対象債権に占める割合：1.96%，〈1.86%〉				
正常先	2,173,500							
非分類債権	127,259							
合計	2,833,479 〈2,830,613〉	合計	2,874,594 〈2,871,729〉					

参照：(株) 名古屋銀行「2020 年 3 月期ディスクロージャー誌」p.3(表示形式を一部変更)

　ここまでの流れを名古屋銀行 (愛知県名古屋市) の債権開示と償却の実例でおさらいします (以下，図表 2-6 参照)。

　左端は金融検査マニュアル債権区分に従った自己査定額です。破綻先の 2,365 百万円はリスク管理債権 (右端) の破綻先債権に，破綻先と実質破綻先の合計が金融再生法開示債権 (真中) の破綻更生債権及びこれらに準ずる債権 6890 百万円に，各々対応しています (四捨五入のため合計は一致しません)。同金額下の山括弧内に表示してある 4025 百万円は右側の貸倒引当金 2865 百万円で最終処理した場合に残存する金額を表しますが，ちょうど等しい額 4025 百万円が，担保保証等によってカヴァーされています。そのために保全率が 100％とされている訳です。保全率は危険債権 (破綻懸念先)，要管理債権と下っていくにつれて 91.63％，58.43％と低下します。これは個別貸倒引当金があくまで回収不能となる見積額に応じて計上されるものなので，返済見込みが高ければ引当率も低下するためです。

以上より債権開示とは，銀行が必要な間接償却を完了しており，仮に直ちに最終処理を行っても債権は保全されると預金者，債権者，株主を始め世間一般に広く知らしめることを意味します。第4節で言及した銀行取付け等に端を発したシステミック・リスク防止にも役立ちます。

6　積極的な金融仲介を目指して

6-1　メインバンクとは何か

第2節で黒字主体(特に預金者)にとっての金融仲介の意義について考えました。赤字主体，とくに中小零細企業や個人は株式を上昇しているわけでもなく一般に社債発行もできません。それゆえ資金調達には銀行による融資がどうしても必要になります。銀行が適切にリスクを管理しながら積極的に金融仲介機能を果たしていくところに顧客と銀行自身そして両者が関わる地域の安定と発展があります。

積極的な金融仲介の在り方として，前節で紹介した米国のリレーションシップ貸出その侭ではなくリレーションシップ・バンキング(通称リレバン)という日本的解釈が加わった背景には，それ以前にメインバンクという日本独自の金融仲介スタイルのあったことが無関係とは言えません。

メインバンクとは「融資面」で最大の取引銀行であることに加え「資本面」「人材面」など総合的な取引関係をもつ銀行を指します。大企業の場合には複数銀行から融資を受けるケースも多いのですが，メインバンクは全ての取引銀行の中で融資割合が最大，持ち株比率についても最大という特徴があります。リレーションシップ面で言えば長期安定的な取引関係を維持しています。また低利の当座貸越サービスを提供する条件として企業の決済口座を集中させます。さらに銀行から役員を派遣して経営介入し，危機の時には救済/支援も行うという海外ではあまり例を見ない濃密な関係を構築しています。

6-2　メインバンクによる情報生産とガバナンス

システムとしてみたメインバンクにはどのようなメリットがあるので

しょうか。融資割合が最大であるだけでなく持ち株比率が最大ということは，債権者と株主の利害関係が重複しており強い情報管理インセンティブを与えている可能性が考えられます。また決済口座を集中させることで融資先企業の「資金的繋がり」が容易に観察できるようになります。低コストで情報生産ができるわけです。情報コストが低いため企業は低利かつ長期の資金調達が可能となります。銀行とはウィン - ウィン関係が築かれるため，企業経営への介入に従順になる効果もあります。

　さらに長期的なリレーションシップを構築することで密度の濃い情報管理が可能になります。派遣された役員は派遣先企業で経営再建などに尽力し目的を達成すると元の銀行に戻ります。経営危機時には派遣役員を増員したり，追加融資をしたりして救済 / 支援を行います。こうすることで投融資が成功する確率を高めているのです。

　コーポレート・ガバナンス (企業経営の第三者による規律付け) というと欧米では市場 (直接金融) を通じた株主の役割と考えられてきました。1980 年代，日本では銀行 (間接金融) がその役割を果たしていると主に海外の学者によって評価されました。最大の債権者かつ最大の株主である銀行は非常に大きなリスクを負うため，審査・監視に対する強いインセンティブを持つと考えられました。高度成長期には企業側も常に資金不足だったため銀行の指導や指示には従いました。その結果，メインバンクは市場によるガバナンスを代替すると考えられました。

6-3　メインバンク・システムはどうして衰退したか

　先述のようにメインバンクは救済機能を果たします。取引企業が経営危機の時，再建可能と判断すれば各種の救済措置を施します。

　第一は①元利払いの猶予，②元利払いの減免（銀行による一部 / 全部の債権放棄）といった債務軽減措置です。長期的観点から短期的な損失を許容する行動です。第二は短期的な資金繰りに苦慮している場合などに実行する追加融資です。これも長期的な観点から短期的なリスク増大を許容する行為です。第三が役員の追加派遣による経営支援です。こうした救済には不況期の倒産を抑制することで景気を安定化する効果があるとも言われま

した。

　バブル期にはこれらすべてが日本経済の強みとしてプラスに評価されたのです (序章参照)。バブルが崩壊してしまうとすべてが裏目に出ます。蘇生すると見込んで救済した企業が経営再建できないケースが急増，再建失敗が不良債権を山積させる大きな要因となりました。銀行が救済の余力を失うとともに損失を穴埋めするために持合い株を売却せざるを得なくなり，メインバンク・システムを支えた資本面における取引関係が薄れます。システムは弱体化していきました。

　かつてのメインバンクが右肩上がりの成長を前提として機能していた部分は否定できません。メインバンクは現在も存在しますがこれが日本経済の強みといった評価は随分後退しました。

6-4　リレーションシップ・バンキングと課題

　リレーションシップ・バンキング (リレバン) には，米国のリレーションシップ貸出に日本のメインバンク的エレメントが融合した側面が色濃く観察されます。リレバンとは銀行が顧客 (主に借手) と長期的で親密な取引関係を築くことで顧客に関する情報を蓄積し，この蓄積された情報をもとに融資を始めとした様々な金融サービスを提供するビジネスモデルです。

　2003(平15) 年3月，金融庁は「リレーションシップ・バンキングの機能強化に関するアクションプログラム」を公表しました。主要行を対象とした「金融再生プログラム」に対して「アクションプログラム」は中小を含んだ地域金融機関を対象に発せられたものです。そこでは中小・地域金融機関は，主要行とは別の形で，自らの健全化と機能強化に向けた具体的計画によって，不良債権問題の解決に向けた中小企業金融再生，および持続可能性（サステナビリティー）の確保を目指す必要がある，という基本的視点が示されました。つまり「地域金融機関は地域経済を基盤に収益を上げている。だから地域経済を支えている中小零細企業を資金的に支援することは使命のようなものである。またそうでなければ自らの持続可能性（sustainability）は保証できない」ということです。

　ではいったいどうやって地元企業を支援するのでしょうか。ヒントは旧

来のメインバンクにあります。但し経営難に陥った企業を闇雲に救済するのではなく，①地域経済の専門家として賢くコンサルする，②起業を志す者やアーリー・ステージの企業を育成する，③時には事業承継問題とも向き合う——そういった**地域密着性**が地域金融機関に求められたのでした。

　状況は高度成長期やバブルの時代とは大きく異なります。人口減少・高齢化の進展，長期化する低金利環境と金融を巡る環境が大きく変化する中「金融機関が貸出先から選ばれる時代」とも言われます。融資取引のみならず事業承継，M & A，販路開拓，人材派遣，オーナー経営者の資産運用等，金融サービスの受け手のニーズが多様化しています。

　こうした環境の変化に対応するように一部の金融機関では，単なる貸付けにとどまらず企業の経営コンサルなど付加価値の提供や，かつてのように財務データや担保・保証の有無を過度に重視した融資を改めて事業の将来性や将来キャッシュフローから返済可能性を評価した融資のあり方に転換するような取組みが見られます。創業支援の場合には，銀行自らリスクテイクすることは難しいが成長が見込めるような顧客にベンチャーキャピタルや投資ファンドを紹介したり，顧客企業の商流拡大について助言したりするなど臨機応変な取組みも見られるようになりました。以下，個別事例を見ていきます。

6-5　地域とのリレーションシップ

　地域金融機関には普通銀行に属する地方銀行と第二地方銀行，そして各種の協同組織金融機関が含まれます。序章で普通銀行は利潤最大化を事業目的とする一方で公共性重視が求められると述べましたが地銀と第二地銀の場合は特に地域経済におけるパブリックな貢献が期待されます。信用金庫，信用組合，労働金庫，農漁協信用事業などの協同組織金融機関はもともと構成員たる地域の住民や中小零細事業者の相互扶助を目的としており，全般に積極的なリレーションシップが観察されます。以下はそれら活動の中から3例のみ取り上げます。

　事例1；創業支援と成長支援(瀬戸信用金庫)

　地域密着型融資の事例として，瀬戸信用金庫(本店；愛知県瀬戸市)は新規および開始1年未満の事業に運転/設備資金としての創業支援ローン(融資上限500万円，期間5年以内)を提供しています。その一方で地域のニーズや課題に取組む「地域ビジネス」の創業志望者に必要な知識や実務を学んでもらう創業支援事業(瀬戸市)にも参画しました。そして実際に起業した場合の実体験を地元商工会議所等と共催した「起業セミナー」で紹介するなど，地域で新事業が生れ育つ環境づくりにも取組んでいます。

　また同金庫は成長基盤分野に資する事業用の運転資金または設備資金として地域活性化応援ファンド(融資額100万円以上10億円以内，期間1年以上20年以内)を提供すると共に，愛知県等との共催による「せとしん『知財活用ビジネスマッチング交流会』」を開催して，知財マッチング活動に積極的な大企業の開放特許技術の紹介や個別面談を実施したり，設備投資を検討している地域事業者向けに「ものづくり補助金活用セミナー」を開催したりして，地域企業の成長支援にも力を入れています。

　さらにまた事業承継期を迎えている地域の中小企業・小規模事業者への支援の一環として「事業承継・M＆Aセミナー」を開催するなど，現代的な課題にも取り組む姿勢を示しています。

事例2；ライフプランニングの生活支援(西海みずき信用組合)
　リレバンは金融スキルを生かして住民の生活相談に携わることでも成し遂げられます。西海みずき信用組合(本店；長崎県佐世保市)の借入れおまとめ相談では，顧客の人生100年のライフプラン(生涯生活設計)を原点とする考えに基づいて生活設計の見直しを手伝い，健全な生活設計をもとに「心の健康」「体の健康」「個人財務の健康」づくりを支援します。

　Step1として子供の教育，住宅取得，借入金の見直し，老後の安定生活など，何を目標にして生活資金繰りを行っていくのかを，丁寧なヒアリングを元に明確にします。Step2として現在の資産や負債および家計の資金繰りをもとに将来のシミュレーションをします。Step3としてキャッシュフローやバランスシートの分析を行って家計のどこに資金繰りの問題があるのか把握するとともに住宅ローンや保険，金融資産の運用などの見直し

を行います。次に Step4 として解決のための対策や方法を検討・提案します。そして Step5 で提案を取り入れた目標に向けてのプランを作成します。

同組合のスタッフは FP(ファイナンシャル・プランナー) 資格を保持しており，また必要に応じて外部スタッフとも提携を行い，相談に対し充分な対応ができる体制を整えているとしています。

事例 3 ; コロナ対策としての企業 / 個人支援 (大垣共立銀行)

2020(令 2) 年 3 月に金融庁による要請があって以来，新型コロナ対策として全国の銀行や協同組織機関による様々な取組が展開されてきました。それより前，国内累計感染者が未だ 17 名だった同 1 月 31 日に地銀である大垣共立銀行 (岐阜県大垣市) は新型コロナウイルス感染拡大による必要事業資金の「緊急対策融資」を開始しました。最初は上限 5 千万，期間 7 年以内，「短期プライムレート (2% 弱) － 0.5 ％」からの変動金利，取扱期限を同年 9 月 30 日とし，5 月 22 日には限度額 1 億円，7 年以内 (据置 1 年以内)，取扱期限定めずと条件を緩和しました。

同行は同 3 月 17 日には当面の生活費などが必要となる個人を対象とする使途自由の「緊急対策ローン」(新型コロナウイルス対応) を 10 万円以上 50 万円以内，期間 6 ヵ月以上 10 年以内，保証人原則不要，短期プライムレートを基準金利とする条件で提供開始しました。また翌 4 月 24 日からは当面の間，返済期日や返済額など融資条件変更時の手数料を免除するとしました。

以上に加えて 6 月 10 日からは，子育て世代やシングルマザーを対象にした新規借入れ金利についてカード型進学ローン 2.0 ％，少子化対策カードローン 2.0 ％，シングルマザー応援ローン 3.0 ％ (いずれも年利) の引下げを実行しました。同行はこれまでも子育て世代やシングルマザーに有利な低利ローンや女性の創業支援を推進してきました。今次の措置はそれらの強化策と言えます。

緊急の事態に地域の企業や個人にできることを躊躇なく実行することもリレーションシップの一つの在り方でしょう。

6-6　新型コロナ対策とリレーションシップ

　大垣共立銀に限らず，これまでに全国で様々なコロナ関連の取組みが主要行，地域銀行，協同組織機関によって行われてきました。20年8月末現在の状況について，金融庁は，（1）融資条件の緩和などの変更や新規の融資，（2）対応迅速化などを目的とした書面等の省略・簡素化，（3）コロナ禍の非常事態における金融機関の体制，（4）事業者の本業支援，（5）自治体・信用保証協会・政府系金融機関との連携の項目に分けて紹介しています。**図表2-7** は20年8月末までの約半年で貸付条件の変更が主要行，地域銀行，その他の銀行でどれだけ申請があり，どれだけ実行されてきたのかを件数と実行割合とで示しています。

　コロナ禍が日本の金融仲介機関が全体としてリレーションシップ・バンキングへの意識を高める機会を与えたことは確かです。2020年8月末の銀行融資残高は前年同月比で30兆円余り膨張していますが，増加した分の大半がコロナ関連融資です。公的保証をつけた緊急対応はもちろん必要なことです。しかし条件変更や新規融資対応に終わらず，借り手の企業・個人が再生できるよう適切な助言や可能な助力を施すことが今後より重要になってくる―といった話が実務の現場から聞かれます。

図表2-7　貸付条件の変更等の状況について

	申込み	実行（A）	謝絶（B）	審査中	取下げ	A/（A+B）
○債務者が中小企業者である場合						
主要行等(9)	35,226	26,869	838	6,357	1,162	97.00%
地域銀行(103)	188,247	165,186	811	17,842	4,408	99.50%
その他の銀行(77)	499	417	20	30	32	95.40%
合計(189)	223,972	192,472	1,669	24,229	5,602	99.10%
○債務者が住宅資金借入者である場合						
主要行等(9)	7,150	5,214	181	1,207	548	96.60%
地域銀行(103)	16,883	13,029	200	2,051	1,603	98.50%
その他の銀行(77)	499	392	10	49	48	97.50%
合計(189)	24,532	18,635	391	3,307	2,199	97.90%

主要行等とは，みずほ銀行，みずほ信託銀行，三菱UFJ銀行，三菱UFJ信託銀行，三井住友銀行，りそな銀行，三井住友信託銀行，新生銀行，あおぞら銀行をいう。地域銀行とは，地方銀行，第二地方銀行及び埼玉りそな銀行をいう。その他の銀行とは，主要行等・地域銀行を除く国内銀行，外国銀行支店，整理回収機構をいう。左端の欄中の括弧内は，令和2年8月末時点の金融機関数。件数は，貸付債権ベース。

典拠：金融庁ウェッブサイト資料（2020年3月10日～同8月末の実績，単位：件）

リレーションシップもしくは地域密着金融は危機からの脱出プロセスにおいてこそ真価が発揮されるべきものであり，日本の金融仲介機関の正念場はここからと言って良いかもしれません。

第3章　市場型間接金融と保険

1　はじめに

　本章は直接金融(証券取引システム)と間接金融(金融仲介システム)のハイブリッドタイプである市場型間接金融，および市場型間接金融の機能を併せ持つリスク・マネジメントの手段である保険のシステムについて見ていきます。

　市場型間接金融とは，序章で見たとおり間接金融の枠組みを持ちながら証券市場を活用して行われる金融取引です。投資信託や証券化が該当し，いずれも信託とつながりがあります。本章前半はこれらの基本的スキームや商品のバラエティーを概観し，留意点について考察します。

　本章の後半は日本の保険システムについてです。保険の原理と意義，生命保険や損害保険の保険料と保険金の構造，保険会社自身が直面するリスク，保険契約の基本事項や保険商品の種類，保険事業の経営形態などについて，解説していきたいと思います。

2　信託と投資信託

2-1　信託業と信託銀行

　信託とは金銭，有価証券，不動産といった財産の保有者が一定の目的に従って，それら財産を金融機関に管理・運用させる契約です。信託において財産の保有者を委託者，管理・運用する機関を受託者と呼びます。

　信託には大きく分けて二種類の機能があります。一つは市場型間接金融と関わる金融機能です。委託者の資金を受入れて証券市場や長期貸出に運用するものです。もう一つがとくに土地信託や年金信託に求められる財産

管理機能です。多くの信託商品は両機能を兼ねています。

　信託の大まかな分類について押さえておきましょう。信託は信託財産が金銭(現預金)である**金銭の信託**と，**金銭以外の信託(物の信託)**に大別されます。金銭以外の信託が対象とする財産として，①有価証券，②不動産(土地信託など)，③動産(車輌信託，コンピュータ信託など)，④金銭債権(住宅ローン債権信託など)があります。最近では高齢化が進んだ地方において，自分では生産的な利用ができなくなった農地や森林といった財産の管理・運用を委ねる「農地の信託」や「森林の信託」が注目されています。

　対して現預金を信託するのが金銭の信託です。金銭の信託には，信託終了時に金銭の形で利益を還元する**金銭信託**，終了時に運用資産を現状のまま引渡す金外信託(正式名称は**金銭信託以外の金銭の信託**)があります。

　金銭信託はさらに二つに分類されます。一つは**特定金銭信託**です。これは資金運用する対象を具体的に特定する信託です。その一種として確定拠出年金信託(加入者個人が掛金の額や運用方法等を決め運用成果により将来の年金給付額が変動)があります。もう一つが**指定金銭信託**です。こちらは資金運用対象の種類を大まかに指示する信託です。例として確定給付企業年金信託(予め将来の給付額が決められた「企業年金」の掛け金を運用)などがあります。

　欧米では信託を業務とするものとして信託会社が中心ですが，日本では多くの場合銀行業が兼営されており，信託が主務の場合に信託銀行と呼称されます(そうでない場合は普通銀行)。但し「銀行」と付く組織はいずれも銀行法に基づいて設立されています。2020年8月末現在，日本にはメガバンク系，証券系，外資系など信託銀行12行が営業しており，一方で都銀や地銀など40近い金融機関が信託業を兼営しています。

2-2　契約型投資信託

　投資信託（投信）とは，多数の投資家(黒字主体)から小口資金を集め，専門家が有価証券等に分散投資し，利益を投資家に還元する金融サービスを指します。

　投資家が直接市場で資金運用するのではなく仲介機関が発行する投資信託受益証券(間接証券の一種)を購入する形で資金運用する点で間接金融の一種です。しかし証券の元本保証はなく，市場の変動要因の影響を受けた価格リスクを投資家自身が引き受けなければなりません。この点が銀行預金などとは全く性格を異にしています。

　投資信託は資金運用スキームの相違から契約型と会社型とに大別されます。まず契約型からみていきましょう。契約型投信では複数の金融機関が関係します。中心になるのは**投資信託委託会社**です。ここが商品設計を行い，受益証券を発行します。発行された受益証券は証券会社や銀行(ゆうちょ銀行の場合は郵便局)の窓口を通して投資家に販売されます。投信委託会社は多くの投資家から資金を集めてファンド(基金)を形成します。しかし委託会社はその名の示す通り委託者として自らは運用しません。信託銀行あるいは信託を兼業する銀行(受託者)と特定金銭信託契約(上記)を結びファンドを信託するのです。受託者は委託会社からの指図に従って信託ファンドを市場で運用，その収益を委託会社から投資家(**受益者**)へと分配する仕組みです（図表3-1参照）。

　契約型投信には，債券投信と株式投信という基本分類があります。**債券(公社債)投資信託**とは債券を中心に運用する投資信託で，株式には一切運用しないところに特徴があります。一方の**株式投資信託**は運用対象に株式を組み入れた投資信託です。仮に運用対象が100％株式であっても，あ

図表 3-1　契約型投資信託の仕組み

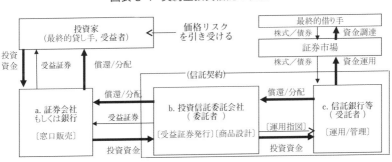

るいは極々一部に株式を組入れた場合であっても株式投資信託に分類されます。ただし商品名がこの分類を反映していないことはあって，銘に「債券」と入っていても一部株に運用されているため株式投信に分類される商品 (投信購入時に受取る「目論見書」で確認できます) もあるため注意は必要です。

2-3　会社型投資信託

　専業の投資会社を設立して出資証券 (間接証券の一種) を投資家に販売，資金を集めファンドを形成，不動産やインフラに運用するタイプの投信を会社型投資信託と言います。会社型投信の投資家は受益者ではなく投資専業会社の出資者という位置づけです。

　会社型投信には私募型 (少数の個人からプライベートに資金を募る) と公募型 (広く一般から資金を募る) があります。会社型投信の代表格と言える**不動産投資信託 (REIT，リート)** は，資金をオフィス / ビル等の不動産に分散投資して賃料 / 売却益などを配当として投資家に分配するものです。これも私募リートと公募リートとがあります。日本の J-REIT は公募型で，株式と同様に東京証券取引所に全銘柄が上場されていて株主総会に相当する投資主総会が開催されます。

　不動産投信の意義は，かつて大口でしかなかった不動産投資に対し小口運用の道を開いたことでしょう。不動産への直投資には数千万円以上の資金が必要であるのに対して J-REIT は数万円からの運用が可能です。バブル崩壊後に低迷した不動産市場を再び活気づかせるのに一役買ったと評価することも可能です。尤も運用対象は都市部の一等地に限定されます。

2-4　多様な投資信託

　投資信託には契約型と会社型の二分法以外に，契約方式や運用方針などによって多様な分類方法が存在します。

　発行形式による違いとして，単位型と追加型の区別があります。単位型とは当初のみ募集を行ってファンド設定後は元本の追加信託は行わないタイプです。追加型とは当初ファンドに追加設定が行われ，追加設定分も当

初分と一緒に運用されていくタイプです。現在は追加型が一般的となっています。

　次に発行後に買戻しのあるなしによる区別として，オープンエンド型は買い戻しが委託会社 (→契約型) や投資会社 (→会社型) によって行われるタイプです。これに対してクローズドエンド型は発行後に買い戻しは行われず，市場価格 (時価) でのみ取引されるタイプを指します。上記のJ-REIT 等はクローズドエンド・タイプに分類できます。

　大部分の投資信託商品は取扱い金融機関の窓口で相対 (あいたい) の契約により購入と売却が行われます。それらは非上場投資信託として 1 日 1 回決まる基準価格によって取引されています。この価格は売り買い注文を出した後で調整されて決まるので顧客が参照できるのは前日の基準価格だけです。それと異なり**上場投資信託** (ETF：exchange-traded fund) は，株式等と同様，取引所において時価取引される投資信託です。会社型の J-REITはその一例ですが，契約型にも多様な ETF が存在します (下記参照)。

　運用方針による分類として，TOPIX(東京証券取引所株価指数) 等市場平均並みのパフォーマンスを追及するインデックス (指数連動) 型，市場平均を上回るパフォーマンスを追及するアクティブ型という区別が知られています。アクティブ型の方が一般にハイリスク・ハイリターン商品です。上記 ETF でいうとインデックス型 ETF(指数連動型投信のうち上場されたもの) とアクティブ型 ETF(市場平均を上回るパフォーマンスを追及する上場投資信託) といった分類がなされます。運用方針による分類には他に，割安と思われる銘柄を運用対象にするバリュー型，将来の成長が期待できる銘柄を運用対象とするグロース型があります。

2-5　投資信託のメリットとデメリット

　資産運用対象として投資信託を選択するメリットとデメリットについて考えておきましょう。

　まずメリットですが，小口投資 (1 万円程度〜) であるにもかかわらず，分散投資によるリスクの低減効果を多かれ少なかれ享受できます。これは大口 / ハイリスクな本源的証券を小口 / ローリスクの間接証券 (投資信託受

益証券)へと資産変換する利点です。さらに投信は投資に精通していない個人にとって専門家が売買判断を代行してくれることもメリットに数えられます。

　次にデメリットとして，リスク分散に関わらず一定のリスクは残ります。リスクの大きさは様々ですが全ての投信について元本保証はなく利益分配も保証されていません。購入したのが銀行窓口であろうが，郵便局であろうが例外はありません。販売する側にはこの点をきちっと説明する義務があり説明しない場合は金融商品販売法違反になります。デメリットの第二は特に非上場投資信託に当てはまることですが，取引コストが決して低くないことです。主なコストとして，①購入時手数料，②信託報酬(運用費用)，③売却時の費用負担を挙げることができます。

　投資信託の多様性については上で紹介しましたが，収益性もリスクも費用もその他売買条件も商品によって違うので，契約前に理解できるまで商品内容を確認することが大切です。「良く分からなかったら契約しない」が運用の原則です。一方「顧客がよく理解していない商品は契約させない」が販売側の鉄則です。後述の保険もこの点は同様です。

3　証券化(資産流動化)について

3-1　証券化とは何か

　市場型間接金融において益々重要性が高まってきているのが証券化もしくは資産流動化という金融スキームです。証券化の出発点となった不動産担保証券からクラウド・ファンディングまで，幅広い利用が見られます。われわれ一般人が株式や投資信託を購入するように証券化商品を購入することは少ないかもしれません。ですがその恩恵は既に様々な形で受けています。

　証券化とは，流動性の低い(現金化しづらい)保有資産が将来生み出す収益を価値の裏づけにして新証券を発行，投資家に販売して資金を調達する仕組みです。例えば銀行の貸出債権は数カ月から数年先に返済されるまで現金化できません。そこで将来返済される元利金を担保に新証券を発行し

て売捌けば現金がすぐ手に入るわけです。銀行が容易に現金を手に入れられるなら，借りる方も資金が調達しやすい環境が生み出されます。ただこれは原理的な話であり，現実の証券化は少し複雑なスキーム(仕組み)を必要とします。以下に見ていきましょう。

3-2　証券化の一般的スキーム

　証券化は幅広く利用されるだけあって種類も豊富です。それらのほぼ全体に共通するスキームについて図式化しましょう。

　契約型投信では証券市場は資金運用の場として利用されていました。これに対し証券化は資金調達の場として市場を利用します。新たに証券化事業が立ち上げられるときアレンジャーが証券化のスキームを立案します。その役割を担うのは欧米では投資銀行ですが日本では証券会社です。立案されたスキームに従って非流動的な資産を保有した原所有者(オリジネーターと呼びます)は各種資産を特別目的事業体(SPV：Special Purpose Vehicle)に譲渡・移転します。SPV の役割を果たすのは信託銀行であったり，特定目的会社(SPC，後述)であったり，投資専業会社であったりします。

　SPV は譲渡資産が生み出す将来収益を価値の裏付けとして，①公募証券(資産担保証券，ABS：Asset Backed Securities)の発行，あるいは②私募出資による資金調達を行ってオリジネーターに対する譲渡代金に充てます。この段階でオリジネーターは非流動資産を現金化できます。担保となる将来収益は，譲渡資産が貸付債権であれば支払利息や返済元本が該当します。

図表 3-2　証券化の一般的スキーム(公募の場合)

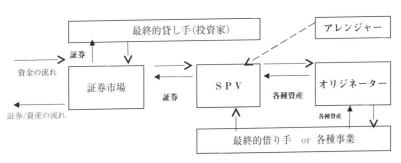

将来実際にそれら収益が入ったときに投資家らに公募証券等の元利金あるいは配当金を支払うことになります。

証券化の利点について考えましょう。まずそれは証券化の目的でもあるオリジネーターが非流動資産の早期資金回収を可能にすることです。それだけではありません。貸出債権のようなリスクのある資産をバランスシート上から除去（オフバランス化）することによって財務の改善（リスク削減）につなげることができます。もちろんリスクは場所を変えるだけでなくなるわけではありません。オリジネーターのバランスシート上にあったリスクが今度は投資家のバランスシート上に移動するのです。ただし SPV は通常複数のオリジネーターから資産譲渡を受けるので分散によるリスク低減が可能です。また間接証券の一種でもある資産担保証券は原資産の貸出債権に比べて小口化され市場等を通じて第三者に譲渡もできます。投資家は小口化，低リスク化，短期化といった資産変換のメリットを享受できることになります。

3-3　証券化における各種金融機関の役割

証券化にはいくつかの金融機関が登場しますが，アレンジャーであった証券会社は引受け・売出しなど証券発行に関わる各業務を担います（第1章参照）。

オリジネーターは SPV に資産を譲渡し，SPV が資産担保証券の発行主体となります。なぜ譲渡などしないでオリジネーターが自分で資産担保証券を発行しないのでしょうか。これには訳があります。

資産担保証券の価値を担保するのは譲渡資産の将来収益しかありません。この将来収益保全のため，①オリジネーターが対象資産を勝手に処分できないよう，あるいは②オリジネーターが倒産した場合に管財人が対象資産を差し押さえてしまわないよう対象資産をオリジネーターやその利害関係者から切り離す必要があります。そのために SPV へ譲渡しているわけです。このような分離措置を**倒産隔離**と呼びます。

もちろん SPV 自体破綻の危険はあります。だから SPV 自身の破綻からも防御できる，そのような手法が倒産隔離として選択されます。

　有効な倒産隔離の一つとして金銭以外の信託(物の信託)が挙げられます。そこではオリジネーターを委託者，信託銀行等を受託者とし，対象資産を信託勘定に組み入れます。信託勘定は信託法で分別管理が義務付けられるため受託者(信託銀行等)の倒産からは隔離されます。証券化で信託方式に向いているのは，不動産など最終的に手元に戻したい資産を流動化したい場合などです。

　銀行が貸出債権を流動化したい場合，こちらはオフバランス化することに目的があるので信託ではなくSPC方式が選ばれます。SPC(Special purposed company，特定目的会社)は，銀行等の子会社として設立されている場合が多く債権譲渡/管理と資産担保証券の発行に専業化されています。そのため破綻リスクが限定されます。子会社であればイザというとき親会社として救済することも可能でしょう。

　倒産隔離には専業の投資会社に資産譲渡するやり方もあります。REITなどの会社型投資信託で利用されるのがこの方式です。

　しかしながら，気をつけなければならないことは倒産隔離をしても信用リスクはゼロにならないことです。SPVが譲渡資産を分散保有していても，そして倒産隔離がされていても，譲渡資産の将来収益自体のリスクが消滅することはありません。最終的にリスクを引受けるのは資産担保証券に資金運用する投資家です。このリスクを適正にマネジメントし切れなかったところに07年のサブプライムローン問題(およびBNPパリバショック)，それに続く08年リーマンショックとその後における世界金融危機の遠因がありました。

3-4　証券化の落とし穴；リーマンショックから学ぶこと

　世界金融危機の原因として，加熱した投資，金融市場の歪み，それらの反動として凍り付いた市場，またそれらがサブプライム問題に端を発していること等，語られてきました。

　サブプライムローン問題の背景となっているのは，オーソドックスなタイプの証券化である債権流動化です。銀行等の保有する貸付債権に対し資産担保証券(ABS)の発行を通じて流動性を与えるものです（図表3-3）。

図表 3-3 債権流動化（狭義の証券化）のスキーム

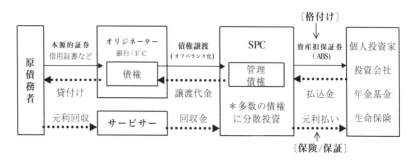

　アメリカの例で言えば，オリジネーター(主に貸金業であるファイナンスカンパニー)が保有する住宅ローン等を，SPCに譲渡してオフバランス化します。SPCは将来の債権元利払いを担保にしてABSを発行して資金を募りました。資金を呼び込みやすくするために格付け会社の格付けや政府系機関の信用保証が付与されることでABSの信用は高められました。サービサー(債権回収業)が原債務者から元利金を回収しSPCはABSの元利払いに充てます。

　このシステムがうまく機能していたとすれば，図の点線矢印(･･･▶)で示されたマネーの流れ「払込金→譲渡代金→(新たな)貸付け→元利回収→回収金→元利払い→(新たな)払込金→･･･」が生まれます。理想的なファイナンス・システムを実現させるように思えます。

　ところでサブプライムローンとはアメリカ住宅市場における低信用者向けローンのことです。ここに日本ではカードローンによく使われるリボルビング返済が使われていました(第2章参照)。アメリカにおける住宅ローンの返済方法として当初数年間はサービス的な低金利で支払を金利分だけにするなど当初返済負担を軽減したものが普及していました。そのため債務者は自分の返済能力を超えた借入が可能でした。

　一方で不動産市場には大量の資金が流入しました。03〜06年当時，2000年のITバブル崩壊後の景気後退に対して低金利政策が継続されており，低利で借入れた資金が不動産市場に流れ，バブルを膨張させました。

日本の 80 年代不動産バブルと類似の構造を見ることができます。

　ローンの担保にしている住宅の価格が上昇している間，その値上がり分について担保余力が拡大します。サブプライムローンの債務者はその余力分を担保にして追加借入を受けることができました。

　元々信用リスクが高い借り手が債務を増大させるのですから，本来であれば債権管理はより厳格化されるべきところです。しかしながら，債権流動化によりローンがオフバランス化されたことにより，リスク管理責任の所在が曖昧になってしまっていたのでした。

　崩壊もまた日本のバブルとパターンがよく似ています。05 年後半からアメリカの中央銀行 FRB は次第に政策金利 (フェデラル・ファンド・レート)を引き上げていきました。低利で借入ができなくなれば不動産市場への資金流入は止まります。さらに資金返済のために投資した不動産が売却されてバブルはバーストしていくことになりました。

　利上げはリボ払いにおける月々の返済額を上昇させます。低所得者は追加の借入でやり繰りしていました。しかし不動産バブルが弾け担保価値が低下すると追加の借入ができなくなり返済困難へと陥りました。

　回収金が入らなくなった SPC は投資家への ABS 元利払いができなくなります。影響は元利保証をしていた政府機関 (ファニーメイ, フレディーマック)，ABS に投資していた AIG 等保険会社，年金基金，そしてリーマンブラザーズを始めとした投資銀行 (証券会社) に広く及び，多くが破綻しました。

3-5　証券化のリスク管理

　サブプライム問題に端を発した大手証券 / 保険会社 / 政府系金融の一連の破綻は世界金融危機へと連鎖しました。ショックが世界に伝播したのは，ABS を含めてグローバルに分散投資された投資信託が気付かぬうちにリスクを拡散したからである，あるいは金融技術を駆使したデリバティブ等が複雑であるため適正な損失評価を困難化したからである等々，いろいろな指摘がなされてきました。それら要因は，おそらく誰も否定できません。

　しかしながら，サブプライム問題が発生した原因として忘れられがちな

のは責任の所在が曖昧になったリスク管理です。そこに関係者の誰もが陥りかねない証券化の落とし穴があることは，強調しておいた方が良いように思います。証券化にとって元となる資産の将来収益が最重要であるなら，そのリスクを適正にマネジメントすることが証券化発展の鍵となるはずです。

　優先劣後構造とは，多くのオリジネーターから譲渡された債権を「リスクの低い部分(優先部分)」と「リスクの高い部分(劣後部分)」に分割する手法です。資産担保証券の場合は，債権の信用力に応じて ABS を優先部分(シニア債)，中間(メザニン債)，劣後部分(劣後債もしくはジュニア債)に分けて発行します。

　分割発行は SPV が担います。貸付債権の回収金は優先的にシニア債の元利払いに充て，その残余をメザニン債の元利払いに充て，さらに残余があった場合のみ劣後債の元利を支払います。こうすることで投資家自身のリスク意識も向上します。

　将来収益を生み出す資産もしくは債権を最初に審査したのはオリジネーターである銀行等です。彼らもオフバランス化して終わりというのでは責任を持って審査をしない危険が生じます。そこで劣後債(もっともリスクの高い部分)は，そのままオリジネーターに保有してもらうというルールを作っておきます。そうするとオリジネーターも劣後債の信用リスクをできるだけ低下させるように審査に精を出すことでしょう。

　ポイントはシステムの中で各々の責任部分を明確にすること，そして責任を果たさせるインセンティブを付与することです。ちなみにサブプライム問題の一因は，ジュニア(劣後)部分に入れるべき債権の一定割合がメザニンあるいはシニア部分に入ってしまったことと言われています。

3-6　証券化の拡がり

　リーマンショック後に，日本の債権流動化(狭義の証券化)は一時低迷しました。一方で資産流動化(広義の証券化)は色々な形で拡大する傾向を見せました。不動産債権の狭義証券化では CMBS(Commercial Mortgage Backed Securities) という不動産ローンを証券化した商品があります。一方，

94

同じ商用不動産の証券化には投資会社自らが不動産物件に投資し運営することで積極的にキャッシュフローを生み出す REIT(Real Estate Investment Trust, 先述) もあります（同一スキームを運用側からみると会社型投信，調達側からみると資産流動化なのです）。

　資産流動化の伸び代では事業証券化 (WBS, Whole Business Securitization) を挙げることができます。特定の事業について将来収益を価値の裏付けにした証券発行によって資金調達するという考え方はどれも共通ですが，ホテル業，ネット事業，移動通信業，アイドル事業，ソーラー発電と幅広く利用され衰えることを知りません。

　不特定多数者がネットなどを経由して他者や組織に資金提供を行う仕組みをクラウド・ファンディングと言い近年注目されています。これと証券化を結びつけたものとして投資型クラウド・ファンディングが存在します。SDGs と関連付けられた様々なソーシャル・ファイナンスと証券化を結びつけることも珍しくなくなりつつあります (続きは第 7 章)。

4　保険とは何か

4-1　保険と金融

　金融の 4 大業態には銀行，証券，信託，それに保険があります。保険のことを少しでも知っていれば他の 3 業態と比べ異質なものを感じるかもしれません。他の 3 つが形態は様々であれ最終的貸し手 (黒字主体) と最終的借り手 (赤字主体) の間の資金融通のシステムである点は共通しています。その一方で保険料を納めた本人が保険金を受取る，いわば自分で自分に資金融通する保険のマネーフローは性格を異にしているように見えるからです。

　しかし保険がファイナンスの一形態であることに変わりはありません。特に代表的な機関投資家である生命保険の場合，市場型間接金融のシステムの一端を担っていることが明白です。保険のファイナンスには二つの機能があり，一つは保険に誰もが期待する保障 (補償) 機能です。そしてもう一つが契約型投信とよく似た金融仲介 (資産運用) 機能なのです。

4-2 保険とは，その意義とは

　最初に保険の保障(補償)機能について見ていきたいと思います。

　保険とは未来の偶発的な出来事によって受ける経済的損失を担保するための契約です。人間の死亡や事故という個人には偶然の出来事も**大数の法則**によれば「死亡率」「事故発生率」などの確率を使った予測が可能になります。これは一見偶然に起こっているように見える同種の出来事であってもそれを大量に観察すると一定の発生確率が見いだされるという統計上の法則です。

　大数の法則の具体例として，サイコロの各目が出る確率は各々 1 / 6 と理屈で分かっていますが 6 回だけ振って各目が 1 回ずつ出ることは極稀です。しかしサイコロを振る数を千回一万回と増やしていくと，各目の出る割合は 1 / 6 に近づいていきます。自動車事故についても 1 件や 2 件観察してみたところで何の法則性も見つけられません。しかし日本全国の何万何十万という自動車事故データを用いることによって一定の条件下における事故発生確率が見いだせるわけです。このような発生確率を使って保険制度は設計されます。

　私たちが保険会社に支払う保険料のうち，保険金支払いの財源となる部分を**純保険料**と言います。純保険料は死亡率あるいは事故発生率などの確率が入手できれば，以下の簡単な公式から算出されます。

保険加入者数 × 一人当たり純保険料 ＝ 事故発生件数 × 保険金
　　　　　(収入)　　　　　　　　　　　　　　(支出)

　上の公式の左辺が一つの保険事業における収入です。そして右辺が同事業における支出です。収入と支出がちょうどバランスするように純保険料は設定されなければならないという基本ルールがあります。それが**収支相等の原則**です。

　収支相等の原則に従った純保険料の算定について簡単な例題を解いてみましょう。統計データによればある難病には 10 万人中 100 人 (0.1%) が罹患することが分かっているとします。そしてもし罹患してしまうと 500 万

円という高額治療費がかかるけれど,治療しなければ助からないとします。その他の経費ゼロと仮定しましょう。

　保険が存在しない場合,たとえ確率は 0.1％でも特定の個人(自分)が罹患するかどうかはまったくの不確実です。残念ながらデータはあっても大数の法則は役に立ってくれません。なぜなら個人の治療費を確率計算で用いる期待値 (500 万× 0.001 ＝ 5000(円)) として扱うことには意味がないからです。したがってリスクに対応するために一人で 500 万円準備するか,自分は大丈夫と高を括り罹ったら諦める――どちらかです。

　保険が存在する場合,10 万人 (多人数) が治療費の期待値に当たる 5000 円を拠出し合って (10万×５千＝)5 億円のファンド (基金) を形成します (公式の左辺)。そしてファンドから 100 人分の治療費 (100(人) × 500 万＝)5 億円を拠出します (公式の右辺)。こうして保険事業に参加した全罹患者が治療を受けることができるのです。

　自分が罹患しなければ 5000 円の保険料は「掛け捨て」になるかもしれません。しかし収支相等の原則がある限り,必ず誰かの治療費の一部を賄っていることになるでしょう。自分が罹患した場合にはわずかな保険料 (費用) で命が助かります。組合などの協同組織機関に「一人は万人のために,万人は一人のために」という相互扶助の理念がありますが,保険の原点にも全く同じ理念があると言えます。

　もう一つ重要なことは,10 万人など多人数の集合体になることで大数の法則に基づいた合理的,確率論的な対応が可能になっているという側面です。仮に 10 万人が個別に 500 万円を準備していたら５千億円が治療準備費としてストックされることになります。保険があれば (僅か)５億円で効率的な治療準備ができます。５千億円近い資金が他の用途に利用できます。つまり保険は経済効率性にも貢献していると考えられるのです。

5　保険の構造

5-1　生命保険の構造 (保険料と保険金)
　保険サービスは,人の生死にかかわるリスクを対象とする**生命保険** (第

一分野)，偶然の事故から発生する経済的損害のリスクを対象とする**損害保険**(第二分野)，そして医療や介護といった生保にも損保にも関係する**第三分野**の保険，大きく三つに分かれます。三分野すべてに当てはまりますが，私たちが実際に支払う保険料(営業保険料)は将来支払われる保険金の財源となる純保険料(上記)と保険事業の運営主体(保険会社など)の営業費部分を賄う**付加保険料**を合わせた金額です。以下では純保険料と付加保険料の両観点から(納められる)保険料と(支払われる)保険金の構造について見ていきます。

　最初に第一分野とされる生命保険(以下，生保)の保険料と保険金について考えます。生保の付加保険料は，①新契約費，②維持費，③集金費から成る予定事業費率から算出されます。事業費率とは事業費が保険料に占める割合のことです。

　「予定」という言葉が入っていますが重要な部分です。金融の本質は異時点間取引でした。保険も同じです。保険料が(途中見直しもありますが)契約時に決められるのに対して保険金が支払われるのは将来，時間的隔たりがあります。付加保険料についても保険金の支払いに向けた追加契約や事業継続，保険料集金に係る費用は将来のもので，保険料算定時はあくまで予定(予想)なのです。将来は不確実なもので「予定」と「実際」にズレが生じるのは当然です。とりあえず予定額で算定するしかありません。

　純保険料についても予定額で算定される点は，付加保険料と全く同じです。生保の純保険料(死亡保険料あるいは生存保険料)は少し複雑な構造をしていて，生命表にもとづく予定死亡率(もしくは予定生存率)に，予定利率というものを加味して算定します。生命表は厚生労働省が公表し5年毎に更新されるものです。ある期間における年齢別死亡率が今後変化しないと仮定して各年齢の者が1年以内に死亡する確率(予定死亡率)を一覧で示しています。予定死亡率は損額保険における事故発生率と同様，純保険料を算出するにあたって核となる部分です。

　保険料算定において，生保に独特な部分が予定利率です。これが生保の資産運用機能と関わる部分です。ほぼ単年度で更新されていく短期の損害保険と違い，生保の契約は10年20年それ以上に継続していくものです。

その間に保険金支払いのために積み立てられた保険料 (これを**責任準備金**と言います) を金庫の中に眠らせておくのは勿体ないことです。したがってこれを有価証券等で運用し利息収入等を得ているわけです。将来の保険金として支払える金額は償還される元本とリスクの合計ですから，純保険料として徴収されるべき金額 (元本) は支払われるべき保険金よりも利息分だけ少なくてよいはずです。

　例えば保険会社が支払うべき保険金（一人当たり保険金×加入者数×予定死亡率) を1,000億円として予定利率を2% (期間は1年だけと単純化します)，純保険料をX円とすると，X(1+0.02) = 1000(億円) より，純保険料は約980万4千円と算定されます。この金額を加入者数で割れば一人当たり純保険料が得られます。そこに予定事業費率から計算される一人当たり付加保険料を加えて，私たちが支払う一人当たり (営業) 保険料が決定されるという仕組みです。

　ところで集められた私たちの保険料が何に運用されているかです。大手生保の一社である第一生命の貸借対照表(2020年3月末) によると，積立てられた責任準備金 (約30兆3千億円) とほぼ等しい金額が有価証券として保有されています。その内訳 (カッコ内は1年前) は，国債45.6(45.1)%，地方債0.4(0.4)%，社債6.8(6.5)%，株式9.6(11.6)%，外国証券34.0(34.1)%，その他証券3.5(2.6)%となっています。損益計算書と合わせて計算される運用全体の (事後的な) 利率は2.3%程です。

　資金の性格上，過度なリスクは取れない一方で利回りを確保するには専門的な技能が必要です。第一生命の場合は資産として金銭の信託も利用しているのですが責任準備金の0.1%程度であり独自の運用を行っていることが分かります。これは生保会社が市場型間接金融機関として自立的に機能していることを示すものと言ってよいでしょう。

5-2　剰余金と生命保険会社のリスク

　上で述べたように，保険料を算定するにあたって死亡率，運用利回り，事業費率には全て予想値が使われています。事後的に判明する実際の死亡率等とは当然ズレが生じます。もちろん想定された範囲のズレであれば，

生保会社はデータよりも死亡率は高めに，利率は低めに，そして事業費率は高めに見積もって，保険金が払えなくなるようなリスクは回避できます。

　もし平均的な結果が出たとすれば，高めに設定された純保険料や付加保険料によって生保会社には剰余金が発生します。生保の剰余金はその源泉毎に区分されています。事後的な死亡率が予定死亡率を下回ったことで発生する部分を死差益，事後的な利回りが予定利率を上回ったことで生じた部分を利差益，実際の事業費率が予定を下回ったことで発生した部分を費差益としています。これら剰余金は配当保険の場合は契約者に配当金として分配されます(無配当保険には分配されません)。

　しかしながら，歴史を辿ってみると剰余金がマイナスになった事例も存在します。それが生保会社の破綻する最大の理由です。一部の変額保険等を除いて生保は安全性を第一としていますから損失は会社が引受けるものです。最大の損失要因は事後的利回りが予定利率を下回ってしまう「利差損」です。バブル期に取り交わした契約で高配当を謳っていた配当保険では，急激な利回り低下と市場回復の遅れによっていくつもの会社が経営難に陥りました。90年代末の金融危機は銀行や証券会社だけではなかったのです。

　剰余金がマイナスになる要因には，実際の死亡率が予定死亡率を上回る死差損，事後的な事業費率が予定事業費率を上回って生じる費差損もあります。利差損も含めて「想定外のリスク」にカテゴライズされ，経営悪化や保険金不払いなどの原因と認識されます。想定外と言っても放置してよいわけではありません。ソルベンシーマージン比率規制などの対策が講じられシステムの安全性を担保する仕組みが存在します(詳細は第6章)。

5-3　損害保険の構造(保険料と保険金)

　中身は多少異なりますが，損害保険(以下，損保)における保険料も生保の場合とよく似た算定が行われます。損保の付加保険料は，①社費，②代理店手数料を賄うための予定事業費率から算出されます。

　損保の純保険料(将来の保険金支払いの財源とされる部分)は，事故発生率に損害の程度を加味した予定損害率から算出されます。生保との違いは

支払の準備金が市場で長期運用されるということがあまりないので予定利率という概念が一部を除いて使われないことです。

　もう一つ重要な違いは，生保が契約時に決めた一定額の保険金を支払う**定額保険**であるのに対し，損保は「発生した損害を埋め合わせるに足るだけの保険金を支払う」という考え方(**実損補填**)が採用されていることです。予定損害率が純保険料算出に用いられるのはこの考え方に従っているためです。発生した損害の程度に応じて保険金が支払われるため，例えば2,000万円相当の家屋に2,000万円の火災保険契約を締結した場合，全焼ならば2,000万円，半焼ならば1,000万円の保険金が支払われます。

　損保が実損補填であるという話をしました。そのために損保は支払われる保険金についても知識が必要になります。基本概念として，被保険者が被る損害の最高見積額を**保険価額**と言います。そして保険会社の損害補填責任の最高限度額を**保険金額**と言います。保険価額と保険金額がイコールになる場合を全部保険と呼び，予想され得る損害がすべて補償の対象となることを意味するもので理想的な契約形態と言えます。これに対して保険金額が保険価額を下回る場合が一部保険であり，損害の大きさによっては損害額の全額が支払われない場合も出てきます。一部保険の場合には，次の公式の様な比例補填の適用を受けることとなります。

$$損害額 \times \frac{保険金額}{保険価額 \times 80\%(0.8)} = 保険金$$

分母の80%は火災保険などに適用される割合です（保険の種類や保険会社により異なるので注意してください）。この式によれば，損保における保険金の支払いは，①保険金額の保険価額に対する割合，および②発生した損害の程度によって決まることが分かります。例えば，保険価額1,000万円，保険金額600万円，損害額900万円だったとすれば，支払われる保険金は675万円，損害額のうち225万円は自己負担となります。

　損害額に等しい保険金が支払われるようにするには，保険価額の80%を目安として保険金額を設定すれば良いことになります。上の数値例で言えば保険金額を800万円に設定する必要があります。保険金額を上げれば

支払う保険料は相応に高くなります。

　ここに必要な保険金額を設定するのに保険料は出来るだけ安くしたいというニーズが生まれます。そこでサービス全体も含めて保険会社の選別が重要になります。これは損保に限ったことではありません。多数の生保・損保会社の中から個々の利用者に適した保険商品を提案してくれる保険コンサルタント等の業種・会社も存在します。第1章で紹介した豊証券の子会社は，その一例です。

5-4　損害保険会社のリスクと再保険

　想定外のリスク，すなわち過去の統計データを未来に投影するだけでは対応しきれない「異常」な状況によって生保が損失を被った例についてはすでに触れました。損保の対象とするリスクには自動車事故など確率的に対応しやすいモノから地震・津波・火山噴火などときとして想像の域を超えた，巨大で不確実な種類のモノまであります。

　損保も生保と同様，ソルベンシーマージン比率など支払い余力の確保に努めています。ですが一社で対処するには限界があるケースがしばしば起こります。そうしたリスクに備えて損保会社自身が保険契約を結ぶ再保険というシステムが存在します。日本ではトーア再保険，日本地震再保険といった会社がこうした再保険サービスを提供しています。

6　保険契約と保険商品

6-1　保険契約のイロハ

　他の金融サービスと異なり，保険には加入者の権利や加入者の側が果たすべき義務など，単純とは言えない契約内容が伴います。保険料と保険金についてはすでにお話ししたので，保険契約上の基本用語について押さえておきたいと思います。

　まず生保と損保に共通する用語として，保険契約で保険料の支払い義務を負うものを**保険契約者**(単に契約者とも)と言います。そして契約内容に即して保険金の支払いをなす者を**保険者**と言います。

　保険金を受け取る者のことを生保や第三分野では**保険金受取人**と呼び，損保では**被保険者**と呼びます。生保や第三分野では同じ「被保険者」という用語を使って保険の対象となる者のことを指します。生保や第三分野においては，例えば親を保険の対象としておいて親が死亡したり要介護になったりしたときに子どもが保険金を受け取るようなパターンがあります。そのため被保険者と受取人の区別が必要です。損保においては自分自身が被る財産上の損害を保険対象として事故発生時には自分自身が保険金を受け取るのが通常ですから被保険者と受取人の区別は不要です。

　次に保険金以外に受け取ることができる支払金についてです。分野を問わず保険契約において保険金が支払われたときが契約終了時です。**給付金**は被保険者が入院・手術した際に受取人に支払われる金額を意味し給付後も保険契約は継続します。**満期保険金**は保険料を払い終えた満期に払い戻される金額です。**解約返戻金**は保険契約を途中で解約した場合に，契約者に払い戻される金額を指します。いずれも支払われた時点で保険契約は終了しています。

　保険契約者が果たすべき義務についても押さえておきましょう。一般に金融サービスは提供する側に多くの義務がありますが，保険の場合はサービスを受ける側にも提供側と同等の義務が存在します。あまり意識されていないかもしれませんが守っていないと契約が解除されたり十分な保障(補償)が受けられなかったりすることがあるので注意が必要です。**保険料支払義務**は，契約者が保険契約に際しリスク負担に対する対価として保険料を支払う義務です。**告知義務**は，契約者または被保険者が保険者に対してリスク内容を正しく説明する義務です。もしリスク測定に必要な重要情報について正しく述べられていなければ「告知義務違反」として契約が解除されることとなります。これも重要なことですが，申込みと告知，そして第1回目の保険料払込みの3つが揃うことが，保険契約履行の条件とされています。

　契約スタート後について，2種類の**通知義務**があります。一つ目はリスクの変更・増加の通知です。保険契約期間中にリスク内容が変更になった場合に，純保険料の再計算が必要ですから速やかな通知を義務付けられて

います。違反すれば契約解除される可能性があります。例えば火災保険対象の家屋が増改築される場合などです。二つ目は保険事故発生の通知です。生保損保を問いませんが，例えば損保の場合に事故原因の調査や適切な損害額算定の機会を逸しないよう直ちに報告することが求められています。怠ると保険金の減額や不払いの可能性があります。

損保契約においては**損害防止義務**もあります。これは損害が拡大することを防ぐ努力を義務付けたものです。火災発生時の初期消火や人身事故発生時の被害者の安全確保などです。果たされないと保険金が減額される可能性もあります。

保険契約全体について書かれた**保険約款**には，①保険契約者の果たすべき義務，②保険会社が負う責任範囲，③保険金が支払われる場合・支払われない場合などについて詳細が記載されています。それらについて平易に解説されたものが「契約のしおり」です。

6-2 生保と第三分野の諸商品

生保商品は保障タイプによって3種類に大別されます。死亡保障タイプは被保険者が死亡/高度障害になった場合に保険金が支払われるタイプです。保障が一定期間内に限定される定期保険と保障が一生涯続く終身保険の基本区別があります。生存保障タイプは一定期間終了まで被保険者が生存している場合のみ保険金が支払われるタイプです。生死混合タイプは死亡保障と生存保障を組み合わせたタイプです。例として養老保険は①一定の期間内に死亡した場合には死亡保険金が支払われ，②満期まで生存していた場合には満期保険金が支払われます。

生保の生存保障タイプでより長期の金融(貯蓄)機能に期待したものに個人年金保険があります。公的年金が現役世代の支払った保険料で老齢年金等を給付する世代間扶養であるのに対して，年金保険は自らの掛け金によって将来自分で受けとる年金を準備するものです。公的年金プラス・アルファの老後生活資金を確保する手段と考えられます。

生保と損保の中間に位置する第三分野には医療保険，介護保険および傷害保険があります。

医療保険は，公的医療保険による保障を補完する民間保険会社提供の保険で，医療費負担の軽減を目的としています。基本保障として災害入院給付金，疾病入院給付金，手術給付金などが支払われます。外資保険会社の独壇場となっているがん保険は保証対象を「がん」に特定した医療保険です。主な保障内容としてがん診断給付金，がん入院給付金，がん手術給付金などが支払われます。

介護保険は，公的介護保険の補完商品で，介護にかかわる経済的負担を軽減することが目的です。公的介護保険の給付水準を上回るサービスや対象外となっているサービスを利用する費用，介護のための退職・転職にともなう収入減から派生する生活費の不足などを補償対象としています。ただし寝たきり・認知症に関する所定の介護認定が必要です。

傷害保険は，急激かつ偶然な外来の事故によって身体に傷害を被り，その直後の結果としての死亡，後遺障害，入院，通院などを補償の対象とする商品です。

6-3　主要な損保商品

損保商品は保険料が，資本循環との関わりから生じることを想定した**企業保険**と保険料が家計所得から支払われることを想定した**家計保険**に二分されます。地中海貿易などで船荷が損害を受けるリスクを補償したことが損保(というより保険自体)の原点です。企業保険の歴史は古く，凡そ考えられるビジネス上の損害に対してはなにがしかの損保商品が用意されているようにさえ見えます。貨物海上保険，機械保険，貨物保険，運送保険，労働災害総合保険，異常気象保険，興行中止保険，油濁賠償責任保険，受託者賠償責任保険，サイバーリスク保険，個人情報漏洩保険……と様々です。以下は火災保険や自動車保険といった企業と家計の両方に跨った損保商品です。

火災保険は，火災・落雷・破裂・爆発などによる事故がもたらす直接被害を基本的な補償対象として，損害防止費用など間接損害についても保険金が支払われます。地震保険は，火災保険が対象外とする地震・噴火・津波が原因で生じた損害を補償します。地震保険は火災保険とセットで申し

込まなければならず，地震保険単独で申し込むことができません。

　自動車関連では自賠責とそれ以外に分かれます。車輌保有者に加入義務のある自動車損害賠償責任(自賠責)保険は自動車運転による「他人に対する人身事故」を対象とする対人賠償保険です。一方，(任意の)自動車保険は自賠責保険で補償しきれない自動車関連リスクを対処とした諸保険(対人賠償保険，対物賠償保険，自損事故保険，搭乗者傷害保険など)を指します。

　賠償責任保険は，やはり偶然事故の結果として第三者に対して法律上の賠償責任を負担することになった場合に生じる損害について補償します。賠償責任保険は対象リスクによって，企業向け，職業人向け，個人向けに分かれます。個人向けは日常生活やスポーツ・レジャー中に生じた損害賠償を対象としたもので，ゴルファー保険，テニス保険，スキー・スケート総合保険，ハンター保険等があります。

7　保険事業の経営形態

　日本の保険事業には，様々な経営形態が存在します。

　公営か民営かという分類では社会保険や民営化前の簡易生命保険(第7章)が公営の保険事業，それ以外は民営の保険ということになります。日本で民営の保険事業といえば会社保険か組合保険かの何れかです。会社保険はさらに営利を目的とした株式会社と，営利も公益も目的としない中間法人である相互会社とに分けられます。

　相互会社とは，保険業法にもとづいて設立される保険業だけに認められている会社形態であり生命保険にのみ存在します。保険契約者である「社員」によって構成されており，会社の意思決定も一人一票の議決権が与えられています。名目上は社員総会において構成員自治が貫徹されていますが，規模の拡大にともなって開催不能となり社員総代会がこれに代替するようになりました。支払保険料を限度とする有限責任制である点は株式会社に類似します。

　かつて生保と言えば外資系を除いて相互会社が一般的でした。しかし株式会社と比べて資金調達面で機動性に欠けており先述のようなバブル崩壊

後の財務体質の悪化を招いたという指摘もありました。そこで今世紀に
なって保険契約者の寄与分計算(保有契約期間,払込保険料総額に見合った
株式数を配分)に基づいて株主を創出するという方法で相互会社の株式会
社化が進みました。

　株式会社化には,①資金調達能力の向上,②経営規律付けの向上,③金
融持ち株会社を使った業界再編の促進といったメリットが認められます。
一方,①新たに株主を生み出すのに係る費用と時間の多さ,②買収される
懸念などのデメリットもありました。デメリットを重く評価した朝日,住
友,日本,富国,明治安田の5社は相互会社形態を維持しました。

　株式会社化を選択した生保には,第一,大同,太陽,三井(現在の大樹)
の各社があります。ソニー,SBIといった新規参入組,アメリカンファミ
リーやアクサ,メットなどの外資系,そして民営化したかんぽ生命は株式
会社です。

　会社保険の対概念として,組合保険は組合員の相互扶助を目的とした非
営利の保険組織です。相互会社のルーツとも言われています。現存する組
合保険には共済があります。

　共済は,①他の主事業の遂行に関して付随的意義を有し,②限定的な加
入者間での相互扶助を目的とします。日本には,JA共済,全労済,県民共済,
COOP共済……等々の多くの共済事業が存在します。いずれも何らかの協
同組合を母体とする「保険組合」に属するものです。共済の一つの特徴は
生損保兼営であること,例えばJA共済では各種生命共済,年金共済,自
動車共済,自賠責共済が並行的に扱われており,内容的に民間生保/損保
が取り扱っている生損保商品と同機能です。

　また共済にも再保険(再共済)システムがあります。これもJA共済の例
で言うと,組合員が最寄りのJAに支払った共済掛け金は,JA共済連に再
共済掛け金として支払われます。そして事故発生の際にはJA共済連から
再共済金が最寄りのJAに支払われ,組合員は最寄りのJAから共済金を
受け取る——という仕組みです。個々の組合は小規模であることが多いた
め,事業を個別JAから連合体に広域化し補償(保障)能力を高めている
のです。

共済と並んで小規模な保険事業体として**少額短期保険**があります。これは一定事業規模の範囲内において少額・短期の保険の引受けのみを行う事業で，ミニ保険という呼び名もあります。保険金額が少額 (死亡保険が 300 万円以下等) で生保分野では保険期間 1 年以内，損保分野では 2 年以内の保険を指します。現在，日本には 100 を超える少額短期保険事業者が登録を受けて営業しています (2020 年 9 月末)。

補論A　仕組みを持った金融取引

1　信用取引について

1-1　信用取引の基本的な仕組み

　信用取引とは，自己資金で証券を購入したり自分が保有している証券を売却したりするのではなく，現金や証券を借りてそれを元手に証券を売買する取引のことを言います。種類としては，お金を借りて証券を買付ける**信用買い**，借りた証券を売却する**信用売り (空売り)** があります。

　決済の方法としては，半年などの一定期間内に反対売買 (信用買いの場合には売り注文，空売りの場合には買い注文) をして差額を清算する信用決済と，現金や証券を自前で用意して清算する現引き・現渡しがあります。

　信用買いは証券の購入に際し手元資金が足りない場合あるいは手元資金を節約したい場合に，証券会社に担保 (委託保証金) を預け証券購入代金を融資してもらい証券投資を可能にすることです。この保証金を担保にして証券会社から買付けのための資金を借りて株式などの証券を買うことを**買い建て**と言います。信用買いで特に期待されるのはレバレッジ効果です。委託保証金率が33％の取引なら手持ち資金の約3倍の金額までの証券購入が可能となります。少ない元手で大きな利益が得られるわけです。しかし反対に損失が3倍になる可能性もあります。つまりリスクはレバレッジ率 (自己資金に対する借入金の比率) に比例するのです。

　信用売りもしくは空売りの意味は，証券会社から証券を借りて取引することです。手元に証券を保有していなくても信用買いと同様，委託保証金を預けて証券を借り，売りから入ります。保証金を担保にして証券会社から証券を借りて，その証券を売却することを**売り建て**と言います。株式の現引き・現渡しの場合でいうと，借りた銘柄を期日までに返却する必要が

あるためそれまでに買い戻さないといけません。買い戻した株価 P_1 が，売った時の株価 P_0 よりも安ければ，差額 $(P_0 - P_1)$ が利益になります。つまり空売りは下げ相場に利益を出す方法の一つなのです。

1-2　信用取引のコスト

　信用取引は損益の振れ幅が大きいという意味でハイリスクという話をしましたが，コスト面からも安易な取引は禁物です。

　買い建ての費用は，①委託手数料，②信用取引金利，③管理費，④名義書換料，これらの合計となります。返済売りで決済した売却代金から「借りた買付代金＋①②③④」を差し引いた金額が利益または損失となります。

　売り建ての費用は，①委託手数料，②貸借料，③逆日歩，④管理費の合計です。最初の証券売却代金から「返済買い決済代金＋①②③④」を差し引いた金額が利益または損失になります。

　各費用項目について説明します。**信用取引金利**とは買い建てで，証券会社から借りた現金に対し支払う金利のことです。名義書換料は特に株式の信用取引で買い建ての場合に証券金融会社が預かっている株券の名義変更手続きにかかる費用を意味します。貸借料とは売り建てで，証券会社から借りた証券の価格に貸借料率を乗じて支払う料金です。

　証券会社の保有株には限りがあり，貸株数が急増すると株が不足する事態となります。不足を補うため証券会社は (株) 日本証券金融へ，同社は機関投資家へと不足銘柄を調達することになります。この機関投資家に支払う品貸料のうち投資家に負担してもらう手数料を**逆日歩** (ギャクヒブ) と言います。

　信用取引を行うには一定の「最低保証金維持率」を保つ必要があります。買い建て銘柄の値下がりや取引銘柄の含み損に対し「維持率」を保つために追加保証金 (追証) が必要になる場合もあります。ほかに利益が出た場合の譲渡益税が課税されるのは一般的な証券取引と同じです。

2　現先取引とレポ取引

2-1　債券現先取引

　売戻しあるいは買戻しの条件を付けて行う債券の売買を**債券現先取引**と言います。実質は債券を担保に取った資金調達あるいは運用の一手段です。図表 A-1 を参照して取引の流れを追いましょう。

　将来時点において最初の売買時よりも高い価格で買戻すことを条件に債券を売る者 (売り現先) と，その高い価格で売戻すことを条件に債券を買う者 (買い現先) とが，短資会社を仲介して債券売買を行います。債券も資金も元の所有者に戻るわけですから，売り現先側は短期の資金調達，買い現先側は短期の資金運用をしているのと機能的に同じです。ここで売買の価格差 (② - ①) が実質的な利息の役割を果たし，買い現先側が一時買入れていた債券が実質的な担保の役割を果たすことになります。

図表 A-1　債券現先取引の流れ

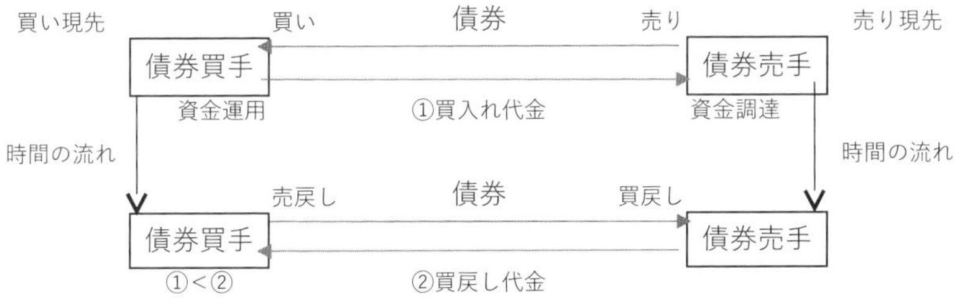

　売り現先側は手持ちの債券で銀行借入れよりも手軽に短期資金が調達でき，買い現先側は債券という実質的担保を取ることで安全に短期の余剰資金で収益を上げることができます。表面的には貸借ではなく債券売買なので規制の対象にならず，1949(昭 24) 年に初の公開市場 (オープン・マーケット) 取引としてスタートして以来，活発に利用されてきました。

2-2　債券レポ取引

　空売り等を目的として始まった債券貸借取引のうち，借手に現金担保を求めるものを**債券レポ取引**と言います。レポとは「repurchase agreement」

の通称です。現先と同様，実質は債券を担保にとった，現金担保という名目の資金調達あるいは資金運用手段として広く利用されています。図表A-2 を参照してください。

　現先との違いでは，レポは債券の貸借であるということで債券の借手は貸手に対して債券の**貸借料**を支払い，一方の債券の貸手は現金担保に対して**利息**を支払います。貸借料は利息より低く設定されていますから，債券が返済されるときに「**利息－貸借料**」が借手にとっては資金運用益，貸手にとっては資金調達費となります。

　債券貸借取引には，ほかに「無担保債券貸借取引」「代用有価証券担保付き債券貸借取引」がありますが，レポ取引 (現金担保付き債券貸借取引) が圧倒的シェアを占めるだけでなく，現先取引を抑えて短期金融市場の中核的存在になりました。1996(平 8) 年の導入と同時に一気に拡大した最大の理由は，レポが貸借であったため証券取引税が掛からなかったことです。

図表 A-2　債券レポ取引の流れ

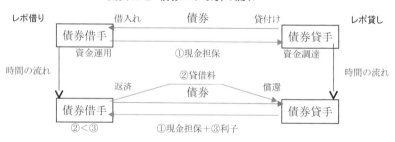

3　先物とオプション

3-1　先物取引の基本原理

　将来の一時点において，一定価格・一定レートで種々の現物（現資産）を売買する契約のことを先物と呼びます。外貨，有価証券，石油，穀物，貴金属など様々な資産 (現物) が先物の対象とされています。

　先物が利用される目的は 3 種類あります。投機，リスクヘッジ，および裁定です。最初は将来の取引価格・レートを固定するリスクヘッジ (リスクの防御策) として始まった先物ですが，やがて価格変動を逆手にとって

利益を追い求める投機にも利用されるようになりました。裁定は割安 / 割高の観点から利益を得ようとする取引です。以下では原理的なことを説明するのに適した投機目的の先物利用についてお話しします。

　先物には先物買いと先物売りの 2 種類があります。将来において現物を一定価格・一定レートで買う契約が先物買い，一定価格・一定レートで売る契約が先物売りです。これら先物の買い注文 (需要) と売り注文 (供給) が出されるマーケットが先物市場で，他の金融商品と同じように買い (需要) と売り (供給) が均衡するように先物の価格もしくはレートが現物市場とは（一定の連動性を持ちつつ）独立して決定されます。

　以下はあくまで原理的な説明のための話です。実際はもっとシステマティックな取引が行われていることを最初にお断りしておきます。

　先物を投機目的に利用するときに先物買いには現物売り，先物売りには現物買いをペアで注文します。図表 A-3 を参照してください。

　左の先物買いでは先物価格 f で現物を買う契約をします。価格 f は買値です。もし将来現物価格 s が f より高くなれば，安く買って高く売れるので差額 ($s-f$) が利益となります。しかし価格 s が f より低くなれば損失を被ります。右の先物売りでは反対に価格 f が売値になります。買いの時とは逆に現物が価格 f より安くなった時に利益を得，高くなった時に損失を被ります。

図表 A-3　先物取引の基本原理

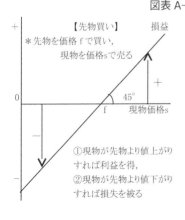

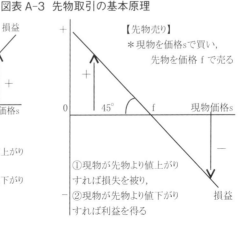

以上より，現物が先物より値上がりすることが予想されれば先物買い，値下がりすることが予想されるときは先物売り，それぞれの注文を出すことになります。

3-2　実際の先物取引

実際の先物取引では，疑似的な現物の受渡しを想定した，損益金額だけの受渡しが行われます。現物の受渡しが実際に行われる取引もあり，それを**先渡し**と呼んで先物とは区別されています。以下では現物の受け渡しを伴わない先物取引について見ていきます。

先物には半年や３ヶ月といった満期(限月，ゲンゲツ)があり，取引単位も決まっています。そのように標準化されることによって多数の売り手と買い手が有価証券などと同様にオークション方式で取引をしています。そして限月前，十分な利益が出たと判断された時に**反対売買**によって契約を解消し利益を確定することができます。逆に損失を拡大させないため早めの売買（損切り）も可能です。

反対売買は，限月前に契約時と反対ポジションを取ること(先物買いに対しては同じ現物の先物買い，売りに対しては同じ現物の買い)によって行われます。例えば時点 0 に価格 F_0 で先物売りをした(ショート・ポジションをとった)が，時点 t になって現物価格が $S_t(>F_0)$ へ上昇したとします。このままだと損失が拡大して証拠金も積み増さないといけないとすれば，同じ現物について先物価格 F_t で先物買いをする(ロング・ポジションを取る)ことで**差金決済**により契約を解消することができます。

差金決済とは反対売買による先物契約解消にともなって先物の買い価格と売り価格の差額「$F_t - F_0$」を投資家が取引所に対して支払うことです(利益確定の場合は「$F_0 - F_t$」の受取り)。証拠金は信用取引でも出てきましたが，取引所が契約の履行(差金決済)を確実とするために，取引に先だって拠出を投資家に対し求めるものです。

3-3　オプション取引

一般に使われている「オプション」の語意は選択とか選択権です。金融

派生商品の**オプション**は将来一定の行使価格(X)で現物を売買する権利,換言すれば権利行使するかしないかの選択権を意味します。権利なので自分にとって有利な時だけ行使して不利な時は放棄すればよいのです。

　オプションにはコールオプション(現物を買う権利),プットオプション(現物を売る権利)の2種類があります。例えばドル先物買い(買う契約)なら値下がり(円高)の損失は避けられませんが,ドル・コールオプション(買う権利)なら値下がり時に権利を放棄することで損失回避できます。ただしコールもプットも「権利」には**オプション・プレミアム**という名の料金が掛かります。オプション(権利)は,オプション市場においてプレミアムという価格で売り手と買い手の間で取引されるものなのです。

　図表A-4を使って原理的な説明をしましょう。まずコールオプション(右側図,買う権利)について先物買いと比較します。プレミアム(P)を度外視すれば将来,行使価格(X)を現物価格(S)が上回った(下回った)とき先物買いなら「$S-X$」の利益(損失)がでます。でもコールオプションなら「$S>X$」となるときだけ権利行使して「$S-X$」を手に入れ,「S

図表 A-4　オプション「買い手」と「売り手」の損益

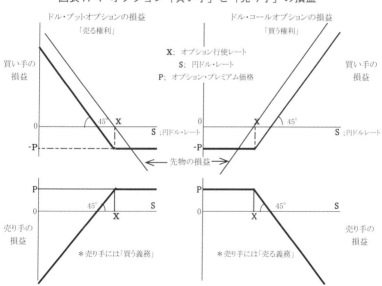

＜ X 」なら権利放棄して損失をゼロにできます。実際はプレミアム (P) を支払っているので権利行使したときの損益は「 $S-X-P$ 」，放棄したときは「 $-P$ 」です。それでもプレミアム (P) を上回る損失は回避することができます。

　忘れられがちなのはオプションにおける売り手の存在です。オプションの買い手が権利行使 / 放棄によって利益を手にしたりリスクを回避したりできるのはオプションを売った側が義務を果たしているからです。コールオプションの買い手が「 $S>X$ 」となって現物を行使価格 (X) で買う権利を行使すれば売り手は現物を行使価格 (X) で売る義務を果たします。売り手の損益は図のように買い手の利益と上下対称の「 $-(S-X)+P$ 」となって現物価格 (S) が高くなるほど悪化していきます。ただし「 $S<X$ 」となって買い手が権利放棄すればプレミアム (P) がそのまま手元に残ります。

　次にプットオプション (左側，売る権利) について，先物売りと比較しましょう。やはり最初はプレミアム (P) を度外視します。将来，行使価格 (X) を現物価格 (S) が下回った (上回った) とき先物買いなら「 $X-S$ 」の利益 (損失) ですが，プットオプションなら「 $S<X$ 」のときだけ権利行使して利益を手に入れ，逆なら権利放棄して損失回避できます。但しプレミアム (P) の分だけ損益は下方シフトして「 $X-S-P$ 」，放棄したときは「 $-P$ 」，それ以上の損失は回避されます。一方，売り手は買い手が行使価格 (X) で売る権利を行使したら同価格で買う義務が生じます。その損益はやはり買い手と上下対称の「 $-(X-S)+P$ 」，買い手が権利放棄すればプレミアム (P) が手元に残ります。

　簡単のためプレミアムはコールもプットも同じ記号 P を使いましたが，実際は同じ現物 (および同じ取引条件) でもコールオプションとプットオプションの市場は独立しており違った価格になります。

　一般の投資家はほとんどの場合オプションの買い手で，売り手は証券会社等が「務め」ます。そこではデルタヘッジ等より高度なリスクヘッジ手法が使われています。

4　スワップ取引について

　スワップとは経済的価値が等しい将来におけるマネーの受払いを交換する取引です。先物やオプションが売り手と買い手によって競合的に売買される市場取引であるのに対して，スワップは交換によって双方が利益を得ると判断される場合に金融機関が仲介して相対 (あいたい，1 対 1) で行われる取引です。主なものに金利スワップと通貨スワップがありますが，以下では金利スワップの例を用いて原理的な説明をします。

　金利スワップは同一通貨，同一元本の「固定金利」と「変動金利」を交換するものです。固定金利とは貸借契約成立時の金利が満期まで適用される金利です。変動金利には 2 種類あって，①市場の資金需給によって刻々と変動していくもの，②一定期間毎に市場金利 (①) を参照して見直されていくもの (変動する場合の債券利率や銀行の預貸金利) があります。①変動金利の基準として伝統的に使われてきたのが LIBOR(ライボー，London Interbank Offered Rate)，コールレートの一種でロンドン・インターバンク出し手金利です。日本では東京市場の TIBOR(タイボー) が基準とされています (第 1 章参照)。

　金利スワップの仕組みを数値例で説明します。いま A 社は変動金利 TIBOR(T) に連動した収益 (T + 0.25)％が見込まれ，固定金利なら 5％，変動金利なら (T + 0.25)％でそれぞれ資金調達が可能だとします。もし変動で調達するとすれば利益はいつもゼロで全く旨味はありませんが，固定調達だと高金利時にプラスの収益が得られる一方で低金利時は逆ザヤになります（図表 A-5）。

　一方 B 社は 6％の固定金利収益が見込まれ，固定なら 6％，変動なら (T + 0.5)％でそれぞれ資金調達が可能とします。もし固定で調達するならば儲けはありませんが，変動で調達すると A 社とは逆に低金利時にプラスの収益が得られる一方で高金利時に逆ザヤとなってしまいます（図表 A-6）。

　以上のように収益とリスクの構造が対照的な A B 両社は以下のような「金利スワップ」が望ましいと考えられます（以下，図表 A-7-8 参照）。

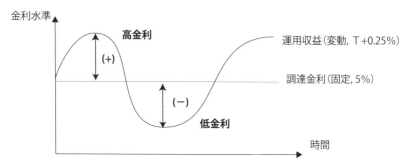

図表 A-5　A社の逆ザヤ・リスク

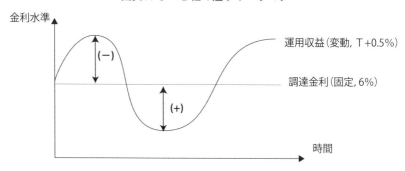

図表 A-6　B社の逆ザヤ・リスク

　A社は固定金利5％で資金を調達しますが，変動金利収入 (T + 0.25)％で返済するのではなく，それをB社に支払い，交換に固定金利5.5％をB社から受取って，それで返済に充てます。こうすることでA社は逆ザヤのリスクを回避するとともに0.5％の利益を常時手元に残すことができます。片やB社は変動 (T + 0.5)％で資金を調達しますが固定金利収入6％で返済するのではなく，うち5.5％をA社に支払い，交換に受取った (T + 0.25)％に0.25％上乗せして返済に充てます。これでB社もまた逆ザヤを回避するとともに0.25％の利益を常時手元に残せます。両者にとってウィン・ウィンの結果が得られることになります。

図表 A-7　金利スワップの構造

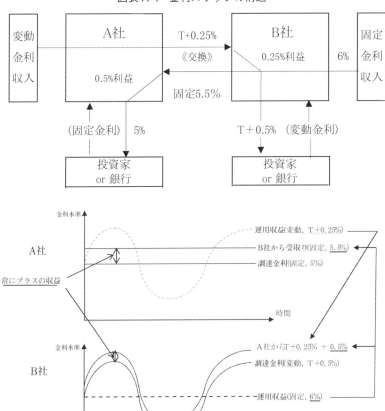

図表 A-8　金利スワップの受取り / 支払 / 利益

	受取り		支払い		利益
	運用益	スワップ受取り	調達費	スワップ支払い	
A社	T+0.25	5.5	5	T+0.25	0.5
B社	6	T+0.25	T+0.5	5.5	0.25
合計	T+6.25	T+5.75	T+5.5	T+5.75	0.75

第4章　中央銀行と決済システム

1　はじめに

　お金の貸し借りという金融取引は返済という行為によってはじめて完了します。繰り延べていた代金は支払って取引完了となります。これら最終的な資金の受渡しのことを**決済**と言います。

　決済ができなければ金融は完結したシステムになり得ません。そもそも銀行等の債権管理は最終決済を確実にするためのものです。決済ができなければ最終的貸し手は資産を失うことになります。約束手形やクレジットカードによって支払いを繰り延べた代金が支払われなければ商品を販売した企業は損害を被ります。そうした大切な決済は貨幣の引渡しという形で完了します。

　本章は決済の手段である貨幣を供給し，振替等の決済システムで最終権限を有する中央銀行(日本では日本銀行)の話から始めます。以下，第2節で中央銀行の役割，第3節で中央銀行の一般的性格と日本銀行の特徴について議論します。章の後半は様々な決済システムについてです。第4節で現金決済，第5節で各種の振替決済，第6節でクレジットカード決済について見ていくことにします。

2　中央銀行の役割

2-1　銀行券の発行

　中央銀行は第一に唯一の発券銀行，すなわち現金紙幣を発行することができる銀行として特徴付けることができます。

　日本も含め多くの国々において，金融システムができ始めたころに中央

銀行は存在しませんでした (序章参照)。その頃は個々の市中銀行が保有する金ないしは銀との兌換を約束した銀行券を各々発行して企業や個人に貸付けていたました。しかし発行銀行券に応じた金銀の準備量を正確に決めず，また必ずしも兌換が保証されていなかったため，ついつい過剰発行になりがちでした。

　国により多少事情は異なりますが，日本をはじめとして多くの国において中央銀行が創設された主な目的は通貨発行を統制することでインフレを抑制することにありました。市中銀行が保有していた金銀を中央銀行に集中し，**中央銀行券**として紙幣発行を独占することで通貨供給量をコントロール下に置いたのです。日本では 1882 年に松方正義を中心として日本銀行が創設されました（序章参照）。

図表 4-1　日本銀行のバランスシート (貸借対照表)

科目	金額	科目	金額
（資産の部）		（負債の部）	
金地金	4,412	発行銀行券	1,071,679
現金	2,284	日銀預金	4,363,853
国債	4,796,810	政府(の日銀)預金	156,748
ＣＰ等	21,916	売現先勘定	1,064
社債	31,428	その他負債	521
金銭の信託	288,303	退職給付引当金	2,025
貸出金	478,006	債券取引損失引当金	46,180
外国為替	66,490	外国為替等取引損失引当金	
代理店勘定(保険)	140		
その他(金融)資産	6,143	負債の部合計	5,656,290
有形固定資産	2,087	（純資産の部）	
無形固定資産	1	資本金	1
		法定準備金	32,520
		特別準備金	0
		当期剰余金	9,214
		純資産の部合計	41,735
資産の部合計	5,698,026	負債および純資産の部	5,698,026

(2019年9月30日現在，単位；億円)

　図表 4-1 は現代における日本銀行のバランスシートです。負債の部 (右側；活動資金の調達手段) に発行銀行券が項目として挙がっています。歴史をたどってみると日本銀行は設立から 3 年を経た 1885(明治 18) 年に日本銀行券の発行を開始しています。当初は比較的豊富にあった銀との兌換 (交換) が保証された「兌換銀行券」でした。その後，1897(明治 30) 年に金本位制が採用されると日銀券の金との兌換が保証されるようになります。日銀は兌換にいつでも対応できるよう銀行券発行高に相当する金準備 (ほとんどは金地金) 保有を義務付けられました。金本位制下の日銀券は，本来の貨幣である金を市中から預かり入れている日本銀行が，金をいつでも引出し可能なように振出す「債務証書 (預り証)」という位置づけでした。そのため日本銀行は金地金をバランスシートの資産に，日銀券を負債に計上していました。

　日本の金本位制は 1931 年に事実上終わっていましたが，1942(昭和 17) 年，(旧) 日本銀行法により金兌換義務が撤廃され，日本は法的にも管理通貨制の時代に移行します。日銀券は (直接的な) 金による価値の裏付けを失い，爾来，金地金は対外的な「決済準備資産」とういう位置づけに変りました。しかしながら，「日銀券の価値安定は，日銀の金融政策の適切な遂行によって」信認を確保すべき「債務証書」のようなものであるという性格に変わりはなく，現在も負債として計上され続けています。

　日銀バランスシートの負債の部には，発行銀行券のほかに**日銀預金** (中央銀行当座預金) があります。これが日銀の供給するもう一つのマネーです。日銀が直接経済に供給するマネーとして発行銀行券と日銀預金，これに政府が発行する貨幣 (硬貨) を合わせて**マネタリーベース** (ハイパワード・マネー) と呼んでいます (詳細は後述)。

　バランスシートの資産の部に目を転じると，マネタリーベースの価値を保証すべきものとして，①国債，② (銀行などへの) 貸出金，③金銭の信託，④外国為替 (外貨資産)……といった諸資産が計上されています。そのなかに (項目としては最初に) 金地金が金本位制時代の名残のように 4 千億円余り計上されています。

2-2　銀行の銀行

　中央銀行の二つ目の役割は，日銀預金 (中央銀行当座預金) を様々に利用した「銀行の銀行」機能です。市中銀行が一般公衆や企業を相手に預金・貸出・為替といった銀行業務を行っているように，中央銀行は市中銀行に対してこれら業務を行っています。

　日銀は，取引先の金融機関に対して少なくとも法定準備率 (令和 2 年 8 月末現在，0.05 ～ 1.3 %) 分の当座預金を預け入れさせます。これは市中銀行における受信 (預金) 業務に相当します。対象は銀行，信用金庫（但し預金残高 1,600 億円超の信用金庫のみ），農林中央金庫です。準備率は定期性預金より (引出しの頻度が高い) 要求払い預金の方が , また預金残高が多くなるほど高率が適用されます。

　銀行間の資金決済は各行が保有する日銀当座預金の振替によって行われます（後述）。これは市中銀行における為替業務に相当します。本章の主題である決済システムは，この日銀当預をファイナルな決済 (settlement) 手段としていることを記憶に留めておいてください。

　次は日銀による与信 (貸出) 業務についてです。日銀は上記当座預金口座に振り込みという形で市中銀行へ融資したり，買取り証券の代金を支払ったりすることを通じて，現金通貨とは別にマネーを供給します。逆もあって，同口座からの引落としという形で貸付資金や売却証券の代金を回収します。有価証券の買いオペレーションや売りオペレーションといった金融政策は同口座を通じて行われます。金融緩和のときは買いオペによって同口座残高を増加させて，世の中に出回るマネーを増やします。金融引締めでは売りオペによって同口座残高を減少させること通じて，世の中に出回るマネーを少なくしているのです（第 5 章）。

　日銀による与信業務はオペレーションだけではありません。極端に資金繰りに困った銀行にシステム不安の拡大を防ぐ目的で，無担保・無制限の貸付けをすることもあります (日本銀行特別融資)。あるいは銀行の求めに応じて担保価値の範囲内で短期資金を融資する補完貸付 (ロンバート型貸出) なども行われています（第 6 章）。

2-3　政府の銀行

　中央銀行の役割として三番目に挙げられるのは「政府の銀行」機能です。これは政府が経済システムに働きかけるための窓口の役割，金融取引事務代行といった業務を意味します。具体的には財務省が日銀に開設した預金口座を通じて，1）国庫金の出納事務，2）政府による国債の利払いと元本償還，3）財務大臣の指示により外為安定を目的とした円と外貨の売買操作等の代行をしています。

2-4　その他の業務

　以上の他に，主に金融 / 決済システムの安定性の確保 / 向上を目的として，各銀行の取引内容 / リスク管理状況などを点検，必要に応じて指導を行うこと (日銀考査) も重要な役割です。また日本経済に関する種々の統計データを作成したり，景気動向を調査発表したりする (日銀短観) など情報発信に努め，近年は広く国民一般に向けた金融リテラシーの普及活動にも力を入れています。

　日銀には本店のほか全国に 32 の支店と 14 の国内事務所があります。地域の支店が各地域における現金通貨を供給するほか，地域経済に関する調査や情報発信を行っています。

3　中央銀行の位置付けと日本銀行

3-1　日本銀行法に見る現代日銀の性格

　現在の日本銀行法 (1998 年施行) が規定する中央銀行日銀の性格を見ていきたいと思います。

　まず日銀の目的とは「信用秩序の維持」と「物価の安定」です。日本銀行法第 1 条より日銀は「銀行券を発行するとともに，通貨および金融の調節」を行うほか，「金融機関の間で行われる資金決済の円滑」化によって「信用秩序の維持に資する」とあります。これは本章の後半でみる決済システム (現金決済と振替決済) が問題なく機能するように，換言すれば，マネーフロー面から日本の経済システムが円滑に廻っていくように滞りなく中央

銀行としての務めを果たすという意味です。同第2条には「物価の安定を図ることを通じて国民生活の健全な発展に資する」と記されています。これは金融政策の最終目標はあくまで物価安定であり，それを通して様々な経済目標を実現していくよう下支えするのが日銀の役割であると規定しているわけです。

　日本銀行の組織について見ていきましょう。同第8条より日銀は資本金1億円の法人であり政府保有比率が55％を下回ってはならないと規定されています。あまり知られていませんが日銀の株式は東京証券取引所(JASDAQスタンダード)に上場されています。ただし一般の株式会社と異なって特別な法律(日本銀行法)に基づいた「認可法人」という位置づけです。同第14条には最高意思決定機関として**政策委員会**を置くとあります。この点も最高意思決定機関が株主総会である株式会社と異なる点です。政策委員会は総裁1名，副総裁2名，審議委員6名によって構成され通貨および金融の調節に関する事項は政策委員会の議決による(同第15条)とされています。

　そして「日本銀行における通貨及び金融の調節における自主性は尊重されなければならない(第3条より)」とされています。現行法では旧法における大蔵大臣（現財務大臣）による日銀総裁に対する「業務命令権」「解任権」を廃止しました。大蔵大臣を含む政府代表2人は政策委員から外され，政策決定会合に出席して意見を述べたり議案を提出したりすることはできるのですが，最終議決には参加できなくなりました。

　こうして政府からの独立性が強化される一方で，国民に対する説明責任が重要視されるようになりました。たとえば政策決定内容を速やかに公表して，総裁は記者会見を開き詳細について説明しなければなりません。現行日銀法施行以前とは比べ物にならないほど日銀総裁のマスコミ露出は増えました。

3-2　独立性をどう考えるか

　90年代，中央銀行に政策運営の独立性を与え政治介入を回避することを目的として日本を含む30カ国以上の中央銀行法が改正されました。こ

うした潮流にはバックボーンとなる「理論」あるいは「思想」がありました。

　これまでに見てきたように日銀など中央銀行は現金通貨 (中央銀行券) と中央銀行当座預金の二種類のマネーを独占的に供給しています。中央銀行はここから**通貨発行益 (シニョレッジ)** という一種の独占利潤を手にしていると考えられます。なぜならマネタリーベースはいずれも無利息で，それを有利息の市中銀行貸出しなどで運用すれば，コスト無しの利潤を丸々手に入れることができるからです。仮に競合相手がいたなら調達コストは競争的に引上げられ利潤は縮小 (あるいは消滅) するはずです。しかし中央銀行は独占供給者なので競争は起こらず無コストの発行益が手に入り続けます。

　通貨発行益は中央銀行の運営費等を差し引いた金額が国庫に納付され国家の収入となります。そこで中央銀行が政府とあまり親しい間柄になると問題が生じます。例えば政府が中央銀行に国債の引受けや買取りを要求しマネタリーベース残高が増加すればインフレ圧力が生まれます。インフレ率が上昇すると利子率全般が高まり中央銀行の利子収入が増えて納付金も自然増となります。たとえインフレになっても累積した国債残高が増えるわけではないので，納付金が増えた分だけ政府の借金返済は容易になります。またインフレには名目収入を増やすことで税率一定のまま税収を増やす効果もあります。日本も戦時中，政府が日銀に赤字国債を引受けさせ，戦後のハイパー・インフレを引起しました (序章)。一方，政府はインフレの御蔭で国債の返済に苦労しませんでした。インフレで苦しむのは国民であり，中央銀行を政府から離しておくことには意義が見いだせます。

　中央銀行の独立性を正当化するもう一つの理由があります。**図表 4-2** は 1980 年代から 2010 年代までのわが国における月毎のインフレ率 (縦座標) と失業率 (横座標) の組合せをプロットしたものです。図に右下がりの曲線が描かれています。これは失業率が減少 (増加) するとインフレ率が上昇 (低下) するという負の相関を示すものです。この曲線は発見者の名を取ってフィリップス曲線と呼ばれます。一般に政府は失業率を低く抑えることを政策目標としていますが，そのため政府は中央銀行に高インフレを要求する偏向性 (**インフレ・バイアス**) があると言われているのです。やは

りインフレ抑制の観点から中央銀行は政府から引き離した方が良いことになります。

図表 4-2 日本のフィリップス曲線 (1981.1 ～ 2019.3)

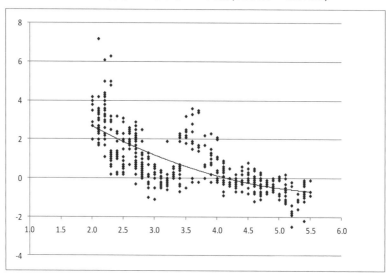

縦軸：インフレ率 (%) ／横軸：失業率 (%). 筆者作成

　加えて，1990 年代には中央銀行の独立性指数が低い国ほどインフレ率が高くなるという統計的データに基づく研究も注目されました。

　では，中央銀行の政府からの独立性はどの程度であるのが適切でしょうか。一つの極として政府の意向は無視するというスタンスがありえます。「無視」とまでは言えませんが，新日銀法が施行されて間がない 2000 年 8 月，最初のゼロ金利政策の解除が議論されていた政策決定会合でのことです。解除は時期尚早として政府代表が求めた解除延期請求を政策委員会は否決してしまいました。アベノミクスの時代には考えられない強硬な独立性の発露でした。

　各国の中央銀行法は政府との関係を規定しています。たとえばイギリスの場合，政府は経済の最終目標 (経済成長率, 物価水準など) の方向性を決め，その目標に資するよう中央銀行が専門知識を活かし独自判断で政策を決定すると規定しています。これを**手段の独立性**と言います。

現代の日銀はデフレ経済からの脱却という政府目標に資するように独自判断で緩和策を繰り出すというスタンスですから「手段の独立性」という表現がフィットします。しかしこれが果たしてベストな政府との距離なのか答えが出たわけではありません。

4　現金決済と振替決済

4-1　決済手段とマネーストック

決済の重要性については「はじめに」で述べました。決済とは，言い換えるならば，貨幣を受け払いすることによって債務(赤字主体が負う義務)と債権(黒字主体が得た権利)の関係を解消することです。決済に使用される貨幣をとくに**決済手段**と呼んでいます。

日本銀行はウェッブ・サイトで決済手段であるための条件を「誰もがそれが手に入るなら交換に応じてもよいと思うもの」としています。間違いなく現金通貨は決済手段の一種です。キャッシュレス化が進んだ現代においては預金口座の振替なども決済手段として多用されています。

一体何が，どこまで決済手段として利用可能なのか，その範囲あるいは境界を知るためにマネーストックと言う概念を押さえておきましょう。マネーストックを知ることは，日銀が具体的に何をもって貨幣あるいは決済手段と認定しているのかを知ることになります。

マネーストックには何段階かあり，コアなマネーから周辺的なマネーまでがグレード付けされています。中心に位置するものが現金通貨と預金通貨の合計でM1(エム・ワン)というカテゴリーです。現金通貨は1円や500円といった硬貨(日銀は紙幣に対して「貨幣」と称します)と紙幣(日銀券)です。預金通貨とは預金取扱金融機関が提供する決済機能をもった要求払いの預貯金のことです。個人顧客を対象とした普通預金も預金通貨の一種ですが僅かながら利息が付きます。これに対して主に事業者向けに提供される当座預金には利息が付きません。このような無利息の預金通貨のことを特に決済用預金という場合があります。

M1の特徴は，それ自身が交換手段および支払い/決済手段として機能

するという点にあります。M1 に準通貨 (定期性預金もしくは貯蓄性預金) と CD(譲渡性預金) を加えたものが M2 ないし M3 です。M3 がすべての預金取扱金融機関の取扱商品を統計の対象にしているのに対して，M2 は信用組合やゆうちょ銀行を対象から外している (したがって金額的には何百兆円分か少なくなる) という違いがあります。M2 ないし M3 に含まれる準通貨と CD には価値貯蔵手段のみで交換手段としての支払 / 決済機能がありません。こういった一部機能のみを備えたマネーのことを部分貨幣と言います。ただ定期性預金や CD は解約手続きや譲渡によって簡単に現金通貨や預金通貨に変換することができます。

　マネーストックとして M3 よりも広い概念が広義流動性です。**流動性**とは決済手段そのものを指す場合もありますが，現金通貨や預金通貨といった決済手段に容易に変換できる性質を示すこともあります。定期性預金や CD は部分貨幣であると共に流動性がたいへん高い資産と言えます。また貨幣とは言えませんが流動性の高い資産は他にも存在します。そのような諸資産を日銀は M3 と共に広義流動性に入れています。具体的には金銭の信託，投資信託，金融債，銀行発行社債，金融機関発行 CP，国債，円建て外債などです。

4-2　現金決済について

　現金決済は一件当たり決済金額が小さく，件数が多く，消費関連の財サービスに係る取引がほとんどで，個人 (家計部門) による決済が多いといった一般的性格を持っています。その性質として**汎用性** (あらゆる取引に利用できること)，中央銀行が付与した強制通用力による**支払完了性** (現金の引渡しによって即座に支払いが完了すること)，匿名性 (買い手も売り手も身元証明の必要がないこと) を挙げることができます。

　難点として，端数金額取引では紙幣と硬貨を種々組合せて決済する煩雑さや計算ミスが生じる可能性があること，取扱い費用 (授受や搬送のためのコスト) が嵩むこと，盗難や紛失のリスク等が列挙できます。

　電子マネーは IC を用いたプリペイド方式の電子的な現金情報です。カード等の紛失リスクを除いて現金通貨の持つ欠点を大部分克服しました。現

金の持つ支払完了性や匿名性は電子マネーも保持しています。しかし普及のネックは汎用性です。この弱点が政策的に克服できているか否かによって各国の普及度に違いが生まれるようです。因みに同じ電子決済でも電子マネーは現金決済の代用でデビット / クレジットは振替決済 (次項) に分類されます。

4-2　振替決済について

　振替決済は，民間銀行 (あるいは中央銀行) における預金の口座間振替を利用した決済のことです。預金取扱機関が提供する為替サービスを通じて私たちは振替決済を利用することができます。

　現金決済と比較したとき，一件当たりの決済金額が大きい，企業間 / 金融関連の取引件数が多いといった特徴を挙げることができます。また端数取引の煩雑さや取扱い費用，盗難や紛失のリスクといった現金決済の課題も電子マネー以前に克服していました。

　一方において，振替決済が幅広く利用できるようになったとは言え汎用性までは達成しておらず匿名性もありません。決済手段としてもっとも重要な支払完了性に関しては整えられたシステム (決済システム) が必要になります。**決済システム**とは，振替決済を①組織的に，②効率よく，③安全に行えるようにする「仕組み (スキーム)」を指します。以下では様々な形態の決済システムについて解説します。

5　行内振替と銀行間振替

5-1　行内振替とデビット・システム

　振替決済には大きく分けて行内振替と銀行間振替の二種類があります。行内振替とは同一銀行に口座を開設している支払人と受取人の間での振替決済のことです。一般に口座振替と呼ばれるサービスです。銀行間振替とは異なる銀行間に口座を開設している支払人と受取人の振替決済を意味します。これには手形交換と全国内国為替の二種類があります。

　行内振替について，かつては同一銀行のみならず同一支店であることが

必須でした。オンライン・システムが発達した現在は同一行であれば口座を持つ支店が違っても支払人と受取人の口座残高を移し替えることで決済は完了できます。ただ口座が同一支店なら手数料は無料ですが異なる支店間では手続きコストが掛かるため有料の場合があります。

図表 4-3　行内振替の事例

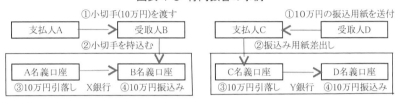

　行内振替に多いのは，受取人が振込用紙を支払人に送付し，それを支払人が銀行に持込んで，支払人の口座から受取人の口座へ用紙の記載金額分が振替えられるパターンです (**図表 4-3 右側**)。現在は ATM やスマホ操作でも同様の手続きが完了します。もう一つは支払人から送付された小切手を受取人が銀行に持込み支払人口座から受取人口座へ額面分の金額が振替えられるパターンです (**図表 4-3 左側**)。日本で小切手は例外的にしか使用されませんが，これが多用されてきた米国では小切手扱いの煩雑さを解消する手段としてデビット決済が開発されました。やがてそれが日常的支払いに応用され，予め設定した預金口座から代金をリアルタイムで引落すシステムへと進化しました。**図表 4-4** のように IC 搭載のカードを店舗に設置された専用端末に接触させるなどして金額を入力しオンラインを通じて銀行に送信すれば顧客の口座から店舗の口座に代金が振替えられる仕組みです。スマホアプリでも同様の機能が果たせます。

図表 4-4　デビットカードによる決済

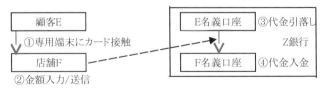

　振替決済で使用される決済手段は各銀行が発行する預金通貨です。この預金通貨が同時に要求払預金である点が重要です。中央銀行によって発行された (強制通用力を持つ) 現金通貨と即時交換可能性を持っていることが口座振替の支払完了性をいわばオーソライズしているのです。次に見る銀行間振替も中央銀行との関りが重要になります。

5-2　銀行間振替①；手形交換システム

　次に受取人 (債権者) と支払人 (債務者) が異なる銀行にそれぞれ預金口座を持っている銀行間振替について見ていきます。始めに**手形交換**についてです (下図参照)。

　まず支払人が振出した約束手形を，期日に受取人が取引先行に持込み，額面金額が入金されます (①→②)。次に各行が「他行宛手形」を**手形交換所**に持ち寄って「自行宛手形」と交換，自行宛を持ち帰ります (③→④)。見づらくなるので図には描かれていませんが乙が持出して甲が持帰る (逆方向の) 手形もあります。そして持ち帰った「自行宛手形」を振出した支払人の口座から額面金額を引落します (④→⑤)。最後に「自行宛」と「他行宛」の差額 (交換尻) を日銀にある両行の当座預金口座の振替で決済します (⑥→⑦)。重要なことは中央銀行が提供するマネー (日銀当座預金) によって手形交換による支払いが最終的に完了する点です。

　実際には手形交換は3つ以上の銀行によって多角的に行われます。それらの銀行の中には持出し手形の金額が持帰り手形の金額を上回る受取り超の銀行 (交換勝ち銀行) と，持帰り手形の金額が持出し手形の金額を上回る支払い超の銀行 (交換負け銀行) があります。現実に行われている多角

図表4-5　手形交換の決済システム

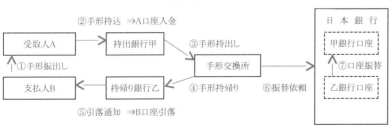

的交換では，まず交換負け銀行の日銀口座から差額に当る支払額（交換尻）を手形交換所の日銀口座に振替え，つぎに交換勝ち銀行の日銀口座に振替えるという二段構えの決済が行われています。

5-3　銀行間振替②；全国銀行内国為替制度

　約束手形はかつてほどの利用はなくなりましたが今日でも便利な支払い手段として地域の企業間決済などに多用されています。しかし取引先の銀行が全国に支店 / 代理店を持たない限り，国内の手形決済すべてに対応することはできません。そこで手形交換に代わる決済システムが必要になります。それが**全国銀行内国為替制度**です。

　まず受取人から振込用紙（請求書）の送付を受けた支払人が，口座を開設している銀行（仕向け銀行）に為替送金依頼をします（①→②）。仕向け銀行は支払人の口座から支払額を引落す一方で全国銀行データ通信センター（全銀センター）を通じて受取人の口座開設銀行（被仕向け銀行）に送金取組案内を送信します（②→③）。そして送金取組案内を受取った被仕向け銀行は，受取人口座に支払額を入金し郵送や電子メールなどで受取人に入金通知を行います（④）。これで受取人（債権者）と支払人（債務者）の間における金銭の受渡しは完了します。

　しかしここまでの段階では，被仕向け銀行は代金を肩代わりしただけ，仕向け銀行は引落した支払額を手元に置いた状態です。つまり被仕向け銀行が債権者，仕向け銀行が債務者になっています。この「銀行間で生じた債権債務（為替貸借と言います）」については，直ちに全銀センターから日銀に決済額が通知されます（⑤）。通知を受けた日銀は，仕向け銀行と被

図表 4-6　全国銀行内国為替による決済システム

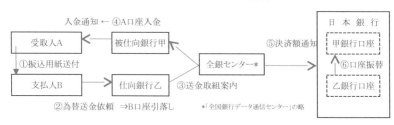

仕向け銀行の日銀当座預金の口座振替を行います (⑥)。手形交換と同様
ですが，支払いは中央銀行が提供する当座預金口座の振替によって完了す
るのです。

6　クレジットカード決済

6-1　クレジットカードと電子決済の発達

　預金口座を使った電子的な決済手段として日本でデビット・システム以
上に普及しているのはクレジットカードです。クレジットカードは保有者
の信用力を表象することによって商品代金の支払いを繰延べる金融手段で
す。起源は戦前期のアメリカで，収入が増加し安定してきた消費者が高額
商品サービスを購入するときの現金 / 小切手払いの代用として割賦販売と
共に登場しました。普及したのは 50 年代から 60 年代にかけてです。

　エレクトロニックな支払いシステムが開発される動機になったのが欧米
では主にクレジットカードの電子決済化でした。1980 年代，欧米では IC
を使ったクレジットおよびデビットカードの技術開発がスタートします。
一方，現金決済が主流だった日本ではプリペイドカード (前払い方式の電
子マネー) の開発が始まっていました。

　90 年代になり各国で電子決済の実証実験が開始されます。かつてスー
パー / 商店の台帳貼付けシールだった「お買上ポイント」を電子化しよう
としたのも日本の特徴でした。当時，日本各地で電子マネーを地域限定の
貨幣 (地域通貨) として地元商店街の振興などに利用しようとする動きが
活発化していました。

　90 年代後半，インターネット普及により電子決済の状況が大きく変化
します。電子商取引 (EC，エレクトロニク・コマース) が登場したのです。
これによってカードを使用しないネット決済が導入され，仮想通貨 (暗号
資産) のルーツとなる実験もこの頃始まりました。電子マネーも地域通貨
としてよりむしろエディ (Edy) に代表されるような広域使用を前提とした
システム開発が盛んになりました。

　2000 年代になるとクレジット / デビット機能を統合したキャッシュカー

ドが導入されます。その一方，電子マネーは SUICA など交通系 IC カード導入によって一気に普及しました。2010 年代には携帯機器によるポイントも含めた決済が一般化，現在コロナ禍の現金忌避と相まってキャッシュレス化が加速する気配を見せています。

6-2　クレジット決済手順①；加盟店段階の確認と認証

　クレジットカードは他の決済システムに比べて，複雑な仕組みを持っています。日本も基本は同じですが，欧米とは少し違った独自システムを有します。まずはグローバルな欧米のシステムについて見て，後で日本の独自性について説明したいと思います。以下，**図表 4-7** を参照してください。

　クレジット決済の手順として，第一にオーソリゼーション (確認, オーソリ) と本人認証が行われます。カード保有者が, カード取扱加盟店で, カードを利用した財サービス購入を申し出ると (①)，加盟店は取引している加盟店銀行 (**アクワイアラー**) 経由で, カード発行銀行 (**イシュアー**) にカードの有効性 (カード番号や有効期限など) の確認 (オーソリゼーション) を行います。

　次に加盟店は, 保有者から認証コード入力を受け, 問題がなければ財サービスを提供します (②)。これで加盟店は不正利用に伴うリスクを回避します。続いて加盟店は，売上伝票情報をアクワイアラーに送り (③)，アクワイアラーはその伝票金額から加盟店手数料 (a) を差し引いた金額を加盟店口座に入金します (④)。加盟店としての取引はこれで完了になります。

6-3　クレジット決済手順②；加盟店銀行と発行銀行の決済

　加盟店へ入金を終えたアクワイアラーは VISA/Master/JCB といったカード会社が開設している**クリアリングハウス** (決済センター) に売上伝票データをオンライン伝送します (⑤)。クリアリングハウスでは送られてきた売上伝票をイシュアー (カード発行銀行) 毎に仕分けしてオンライン伝送します (⑥)。金額情報を受け取ったイシュアーはそこからインターチェンジ手数料 (b) を引いた金額を送金 (⑦)，中継するクリアリングハウスはさらにアセスメント手数料 (c) を控除してアクワイアラーに送金します (⑧)。

以上でアクワイアラー (加盟店銀行) は加盟店に入金した金額を回収し終えます。

　実際のところ銀行間の決済は伝票毎ではなく各行の債権 / 債務をネッティング(相殺)して行われます。一銀行はある伝票では加盟店銀行ですが，別の伝票では発行銀行です。そこで支払い超過の銀行と受取超過の銀行とが生まれます。ネッティングは支払い超過銀行の中央銀行口座から超過額をクリアリングハウスの中央銀行口座に振替えて，次に受取り超過銀行の中央銀行口座に振替えるという手順で行われます。手形交換所 (英語名称；clearing-house) における最終決済と同じことが行われているわけです。

　日米欧を問わずクレジット債権債務の差額や手形交換尻を算定するまでのプロセスはクリアリング (clearing)，中央銀行当預の口座振替は清算もしくは (本来の意味での) 決済 (settlement) と呼んで明確な区別がなされます。

6-4　クレジット決済手順③；カード保有者による支払い (payment)

　同じ支払い繰延べの手段でありながらクレジットカードが約束手形と異なっている点は，清算 (settlement) よりも本来の債務者たるカード保有 (利用) 者の支払い (payment) が時間的に後になる点です。つまり，

　手形交換；① payment →② clearing →③ settlement なのが，

　クレジット決済；① clearing →② settlement →③ payment となるのです。

　イシュアー (発行銀行) は，カード保有者に対して月に 1 回請求書を送付します (⑨)。その請求書に基づき保有者は口座残高を確保しイシュアーによる引落しが行われます (⑩)。この段階で清算 (settlement) は終わっているのです。ちなみにカード保有者の取引銀行がイシュアーと異なる場合には，イシュアーが取引銀行に支払い指図を行い，両行の中央銀行口座振替により清算が完了します。

　クレジットカード決済の要点は，加盟店は伝票代金をアクワイアラーが支払ってくれるという信頼，アクワイアラーは自らの債権をイシュアーが支払ってくれるという信頼，そしてイシュアーはカード保有者が口座残高を確保してくれることへの信頼，このような信頼の連鎖でシステムが成立っていることです。

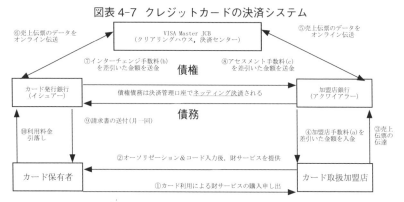

図表 4-7　クレジットカードの決済システム

⑥売上伝票のデータを
オンライン伝送

VISA Master JCB
(クリアリングハウス，決済センター)

⑤売上伝票のデータを
オンライン伝送

⑦インターチェンジ手数料(b)
を差引いた金額を送金

債権

⑧アセスメント手数料(c)
を差引いた金額を送金

カード発行銀行
(イシュアー)

債権債務は決済管理口座でネッティング決済される

加盟店銀行
(アクワイアラー)

債務

⑩利用料金
引落し

⑨請求書の送付(月一回)

④加盟店手数料(a)を
差引いた金額を入金

③売上
伝票の
伝達

②オーソリゼーション＆コード入力後，財サービスを提供

カード保有者

①カード利用による財サービスの購入申し出

カード取扱加盟店

前田真一郎 (2014)『米国リテール金融の研究』101 頁より，一部省略・改変

6-5　日本型のクレジット決済

　日本におけるクレジットカード・サービスは戦後，外資であるクレジットカード会社による日本市場参入から始まります。しかし当時の銀行は厳しい業務規制によってアクワイアラーにもイシュアーにもなれませんでした。そのため日本におけるクレジットカードは貸金業サービスとされました。ここから日本独自のシステムが構築されていくことになります。

　日本でアクワイアラーは AMEX, Mastercard, JCB, VISA といった国際ブランド (国際的クレジットカード会社の日本での呼称) と提携した独自の (クレジット) カード会社が務めています (クレディセゾン，三菱 UFJ ニコス等)。こうした日本のカード会社は①アクワイアラーだけでなく②決済センター (クリアリングハウス) の役割も果たし，さらに③イシュアー (発行会社) を兼業しているものも少なくありません。システムの大部分を仕切る主要機関なのです。ただしクレジットカード決済の信用を担保するのはあくまで国際ブランドです。それら国際ブランドと提携しているお陰で私たちは海外に行っても日本と同じカードで支払いを済ますことができます。

　日本においてイシュアーは多岐にわたります。上記カード会社の他に，規制緩和された今は銀行がイシュアーになっている場合も少なくありません。他にも大手信販会社，通信系，流通系などが各々国際ブランドと提携

してイシュアーとなっています。

　もう一つ日本の独自性は，決済代行会社がカード会社と加盟店とを中継してオーソリゼーションの役目を担っていることです (SB ペイメントサービス，スクエア，ベリトランス等)。決済代行会社は加盟店契約における審査もカード会社の代わりに行います。クレジット以外にもネットショップやコンビニの決済仲介など幅広い決済関連サービスを業務にしています。

第5章　システムのコントロール1；金融政策
金融政策は機能してきたのか？

1　はじめに

　前章で明らかにしたように，決済システムにとって中央銀行は中心的役割を担う存在です。中央銀行が金融システムに対して担うもう一つの役割が金融政策です。本章は日本の金融政策について考えます。第2節では伝統的な政策枠組みについて簡単にまとめました。第3節では非伝統的政策の始まりとなったゼロ金利と量的緩和について議論します。そして第4節は現在へとつながる「異次元」緩和の流れについて議論するとともにアベノミクスについても可能な検証を試みます。

　多少高度な理論は省いて話を進めます。但しある程度の理論を踏まえた方が黒田日銀の繰り出してきた諸施策への理解は深まると思うので，余裕があればで結構ですが続く補論Bも併読をお勧めします。

2　伝統的な金融政策の枠組み

2-1　伝統的枠組み；2段階アプローチ

　近年，次から次へと繰り出される前例のない(非伝統的な)金融政策について頭の中で整理して理解するのは容易ではありません。「正直なところ訳が分からない」が一般的感覚ではないでしょうか。そこで90年代までに確立されていた伝統的な金融政策を最初に押さえましょう。

　従来，金融政策の基本スタイルとして採用されていたのは**2段階アプローチ**という運営の在り方です。これは金融政策が経済全体に浸透するまでのプロセスを考え，公定歩合操作など政策手段と物価安定など最終目標との間に運営目標を置くアプローチです。運営目標はさらに操作目標と中

間目標とに分かれます。

　図表5-1を使って左から順に説明しましょう。左端の政策手段とは中央銀行が実施するさまざまな政策手法のことです。**公開市場操作**は現在も各国でメインの政策手段として使用されている公開(オープン)市場における各種の売買オペレーションです。証券の買いオペでは市場に追加的マネーが供給されるので緩和的な効果があり，証券の売りオペでは市場からマネーを吸収するので引締め的な効果をもたらします。ただ現在の日本はオープン市場を通さず直接，銀行から長期国債等を買入れるオペレーションが中心になっています。

図表5-1　2段階アプローチの概念図

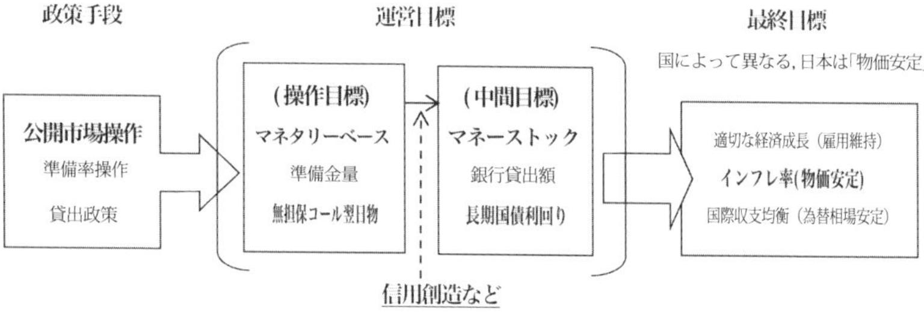

　準備率操作は，法定準備率(預金残高に対して日銀当座預金へ義務として預入れさせる準備金の割合)の変更によって市場に供給されるマネーの量を調整します。準備率の引下げは銀行が自由に運用できるマネーの割合を高めるので緩和，引上げは逆に引締め効果を持ちます。日本では1991年以来実施されていません。

　貸出政策は，公定歩合(基準貸付利率)操作などを通じて，銀行の貸出金利・貸出量を操作するものです。規制金利時代には公定歩合操作が政策手段の中心でした。現在は補完貸付制度(後述)に姿を変えて存続しています。

　以上の政策手段を通じて中央銀行が直接コントロールできる変数を操作目標と言います。主なものとして①日銀当座預金残高もしくは準備金量(R)，現金通貨残高(C)を①に加えた②マネタリーベース($B = C + R$)，代表的な短期金利である③無担保コール翌日物金利などがあります。これ

ら操作目標のすべてがいつもコントロール対象になっているわけではありません。その時期その時期にコントロール対象となっている操作目標は移っています。量的なコントロールが行われた時期は上記①あるいは②が操作目標でした。しかし金利コントロールが重視される時期には③が目標になりました。

　操作目標と最終目標の間に置いてその動向を見ながら政策遂行に役立てるのが中間目標です。①マネーストック(各種)，②銀行貸出残高もしくは新規の貸出量，および③長期国債利回りが伝統的な中間目標です。これらの変動が一番右に位置する最終目標に働き掛けることとなります。最終目標は国ごとに多少異なりますが日本銀行は物価安定を最終目標としてきました。対外的な通貨価値の安定ということでいえば為替相場安定も金融政策の目指すべきターゲットになり得ます。海外に目を向ければ，物価安定を目標にしているところは多いのですが，例えばアメリカの中央銀行FRBは物価安定に加えて雇用の維持(順位から言えば最上位)や適度な長期金利を最終目標にしています。

2-2　信用創造メカニズムと信用乗数

　以上に見てきた中で，操作目標と異なり中間目標は中央銀行によって直接コントロールすることは難しいと考えられてきました(③長期国債利回りについては後述のように近年見方が変化しています)。そこで，操作目標と中間目標をつなげるメカニズムが必要です。その一つが**信用創造**です。ここでは操作目標として日銀当座預金残高(準備金量)，中間目標として銀行貸出額を考えます。信用創造とは中央銀行による準備金(操作目標)の増加が銀行貸出しを通じて預金通貨(中間目標)を生み出すメカニズムのことを言います(第2章)。

　中央銀行が(市中の)A銀行へ"融資"や"買いオペ"を通じて，同行の中央銀行当座預金口座の準備金(R)を増加(ΔR)させたとしましょう(以下，図表5-2参照)。A銀行は普段から必要な準備預金(R_A)は保有しているでしょうから追加の準備金(ΔR)は保有していても仕方ありません。通常当座預金には利子が付かないとすれば尚更です。そこでA行は追加準

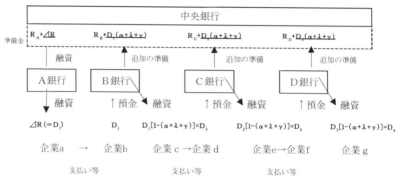

図表 5-2 信用創造のメカニズム

註) 便宜的に、現金準備も他の準備金とまとめて表示しています。

備ΔR を企業a に融資，同額が企業a の預金口座に振込まれます。企業a は取引相手である企業b へ何らかの支払いとして同額を B 行にある企業 b 口座に振込みます。ここまで流れてきた金額ΔR $(=D_1)$ は中央銀行によって最初に生み出された預金として**本源的預金**と言います。

　さて B 行にとって振込まれた預金 ΔR $(=D_1)$ は預金残高の増加を意味します。 B 行は振込預金の一定割合 (現金準備＋法定準備＋超過準備) を残し企業c に融資を行います。法定準備に加えられた**現金準備**は窓口や ATM での支払いのため，**超過準備**は融資先がみつからないなどの理由で法定よりも余分に中央銀行に残しておく金額です。

　いま現預金比率α ;5% (0.05)，法定準備率λ ;2% (0.02)，超過準備率γ ; 3% (0.03) として，以下全ての銀行は同じと仮定します。 B 行は金額 ($\alpha + \lambda + \gamma$) $D_1 = 0.1 D_1$ を手元および日銀当預に預けて残り $[1 - (\alpha + \lambda + \gamma)] D_1 = 0.9 D_1$ を企業c に融資します。

　企業c もまた企業d の C 銀行口座へ何らかの支払いとしてD_2 ($= 0.9 D_1$) を振り込み，振り込まれた C 行は ($\alpha + \lambda + \gamma$) $D_2 = 0.1 D_2 = 0.1 \times 0.9 D_1$ を準備金として残り $0.9 \times 0.9 D_1$ を企業e へ融資する……といった具合に「融資⇒預金⇒融資⇒預金」のプロセスが繰返され新預金が生み出されていきます。本源的預金D_1 に対して融資を通じて生み出されるD_2 以降の預金を**派生的預金**と言います。

本源的預金と派生的預金の合計金額「$D_1+D_2+\cdots D_n+\cdots$」は，高校で学ぶ数学を使うと初項$D_1$，公比$[1-(\alpha+\lambda+\gamma)]$の「無限等比級数」として計算されます。公式は以下の通りです。

$$\sum_{n=1}^{\infty} a_1 r^{n-1} = \frac{a_1}{1-r} \quad (初項；a_1，公比；r)$$

ここに初項D_1，公比$[1-(\alpha+\lambda+\gamma)]$を代入して計算すると，

$$\sum_{n=1}^{\infty} D_n = \frac{D_1}{1-[1-(\alpha+\lambda+\gamma)]} = \frac{1}{\alpha+\lambda+\gamma} D_1$$

となります。操作目標である準備金の増加量(本源的預金)の「$1/(\alpha+\lambda+\gamma)$」倍の貸出(＝預金，中間目標)が，信用創造プロセスを通じて生み出されます。上記数値例を当てはまるとα：5% (0.05)，λ：3% (0.03)，γ：2% (0.02)だから，$1/(\alpha+\lambda+\gamma)=1/0.1=\underline{10(倍)}$です。本源的預金を10億円とすれば，貸出増加額もしくは預金増加額は10倍の100億円ということになります。この倍数「$1/(\alpha+\lambda+\gamma)$」のことを**信用乗数**あるいは**貨幣乗数**と呼びます。

2-3　マネタリーベースとマネーストックの不都合な関係

ここで強調されるべきことは，操作目標は中央銀行単独で制御できるが，中間目標は市中銀行が関わって初めて達成されるという信用創造の本質です。言い換えれば，どんなに操作目標であるマネタリーベースを増やしたところで市中銀行が積極的な融資を行わなければ中間目標であるマネーストックを増やすことはできないという事実です。

少し話の幅を広げるため，現金通貨(C)を含めて，操作目標をマネタリーベース(B＝R＋C)，中間目標をマネーストック(M＝D＋C)としましょう。ここで信用乗数(貨幣乗数)はマネタリーベースの何倍のマネーストックが生み出されるかを示す数値になります。記号は上と同じにしますが，記号を節約するため各変数を預金残高に対する一定割合として下記のように書き換えます。

$$R = \lambda D(法定準備) + E(超過準備) = \lambda D + \gamma D$$

マネタリーベース；$\quad B = C + R = \alpha D + \lambda D + \gamma D$

$$\text{マネーストック}; \quad M\lvert M1\rvert = C + D = \alpha D + D$$

これらを信用乗数の定義通りに代入すると，

$$\text{信用乗数}; \quad \frac{M}{B} = \frac{\alpha D + D}{\alpha D + \lambda D + \gamma D} = \frac{D\lvert 1 + \alpha \rvert}{D\lvert \alpha + \lambda + \gamma \rvert} = \frac{1 + \alpha}{\alpha + \lambda + \gamma}$$

分子に現預金比率 α が入っただけで基本構造は上と同じです。初歩的な経済学のテキストには信用乗数が安定なら B の操作によって M は容易にコントロール可能とよく書いてありますが現実はどうでしょうか。日本のデータで確かめましょう。

　図表5-3 を見てマネタリーベースとマネーストックが誤って入れ替わったのではと思われる読者がいるかもしれません。間違いではなくマネーストックの増減率の方がマネタリーベースのそれを大きく下回っているのです。でも最初からそうだったわけではなく，左端の方を観察すると90年代初期まではマネーストックの増加幅の方が大きかった (信用乗数は1以上だった) ことが見て取れます。逆転 (信用乗数が1未満になること) は株式バブルにつづいて不動産バブルが崩壊した後の辺りで起きています。何が起きたのでしょうか？

　信用乗数を構成する3つの変数のうち，法定準備率 λ は過去30年間1.3％

図表 5-3　マネタリーベースとマネーストックの対前年月次平均増加率 (％)

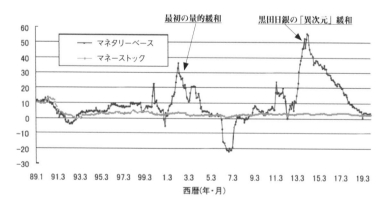

を超えておらず現預金比率は金融機関によりバラツキはありますが精々20％程度です。そうすると残るは超過準備率ということになります。信用乗数が1未満になるのは超過準備率が少なくとも，$\gamma > 1 - (\alpha + \lambda)$になる程大きくなっていることを意味します。$\alpha$；20％ (0.2)，$\lambda$；1.3％ (0.013) を代入すると，$\gamma > 0.787$，つまり本源的預金の少なくとも8割程度が準備金として日銀当預に積まれたままになっており融資に回っていないことを意味します。

　尤もこれは単純化されたモデルであり銀行は国債を始めとする有価証券にも投資していますからマネーストックが伸びないのは超過準備を増やしている為だけではありません。しかしバブル崩壊以降，銀行による融資 (信用創造) が停滞していることが，信用乗数が1を下回っている大きな要因であることは否定しがたいものがあります。それがどうして不都合かと言えば，金融政策が中間目標，さらにその先の最終目標に作用しにくくなるからに他なりません。

3　非伝統的な金融政策へ

3-1　ゼロ金利政策と量的緩和政策

　90 年代以降の日本経済と金融政策を振り返ってみましょう。

　時系列的にたどると，90 年代の前半は実質 GDP 成長率が急落する一方で，公定歩合は 93 年 2 月に過去最低の 2.5％まで引下げられ，95 年 9 月にはゼロコンマ以下の 0.5％にまで思い切った緩和が実施されます。因果関係ははっきりしませんが，95 年から 97 年前半にかけて緩やかに景気は回復しました。その後，序章でも述べたように 97 年 7 月にアジア通貨危機が発生，同年 11 月以降は大手金融機関の破綻が連続し，日本は金融危機の時代に突入しました。98 年度は戦後二度目のマイナス成長を経験しデフレ懸念が深まっていきました。

　この 90 年代に関してよく聞かれるのは，バブル崩壊後に金融緩和が後手にまわった結果，景気後退が長期化したという説明です。しかし上で見たように操作目標と中間目標のつながりが急激に緩んでしまっていては，

たとえ3年早いスピードで公定歩合を引き下げていたところで日本経済が力強く回復して成長軌道を取り戻していたかは疑問です。もちろん操作目標にはマネタリーベースだけでなくコールレートがあり，中間目標には長期国債利回りがありますから，タイムリーに実施された超低金利政策には一定の効果があったかもしれません。

20世紀末以降，日銀は他国の中央銀行にさえ例のない非伝統的政策へと移行していきます。**非伝統的政策**とは，「金融危機」や「デフレ経済」など通常と異なる経済状況下で採用される金融政策の枠組みを指します。非伝統的政策の最初の一手は**ゼロ金利政策**でした。99(平11)年2月に日銀が買いオペを通じて無担保コール翌日物レートを0.15％に誘導すると表明したことが始まりです。

ゼロ金利と一緒に導入されたのが**フォワードガイダンス**でした(時間軸政策とも言います)。これは中央銀行が長期的な政策方針を表明して市場の期待を誘導する補完的な施策です。このとき日銀は『デフレ懸念払拭までゼロ金利を維持する』と表明しました。これによって緩和の増幅効果が期待されたのです(補論B参照)。

00(平12)年前半，デフレ傾向は必ずしも解消してはいませんでしたが，米国のIT産業が好調だった影響で輸出が伸びて日本の景気は回復基調にありました。当時の日銀政策委員会ではゼロ金利はまさに非常手段であり長期化すべきではないという考え方が根強くありました。そして2000年8月，最初のゼロ金利政策は解除されました(第4章参照)。

ところがタイミングの悪いことに米国のITバブルが終焉し日本も景気が悪化し始めます。これを受け日銀は2001(平13)年3月にゼロ金利を復活させました。この時，操作目標は無担保コール翌日物金利から準備預金量に変更されます。具体的には4兆円程度だった日銀当座預金残高に5兆円程度の目標値設定をして，これを実現するために長期国債の積極買いオペを開始したのでした。これが世界で初めて導入された**量的緩和政策** (QE, Quantitative Easing) です。目標値は後に35兆円まで引き上げられました。

量的緩和が導入されたとき日銀は，『CPI(消費者物価指数)上昇率が安定的に**ゼロ以上**になるまで量的緩和を維持』と表明しました。前回のフォワー

ドガイダンスと違いはっきりした数値目標を設定することで市場の金融政策に対する期待誘導を容易にしたと言えます。また同じ時に導入されたのが補完貸付制度です。これは金融システム不安の払拭を主たる目的として金融機関等の借入申請を受け，担保価値の範囲内で公定歩合 (06 年からは基準貸付利率に名称変更) により翌営業日に返済する資金を受動的に貸付ける制度で「ロンバート型貸出」とも言われます。

　こうして非伝統的政策が金融政策の中心になる時代を迎えました。ただし上で述べたように信用乗数が著しく低下する中で量的緩和が中間目標，最終目標に大きな政策効果をもたらしたという証拠はありません。システム不安が続く中で金融機関が資金繰りに困らないようにして安定を確保したという指摘はあります。むしろ事前的プルーデンス政策の意味合いが強かったのかもしれません (第 6 章を参照)。

3-2　煮え切らなかったアンチ・デフレ (福井総裁時代)

　最初の量的緩和政策は 5 年後の 2006 年 3 月に解除されました。同年 6 月，無担保コール翌日物金利の誘導目標は 0.0％から 0.25％に引上げられゼロ金利も解除されました。さらに 07 年 2 月には同金利の誘導目標は 0.5％に引上げられました。これがわが国における表面的には最後の引締めとなりました。

　「表面的には」と書いたのは，記録として残っている緩和や引締めの動きはコールレートなどの数値の変更しかありませんが，実際のオペレーションはより細かな動きをしているからです。量的緩和を実施および解除したころ (総裁は福井俊彦氏)，日銀は多彩な金融調節手段を機動的に使っていました。短期・長期国債売買による資金の供給 / 吸収をする**買入 / 売出しオペ**を中心として，現先取引 (補論 A) を利用した短期の緩和手段として**国債・CP 買い現先オペ** (国債・CP を「売戻し条件」付きで買入れ)，同じく短期の引締め手段として**国債・CP 売り現先オペ** (国債・CP を「買戻し条件」付きで売却) 等がありました。これらを物価動向に合わせてアクセルとブレーキのように使い分けていたのでした。他に国債等の適格担保を裏付けとして短期資金を貸付ける**共通担保オペ**，日銀保有国債の翌日買

戻しを条件として一時的な国債供給 (資金吸収) をする**国債補完供給**があり，これらを短期のアクセルとブレーキとして使っていました。システム安定化が目的だった部分もあるかもしれませんが，やはり気にしていたのは物価動向であることが下のグラフから窺えます。

図表 5-4　CPI 上昇率と政策金利の推移

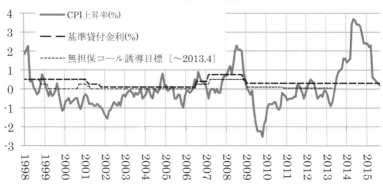

参照：日本銀行および総務省のウェッブ・サイト公開データに基づき作成

　量的緩和が実施されていた 02(平 14) 年初頭に景気が底を打って拡大に転じたことは CPI(消費者物価指数，前年同月比) 上昇率にも表れています。それから 08 年 2 月まで景気拡大は続きます。しかし CPI 上昇が 0 ％から上に頭を出そうとする度，まるで阻止されたかのようにマイナス域に戻っています。04 年に一度 1 ％に近づいた時もすぐ打ち返されてマイナス域に沈みました。時間軸政策で「安定的にゼロ以上になるまで」としていたにもかかわらず，CPI 上昇率がプラス域に躍り出た 06 年前半に量的緩和とゼロ金利を慌てたかのように解除，「安定的ゼロ以上」を阻止するように再度金利を引上げてゼロ以下へと押し込めたのが 2007 年 2 月における「最後の引締め (上記)」だったように見えてしまいます。

　あくまで状況証拠だけの仮説に過ぎませんが，福井俊彦総裁時代 (03 年 3 月〜 08 年 3 月) の日銀はデフレ脱却を旗印にしながら CPI 上昇率がプラスになることはインフレすなわち通貨価値低下につながることとして補助的なオペレーション等を通じ阻止していた可能性が否定できないのです。

それも様々な政策的判断があってのことでしょうから失策とは言い切れません。しかし00年代に(例えば)1%インフレが実現できていたとしたら(その気になればできていた可能性が高いのですが)，後のアベノミクスももっと成果が挙げられたかもしれません。

　因みに08年にかけて2%程度まで上昇しているのは原油高によるコストプッシュ(補論B)によるもので，無理にインフレ阻止の追加引締めを行えば小型の石油ショックを招きかねない故に静観したのだと思われます。このとき総裁はすでに白川氏へと交代していました。

4　異次元緩和とアベノミクスの検証

4-1　白川総裁から黒田総裁へ(08.4 ~ 16.1)

　白川方明(まさあき)総裁が就任したのは2008(平20)年4月です。前総裁時代が景気拡張の追い風だったのに対して新総裁は対照的に逆風の5年間を舵取りすることになります。08年9月にリーマンショックに直面して無担保コールの誘導目標を0.5%から0.3%に直ちに引下げ，同年12月には0.1%に追加の利下げを行いました。

　08年9月の利下げと同時に白川日銀が導入したのが**補完当座預金制度**でした。これは従来無利息とされた日銀当預における超過準備に利息を付すという施策です。法定準備を上回る超過準備は保有するだけ機会費用になるから銀行は融資に回すだろうというのが量的緩和の発想です。しかし信用創造は増えないことを経験的に理解したのか，白川日銀は超過準備をリーマン後，急激に収益悪化する銀行へ「補助金」を付ける対象としてリバイズ(見直し)しました。

　一般には少し忘れられた白川日銀時代(副総裁に西村清彦氏)ですが，後の黒田日銀の下地作り的なこともしています。例えば国債の積極的な買いオペと共に2010年10月以降，ETFやJ-REITなど上場投資信託(第3章)の買入れを実施し徐々に拡大していったことです。これは中央銀行がリスク資産の保有を増やすことでマーケットの萎縮を緩和する**信用緩和**(Credit Easing)と呼ばれる手法です。同政策はリーマン後の米国FRBも導入して

いました。

　加えて，実質的にインフレ目標を導入したのも白川日銀なのです (12 年 4 月)。このときは物価上昇 1 ％を目安にするとしてインフレ目標という表現には慎重でしたが日銀がプラスの物価上昇を政策数値に示した最初でした。そして 12 年 12 月の安倍政権誕生に際し 2 ％インフレという政府意向に従う姿勢を明確にしました。「前任者が白川だったことで黒田はスムーズに異次元緩和へと進むことができた」という評価があってもよいと思います。

　黒田東彦 (はるひこ) 総裁は 2013(平 25) 年 3 月に前総裁の辞職を受けて就任しました。それ以来のブレの無さは，2 ％の**インフレ目標**実現のために実行可能な施策は躊躇なく実行する姿勢に表れています。その緩和策が最初のころ「異次元」と呼ばれた理由について検証しましょう。

　まず操作目標を無担保翌日物のコールレート (金利という一種の価格) からマネタリーベース (量) に変更しました。そして以前よりも規模を大きく拡大して量的緩和 (QE) を再開させました。約 10 年前の QE では日銀当預の目標額は最大でも 35 兆円でしたが，黒田 QE では年間増加量を 60 ～ 70 兆円，つまりかつての最大目標値の倍額を毎年増やしていくとしたのです。そして翌 14 年末目標を 275 兆円と設定しそれ以後毎年 80 兆円ずつ増やしていくと宣言しました。

　マネタリーベースを拡大するための主な政策手段は長期国債の積極的買いオペで日銀の保有残高を年間 50 兆円 (後 80 兆円) 増加させるという具体的数値も示しました。同オペレーションの際立った特徴は，買入れ国債の平均残存期間 (満期までの長さ) を従来の 3 年弱から 7 年程度に延長したことです。発行間もない国債買入は戦時中の日銀引受けにつながるという発想から買入は満期に近い国債のみという方針がありました。これをあっさり覆したことになります。実質的効果としては従来のようにコールレート (操作目標の短期金利) が長期金利 (中間目標の長期国債利回り) に波及するのを待つのではなく (補論 B 参照)，直接中間目標に働きかけその低下を促すことです。長期金利が低下すれば借入れが刺激され，超過準備が信用創造に向かいやすくなると考えられます。

　新たな非伝統的政策が導入されるときに欠かせなくなったフォワードガイダンスですが黒田日銀は『2％インフレ目標を実現 / 安定持続するために必要な時点まで緩和継続』とインフレ目標を明確に示しました。インフレ目標にはどのような意義あるいは効果が期待できるのでしょうか。まず「目標」ということなので，これが人々の予想に働きかけるものだと分かります。中央銀行が例えば異次元の緩和を不退転の決意で実行するなら2％インフレも現実になると人々が確信するかもしれません。そうすると借入れて 1 年後に返済しなければならないお金の価値は 2％割り引かれ実質的に払わなければならない金利 (実質金利) が 2％低下すると期待できます。そう期待した人々によって借入れ需要は増加するでしょう。これが**フィッシャー効果**です。

　従来のゼロ金利政策だと日銀がどんなに頑張って緩和しても金利はゼロ以下に下がりません。ここで下の**フィッシャー方程式**を見ます。

$$実質金利 (i) ＝名目金利 (r)ー期待インフレ率 (\pi)$$

もしここでデフレが期待されれば ($\pi < 0$)，たとえ名目金利 (r) がゼロでも (マイナスとマイナスで) 実質金利はプラスになってしまいます。しかし名目金利がゼロの時に 2％のインフレ率が期待されるならば ($\pi > 0$)，実質金利はマイナス 2％となり「借り得」となるのです。

　黒田日銀の (名目における) マイナス金利は少し後の導入ですが，実質的なマイナス金利は初めから目指されていたことに気づくでしょう。

4-2　黒田日銀のマイナス金利政策 (2016.1 〜現在)

　さて，異次元緩和の実際の効果はどうだったのでしょうか。緩和に対して間髪なく反応したのは外為市場と株式市場でした。

　外国為替市場で何が起こっていたのか。日本における金利低下が予想されれば，相対的に海外の利回りが高くなり海外に投資する魅力が高まります。そのためドルが買われてドル高・円安になります。加えてインフレは購買力から見た円の貨幣価値を低下させます。インフレ期待が先物市場(補論 A) を通じてドル高・円安に導いた面も大きかったと考えられます。

　株式市場においても期待が大きく働きました。上のフィッシャー方程式

から，デフレ脱却への期待が高まり実質金利が低下すれば，実体経済においては借入が増え設備投資が増えます。景気回復が予想され株価は上昇します。しかし借入れの増加は実体経済だけではありません。証券取引においても，金利低下により信用取引のコスト（補論A）が低下するので株式市場に追加の資金が流入してきます。外為における円安進行とも相乗して株価が急回復するのは自然な流れでした。

　では事後的に見て，2％インフレは実現されたのでしょうか。前節に示した**図表5-4**を見ると13年から14年にかけてCPI上昇率は急激に高まっていることがわかります。しかし，この動きは長続きしませんでした。11年に1ドル75円台まで進んでいた円高は黒田総裁就任前から急転換して一時は1ドル126円近くまで円安が進行しました。円安が進行するということは円の対外的な購買力が低下することを意味します。すなわち輸入物価は上昇します。2010年代前半は東日本大震災を受けた原発停止と火力発電依存により石油輸入が増加した時期でした。円安は国内物価の押上げに大きく寄与しました。逆に見ればこの時期のCPI上昇は円安と輸入依存が落着けば終息する性格のものだったのです。異次元緩和の実体経済に対する直接的寄与は，設備投資をある程度増やしたことは事実だとしても，期待されたほどではありませんでした。

　異次元緩和によるマネタリーベースの増加が，どれだけ信用創造を通じたマネーストックの拡大に寄与したかは**図表5-3**からも読み取れますが，最初の量的緩和の時と大きな相違はありません。やはり超過準備は増やせても融資にはさほど結びつけられなかったのです。黒田日銀は政策手段の転換を迫られていました。選んだ施策が，金融危機を鎮めるために欧州の各中央銀行が13～15年に導入していた**マイナス金利政策**でした。

　日銀当座預金の超過準備には，白川総裁時代に導入された補完当座預金制度によって0.1～0.2％程度のプラスの金利が付くようになっていました。この超過準備の一部に対して，16(平28)年1月，市中銀行が年0.1％の利息を日銀に支払うようにしたのがマイナス金利政策の最初です。

　多少の市場混乱など紆余曲折を経て，無担保コール−0.1％程度，10年物国債金利0％程度の誘導目標という政策体系が，16年9月までに確立さ

れました。操作目標は 1 月の段階でマネタリーベースから準備預金金利という利子率に替わり，そしてかつての中間目標であった長期国債利回りへと移り変りました。黒田日銀は償還期間が長い国債の買取りオペを発足当初から大規模に行っていました。その積み重なった経験から長期利回りをダイレクトにコントロールする自信が十分にあったと言います。

　マイナス金利政策は，主に 2 つのルートから最終目標「2％インフレ」実現に貢献することが期待されました。一つは上で述べたフィッシャー効果の強化です。上記フィッシャー方程式でプラスの期待インフレに加えてゼロだった名目金利がマイナスになれば実質金利のマイナス幅を大きくすることができます。しかしながら，金融機関の収益悪化が懸念されたことから，長期利回りはゼロ水準にまでしか下げられませんでした。

　マイナス金利の他の効果は，超過準備のコストを高めることで融資を促進させることです。今一度，信用乗数式を見てみましょう。

$$\Delta M \Uparrow = \frac{1}{\alpha + \lambda + \gamma \downarrow} \uparrow \times \Delta B \uparrow$$

もしも超過準備率 γ が低下させられれば信用乗数は上昇します。同額のマネタリーベースの（$\Delta B \uparrow$）上昇でより多くのマネーストック増加（$\Delta M \Uparrow$）が実現できるわけです。しかし**図表 5-3** のマイナス金利導入以降をみても明確な効果を読み取ることはできません。

　一方でマイナス金利と長期利回りのゼロ化は運用利回りの低下による，①金融機関の経営難，②年金基金の運営難といった深刻な副作用をもたらしているとして（明確な反対とまでいかなくても）消極的な意見が後を絶ちません。本来緊急事態に取るべき政策を長期継続させることにはそれなりの「コスト」が掛かるのです。

4-3　アベノミクス検証のヒント

　黒田日銀の金融緩和の成果は単独で評価することが難しく，ワンセットの政策の一部として評価することが適切であると考えられます。

　2012 年 12 月に成立した第二次安倍政権の打ち出した一連の政策は，経済学的に見れば，極めてオーソドックスなものです。第一の大胆な金融政

策によって 流通貨幣量 (マネーストック) を増やしてデフレマインドを脱却させます。それと並行する第二の機動的な財政政策では経済対策予算によって政府が自ら率先して需要を創出します。ここまでは，かつて経済学部生の誰もが勉強したポリシー・ミックスそのものです。唯一 21 世紀的な部分は第三の民間投資を喚起する成長戦略です。そこでは民間企業や個人が真の実力を発揮できる社会を実現すると謳っています。

　第一の大胆な金融政策によって最初，円安の影響もあってインフレ率が高まったのですが，インフレによって一般に低下が期待できる失業率は当初は期待されたほど低下しなかったのです（後に一定程度改善）。これはバブル崩壊後の 90 年代に日本の経済構造が変化し自然失業率 (労働市場の需給が調整された長期均衡状態における失業率) が上昇してしまっている，つまり緩和をしても労働が吸収されにくい構造ができてしまっている可能性が指摘できるわけです。換言するならば，この雇用創出が難しい構造が変化しない限り，第二の機動的な財政政策によっても一時凌ぎの緩和にしかならず，トレンドとしての雇用拡大，経済成長には結びつかないことになります。

　そこで必要になるのが第三の成長戦略であり，そこに財政政策が合力するよう策定されることが望まれます。しかし 2018 年度の歳出内訳をみると①社会保障費 (33.7％)，②国債費 (23.8％ (債務償還費：14.6％，利払い費等：9.2％))，③地方交付税交付金等 (17.7％)，④**公共事業費** (6.1％)，⑤**文教及び科学振興** (5.5％) となっています。成長戦略と結びつく④，とくに⑤について日本は OECD 諸国中，最低レベルなのです。

　現代経済学において効果的な成長戦略としては，①適切な競争政策 (国内市場における競争と参入を促進する)，②教育投資 (イノベーションを受け入れたり促進したりするための教育に力を入れる)，③変動性とリスク縮減 (政策運営の方針を明確にし，その予測可能性を高めて不確実性を低減)，④交易の自由化 (例えば TPP 交渉を進展させること)……といったファクターが挙げられています。逆に政府のやりたがる (統合型リゾートのような) 特定分野の支援策は，利権問題もさることながら，①政府による成長分野を発見する能力の限界，②企業の市場軽視を導く危険から成長にとってはマイナ

ス要因にしかならないといった批判を受けているのです。

　経済学の主流も時を経て変化していくので，最適とされる成長戦略に関する見方も今後変わっていくのでしょう。しかし日本の政府部門による資金配分がアベノミクス成功に結びつかなかったことは確かなようです。

　黒田総裁時代の緩和政策は日銀の歴史の中で異彩を放つものですが，実物経済で使われない過剰流動性による株式等流通市場の活況を生んだ以外，総合的な経済政策の一部として活かされなかった可能性があります。また追い風だった 10 年前に同様の緩和が実施されていたらデフレ脱却は容易にできた可能性もあります。しかしながら，新型コロナ恐慌の最中において，アンチ・デフレの大胆な金融緩和策が継続されていたことは，あるいは大きな幸いであったと後世で評価されるかもしれません。

補論B　金融政策についての諸論

1　フォワードガイダンスの基礎となる理論

1-1　金利の期間構造

　1999年にゼロ金利政策が導入されたときから政策効果を高めると期待されたものがフォワードガイダンス(時間軸政策)です。いったいどのようなメカニズムが想定されているのでしょうか。

　基礎となっているのは**金利の期間構造**という理論です。これは**図表B-1**に描かれたような金利における「満期(償還までの期間)の長短」と「水準の高低」との関係を示したものです。

図表 B-1 金利の期間構造

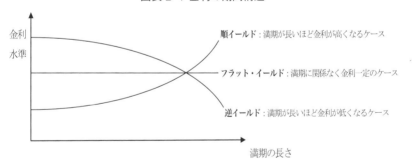

　主なパターンとしては，満期が長いほど金利が高くなる順イールド，反対に満期が長いほど金利が低くなる逆イールド，満期に関係なく金利一定のフラット(・イールド)が挙げられます。他にも，この3つを組み合わせた(途中まで上がって下がるような)いくつかのパターンがあります。

　上の主要3パターンがどのような理由で生じるのかについては，いくつかの説明が可能です。フォワードガイダンスとの関連でいえば，純粋期待

理論 (仮説) から説明するのがよいでしょう。**純粋期待理論**とは，長期金利が将来における短期金利の予想 (期待，expectation) にもとづいて決まるという考え方です。

1-2　金利裁定式

　以下，簡単な数式を使って純粋期待理論について説明します。

　第 i 期の短期金利を記号 r_i で表します。これは期ごとに (短期間で) 変化する変動金利を表します。これを２段階アプローチの操作目標とします。おなじ第 i 期に成立する長期金利 (中間目標) を記号 R_i で表します。こちらは期が変わっても (長期間) 適用される固定金利を表しています。

　投資家には二つの選択肢があるとします。投資方法Ａは n 期間にわたって毎期毎期，短期変動金利で再投資を繰り返すやり方です。投資方法Ｂは長期固定金利で n 期間にわたり複利で運用をするやり方です。現在を「$i = 0$」とすると，n 期間後における投資額 1 円当りの元利合計は，投資方法Ａも投資方法Ｂも同じになると考えられます。すなわち，

$$(1+r_0)\,(1+r_1)\cdots(1+r_{n-1}) = (1+R_0)^n$$

これを**金利裁定式**と言います。仮にイコールではなく，

$$(1+r_0)\,(1+r_1)\cdots(1+r_{n-1}) < (1+R_0)^n$$

だったとすれば，長期固定で運用している市場 (長期市場) に資金が流入して，長期金利は裁定式が成立まで低下することでしょう（一方で $r_0 \sim r_{n-1}$ は上昇します）。反対に，

$$(1+r_0)\,(1+r_1)\cdots(1+r_{n-1}) > (1+R_0)^n$$

であれば，再投資を繰り返す短期市場に資金が流入して，短期金利は予測値も含めて裁定式が成立するまで全体に低下することになります（一方で R_0 は上昇します）。このように，より収益が高い方向へと資金を移動させる行為を「裁定」と呼びます。

　さて説明を出来るだけ簡単にするため，短期は 1 期間，長期は 2 期間

(n=2) としておきます。現在の短期金利r_0で1期間資金運用した元利金(元本＋利息)は投資額1円当り $(1＋r_0)$，これをさらに1期後に予想される短期金利r_1で1期間運用すると $(1＋r_0)(1＋r_1)$ が得られます(投資方法A)。一方で現在の長期金利R_0で2期間複利運用すれば$(1＋R_0)^2$になります(投資方法B)。裁定が行われる限りどちらの方法で運用しても投資額1円当りの元利合計は等しくなるので，

$$(1+r_0)(1+r_1) = (1+R_0)^2$$

という金利裁定式が成立します。

1-3　金利の期間構造と純粋期待理論

　では金利の期間構造について，純粋期待理論にもとづいて説明します。もし短期金利がこれから上昇していく ($r_0 < r_1$) と予想(期待)されるとしたら，上記の金利裁定式では長期金利R_0が現在短期金利r_0と将来短期金利r_1の(相乗)平均の形をとっているので，大小関係「$r_0 < R_0 < r_1$」が導けます。すなわち短期金利の上昇が予想(期待)されるときは「現在の短期金利＜現在の長期金利」すなわち順イールドになります。反対にもし短期金利がこれから低下していく ($r_0 > r_1$) と予想されたなら，同様の理由で「現在の短期金利＞現在の長期金利」である逆イールドになります。そして短期金利が不変 ($r_0 = r_1$) と予想されれば「現在の短期金利＝現在の長期金利(フラット)」になると説明できます。

　純粋期待理論のエッセンスについてお話ししました。しかしながら，現実に観察される金利は殆どの場合「順イールド」です。この偏り(バイアス)が生じる理由を説明するのが流動性プレミアム仮説です。人々は便利で信頼のある貨幣(流動性)を長期間手放しておくのに抵抗を感じます。そのため満期が長くなるほど金利の上乗せ(流動性プレミアム，もしくは期間スプレッド)を大きくしないと資金が調達しにくくなります。そのため満期が短期の金融商品よりも満期が長期の金融商品の方が一般に金利は高くなると考えられます。

　純粋期待理論と流動性プレミアム仮説はどちらかが正しいというもので

はなく，それぞれ現実の一端を捉えていると考えるべきでしょう。確かに順イールドはその名の通り日常的に見られる金利期間構造に当てはまりますが，大幅な短期金利低下が予測される場合に逆イールドが起こることは現実に観察されています。これは流動性プレミアム仮説だけでは説明不可能です。両仮説 (理論) は補完関係にあると見なすべきです。以下はあくまで話を簡単にするため純粋期待理論のみにもとづいてフォワードガイダンスの効果について説明します。

1-4　期待理論とフォワードガイダンス

　引続き現在を第 0 期とし，第 1 期にまたがる 2 期間の運用を想定して，上記の金利裁定式を使用します。

　金融政策が発動される前の状態を，

$$短期金利；r_0 = r_1 = 0.1(10\%)$$

と仮定します。すると金利裁定式より，

$$(1+0.1)(1+0.1) = (1+R_0)^2,$$

よって長期金利；$R_0 = 0.1(10\%)$ となります。ここで金融緩和が行われ，現在短期金利 r_0 が 5% (0.05) に引下げられたとします。しかし 1 期後に予想される短期金利 r_1 はそのまま 10% (0.1) だったと仮定しましょう。その場合，金利裁定式より，

$$(1+0.05)(1+0.1) = (1+R_0)^2,$$

長期金利 R_0 は，0.074709・・・(約 **7.47%**) という現在の短期金利 5% と 1 期後の予想短期金利 10% のほぼ中間の値まで低下します。

　ここで例えば短期金利引下げと同時に「金利 5% は今後もしばらく継続する」という**フォワードガイダンス**が添えられたとしましょう。中央銀行のアナウンスを信じた市場参加者たちは来期の短期金利を 5% (0.05) と予測します。すると，金利裁定式は，

$$(1+0.05)(1+0.05) = (1+R_0)^2,$$

となり，長期金利 R_0 は 0.05(5%) という短期金利と同水準にまで低下します。つまり「一言」添えられたフォワードガイダンスによって操作目標 (短期金利) から中間目標 (長期金利) への政策効果を増幅させることができ

たのです。例えばデフレ脱却まで緩和を強化し続けるなど，ガイダンスの
中身次第でさらに効果が増す可能性も考えられます。

　但し，中央銀行のガイダンスが信用されなければ効果は生まれません。
黒田日銀が何年もブレなく２％インフレ目標を継続させてきたことは，こ
の信用を担保する上で非常に重要なポイントなのです。

2　インフレ理論とデフレ理論

2-1　ディマンドプル・インフレ

　以下では，日銀金融政策の最終目標である「物価の安定」と関わるイン
フレおよびデフレの諸論について考察します。

　インフレーションとは一般物価水準（P）が継続的に上昇する状態のこ
とです。インフレには大きく分けて２種類あることが知られています。

　一つ目は**ディマンドプル・インフレ** (Demand-pull Inflation) です。これは
財サービス市場全体として常に需要が供給を上回ることによって物価が上
昇し続けるインフレーションのことです。需要が常時供給を上回ることと
なる原因として伝統的な経済学は貨幣供給量（M，マネーストック）の過
剰増加を指摘してきました。次の**数量方程式**はマクロ（一国）経済の基本
関係を表しています。

$$MV = Py$$

　V は流通速度（一国経済で通貨１単位が一定期間に何回取引に使われるかを
表す指標）です。マネーストックに V を掛けた左辺は一定期間における総
貨幣取引量を示しています。小文字 y は実質総生産（取引量）を意味して
おり，これに物価水準 P を掛けた右辺は名目総生産（取引量）を示してい
ます。つまり数量方程式とは，一国経済において貨幣取引量（左辺）と名
目取引量（右辺）とが等しくなることを表しています。

　経済学者ケインズは，貨幣が財サービス以外（金融投資など）の様々な
取引に用いられることを指摘して数量方程式を批判したことが知られてい
ます。その指摘は当を得ていると思いますが，行き過ぎたように見えるデ
フォルメも時として現実の一端を明らかにするのに役に立つ場合もありま

す。そこで以下では数量方程式をそのまま使いたいと思います。

　ここで二つの仮定「① V は一定 (安定), ② y は財市場で M と独立に決定」を置きます。いま数量方程式の両辺を V で割って、流通速度の逆数「$1/V$」を「k」とします (「マーシャルの k」と言います)。すると次式を得ます。

$$M = kPy$$

これがケンブリッジ方程式です。もし流通速度 V が一定ならば k は，定数として扱えます。そこでケンブリッジ方程式を「$P =$」の式に直して，変化率に改める (微分する) と，

$$\frac{\Delta P}{P} = \frac{\Delta M}{M} - \frac{\Delta y}{y}$$

と書き表すことができます。ここから経済学者ミルトン・フリードマンに代表されるマネタリストの主張が導けます。すなわちマネーストック M の増加率 ($\Delta M / M$) が実質総生産の増加率 (＝経済成長率)($\Delta y/y$) を上回る分だけ，インフレ率 ($\Delta P/P$) が上昇するという主張です。言い換えると「マネーストックの増加率が実質成長率を超えるほど物価上昇 (インフレ) は加速する」ということです。現実の説明力は別にして 2％インフレを目標とした量的緩和は，こうした理論を出発点にしています。

2-2　コストプッシュ・インフレ

　もう一つのインフレの形態が**コストプッシュ・インフレ** (cost-push inflation) です。経済全体として何らかの理由により生産コストが上昇することで生み出されるインフレーションのことです。

　費用面からみた価格 (p) は，①単位労働コスト (w：生産物 1 単位当たりの人件費)，②労働外単位コスト (原料費・エネルギー費等)，そして③利潤 (生産物 1 単位当たり) の合計です。

　そこで「②労働外コスト＋③利潤」の①単位労働コスト に対する比率を**マークアップ率** (m) と定義します。そして労働 1 単位の時間当たり生産量 (一人が 1 時間に生産できる商品単位数) を**労働生産性**と定義します。すると，単位労働コスト w は次式によって表されます。

$$w = 時間当たり賃金 \div 労働生産性$$

ここから財サービスの価格 p は次式のようになります。

$$p = (1+m) \times w = (1+m) \,(\,時間当たり賃金 \div 労働生産性\,)$$

経済全体として生産コスト (①あるいは②) が上昇した場合，財サービスの価格上昇により一般物価水準の上昇 (インフレ) が発生します。

　コストプッシュ・インフレの原因の一つは労働生産性の伸び以上に時間当たり賃金が上昇することによる「①単位労働コスト w の上昇」です。そこでインフレ対策を賃金抑制の方向で考えるか，労働生産性を高める方向で考えるか二種類あることに気づかされます。短絡的に考えれば前者でしょうが，経済の長期発展を望むなら後者が必要です。

　コストプッシュ・インフレのもう一つの原因は原材料価格・エネルギー費用の上昇です。石油ショックが代表的な例です。たとえ単位労働コスト w が一定でも「原料費・エネルギー費 (②)」の上昇はマークアップ率 m を高めることで価格 p を上昇させます。

　外国為替が円安ドル高になった場合も，輸入原材料の円表示価格が上昇することによって，コストプッシュ・インフレ要因となります。石油ショックは 1973(昭 48) 年に起こりますが同じ年日本は変動相場制に移行しました。後で進んだ円高は輸入原材料の円表示価格を低下させる効果を持ちました。そのおかげで石油ショックによるコストプッシュ・インフレがいくらか緩和されたと考えられます。

2-3　デフレ・スパイラルの怖さ

　デフレーションとは，一般物価水準 (P) が継続的に下落する状態を意味します。インフレの場合と同じように，デフレの発生も供給サイドの要因と需要サイドの要因の両方があります。

　供給側から見ていきましょう。原材料価格の継続的下落はデフレ要因になります。上で述べたように，インフレにおけるコスト・プッシュの反対で，円高の進行によって輸入価格が下落してもデフレは生じます。あるいは技術革新によって時間当たり賃金の伸び以上に労働生産性が上昇して単位労働コストが下がれば，これもデフレ要因となります。これらケースでは「物価下落」と需要増による「生産量 (実質総生産) 拡大」が同時に起

こり得るわけでモノが安くなって実質 GDP が増える良性デフレと呼ぶこ
とも可能でしょう。但しあまり観察されないレアなケースです。

　通貨当局がデフレ脱却と言って克服を目指しているのは，需要側の原因
に基づくデフレ，経済全体の需要後退によって引き起こされるデフレー
ションです。こちらは「物価下落」が「実質総生産の下落 (不況)」を伴
なうもので悪性のデフレと呼べます。残念ながら一般的なケースです。し
かしデフレが脱却すべきものとされる理由は単に不況を伴なうからだけで
はありません。

　第 5 章に出てきたフィッシャー方程式に再登場してもらいましょう。

$$\text{実質金利 } i = \text{名目金利 } r - (\text{期待 or 実現}) \text{インフレ率 } \pi$$

デフレすなわちマイナスのインフレが発生すると，名目利子率 r が変わら
なければ，借り手が支払うべき実質的な金利が上昇します。そうすると経
営者は追加の借入を減らして設備投資等が抑制されるので，投資需要の減
少から景気の足を引っ張る要因となります。このような負のフィッシャー
効果が甚だしいと悪いことが連鎖して起きるようになります。需要減少か
ら実質総生産が低下すれば，デフレは深刻化して企業利益は減少していく
ことになります。その次に来るのは雇用悪化です。失業率が上昇すれば (投
資需要に比べて安定的とされる) 消費需要も抑制され更にデフレは深刻化し
ます。ネガティブ・スパイラルが続くのです。

　さらに金融要因が加わると落ち込みは増幅されます。利益が減少した企
業および職を失った労働者の借入金返済が困難となり，銀行の不良債権が
山積していきます。リスクを抱えた銀行は貸出を抑制するでしょう (貸し
渋り)。資金繰りに困った企業の倒産が増大していきます。そして都市に
失業者が溢れる泥濘のような負のスパイラル (**デフレ・スパイラル**) が続い
ていきます。

　1930 年代の大不況の例が示すように，いったんこのスパイラルに陥る
と抜け出すことが難しいと言われています。そのためデフレは深刻化する
前に何としても抜け出すべき政策課題とされるのです。

3　フィリップス曲線とインフレ目標

3-1　フィリップス曲線の理論と政策含意

　インフレーションの基本理論に基づいて，第5章で述べたインフレ目標の意味について体系的に捉えなおしてみましょう。

　まず第4章で言及したフィリップス曲線(**インフレ率**と**失業率**のトレードオフを示すグラフ)を上記コストプッシュ・インフレの経済モデルを使って再定義します。財サービスの価格は次式で表されました。

$$p =(1+m) \times w= (1+m)(時間当たり賃金÷労働生産性)$$

ここでマークアップ率mと労働生産性を一定と仮定しましょう。すると価格pは時間当たり賃金に比例することが分かります。

　さて，失業率が低下(増大)するということは企業による労働需要が増加(低下)することを意味します。この時，労働市場における需給が逼迫して(緩んで)，時間当たり賃金は上昇(下落)，価格全般が上昇(下落)することとなります。このようにして，失業率が低下(上昇)すれば一般物価水準が上昇(低下)するという，フィリップス曲線が示す負の相関を理論づけることができます。

　かつて失業率と物価水準のトレードオフ関係から導ける政策含意は，「インフレ抑制のため失業率上昇を甘受すべし」あるいは逆に「失業率を引下げるためにインフレ上昇を許容せよ」の何れかでした。79年に，FRB(ポール・ボルカー議長)は「インフレ抑制，失業甘受」の方向に舵を切りました。その結果，米国の失業率は戦後最悪水準にまで急上昇しました。その一方で物価はじわじわと低下していきました。因みに米国FRBは伝統的に先進国中でもっとも雇用を重視する中央銀行として知られ，ボルカーはむしろ異端的です。

　しかしながら，ここから理論では説明が難しいことが生じます。引締めによってインフレは低下しその後大きく再上昇することはありませんでした。その一方で，一度上がった失業率は徐々に低下して行きました。従来のフィリップス曲線からは説明できない現象です。

3-2　短期フィリップス曲線の理論

　次に述べる短期フィリップス曲線の理論は，フォワードガイダンスのところでも使った期待概念を応用しています。一つの特徴は名目賃金率 (w^n) に代えて，次式で定義される実質賃金上昇率 ($\Delta w^r/w^r$) を使うところです。

$$\Delta w^r/w^r =名目賃金上昇率 (\Delta w^n/w^n) -期待インフレ率 (\pi^e)$$

ここでは，企業も労働者も将来の期待インフレ率を織込んで行動をしていると考えます。名目的に賃金が上昇しても将来的に物価が上昇した分だけ実質的な賃金の上昇は低くなってしまいます。場合によっては実質賃下げになってしまうことだってあり得ます。そういったことを雇う側も雇われる側も理解して行動すると考えるのです。

　もう一つ重要なのが**自然失業率** ($\bar{u}$) という概念です。自然失業率は労働市場が均衡し，実質賃金率が変化しない失業率のことで，そこでは物価水準が安定もしくは物価上昇率が一定になります。

　金融緩和によって失業率 (u) が低下 (増大) すると，労働市場が逼迫することによって実質賃金上昇率が増加 (低下) するというフィリップス曲線の考え方に期待インフレ概念を含めたものが B-1 式です (係数 $\alpha > 0$, 定数項 β)。

$$\frac{\Delta w^r}{w^r} \left(= \frac{\Delta w^n}{w^n} - \pi^e \right) = -\alpha \times u + \beta \qquad (B-1)$$

ここで<u>実質賃金の変化がゼロ</u>とすると$-\alpha \times u + \beta = 0$，すなわち$u = \beta / \alpha$，このような失業率（ β / α ）を<u>自然失業率$\bar{u}$</u>と定義します。B-1 式を書換えて，

$$\Delta w^n / w^n = \pi^e - \alpha \times u + \beta = \pi^e - \alpha(u - \beta/\alpha)$$

$$\Delta w^n / w^n = \pi^e - \alpha(u - \bar{u}) \qquad (B-2)$$

マークアップ率と労働生産性が一定なら，名目賃金上昇率 ($\Delta w^n/w^n$) はインフレ率 (π) と同じになるので，B-2 式は次のように書き換えられます。

$$\pi = \pi^e - \alpha(u - \bar{u}) \qquad (B-3)$$

これを**短期フィリップス曲線**と呼ぶことにしましょう。「短期」とは「物

図表 B-2　短期フィリップス曲線の政策的含意

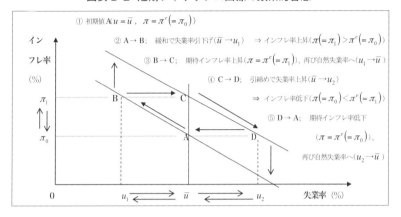

価が変化するまでの短い間」という抽象的な概念です。**B-3** 式から言える
ことは，現実の失業率 (u) が自然失業率 ($\bar{u}$) と同じなら現実のインフレ
率 (π) と期待インフレ率 (π^e) は一致しているということです (**図表 B-2**
の①初期値 A)。

　いま金融緩和によって現実の失業率 (u) が自然失業率 ($\bar{u}$) を下回る水
準に引下げられたとしましょう。**B-3** の括弧内はマイナスとなり現実のイ
ンフレ率は期待インフレ率を上回ります ($\pi > \pi^e$，②A→B)。

　しかしインフレ率が高くなるという経験をすれば人々の期待インフレ率
(π^e) も同様に上昇します。そして再び現実のインフレ率 (π) と一致した
なら **B-3** より失業率 (u) は自然失業率 ($\bar{u}$) の水準に回帰します (③B→C)。

　つまり緩和によって失業率を人為的に引き下げても (A→B)，低失業率
は持続可能ではない (B→C) のです。

　この時インフレ率と期待インフレ率は，一段高い水準に上昇しているの
で短期フィリップス曲線は上方にシフトしています。緩和によって低失業
率を維持するためにはインフレ率を更に高めていくしかありません。フィ
リップス曲線は更に上昇し，インフレ率は益々上昇していくことになりま
す。短期フィリップス曲線の提唱者たちは，こうした理論を使って 70 年
代アメリカにおける高インフレの原因を説明しました。

3-3　インフレ目標と金融政策

　さて今度は上記のボルカー FRB のように高まってしまったインフレ率を抑制する場合について，同じ短期フィリップス曲線 (**図表 B-2**) を使って考えます。中央銀行が引締めによってインフレ率を低下させると，最初失業率が上昇します (④ C → D)。ボルカー・ショックはこの局面です。しかしやがて期待インフレ率が低下します。それに伴いフィリップス曲線は下方シフトします。つまり行き過ぎた緩和の場合とは逆のプロセスを辿って，失業率は自然率水準へと回帰していくわけです (⑤ D → A)。

　ここである重要な事実に気づかされます。フィリップス曲線をインフレ抑制と同時に引下げられたなら，失業率を高めることなく低インフレが実現できるのではないか (C → A)，そのような希望が湧いてくるのです。それには引締めと同時に期待インフレを低下させればよいはずです。その方法として考え出されたのが**インフレ目標**と言ってよいでしょう。

　インフレ目標政策のポイントは 2 点です。一つは中央銀行がインフレを 2％なら 2％に引き下げると言ったら絶対引下げるはずだという人々の確信です。そしてもう一つは引締めると言ったら断固引締める中央銀行の行動力です。信頼と行動力はコインの表裏と言ってよいでしょう。

　そして以上とは逆の発想で，デフレ経済からの脱却を目指して 2％インフレ目標を掲げたのが他でもないアベノミクスだったのです。日銀が大胆な緩和継続を約束 (コミット) し，人々の期待インフレ率が高まってフィリップス曲線が上方シフトすれば，現実インフレ率も高まってデフレ脱却が叶う……そんな発想でした。

　しかし仮に一旦期待インフレが高まったとしても現実のインフレ率が高まらなければ期待はやがて元に戻ってしまいます。また短期フィリップス曲線の理論自体に現実との齟齬がいくつか認められるのです。例えば人々の期待インフレはモデル化された以上に複雑であると考えられます。「 π^e 」は将来の政策予想だけで決まるわけではないでしょう。過去の物価変動やその他実体経済要因の影響を受けているはずです。また現実のインフレも短期フィリップス曲線理論が想定するよりもおそらくもっと複雑でしょ

う。「π」は期待インフレ以外に為替レートその他諸変数の影響を受けると考えらます。より現実的な理論に裏付けられた金融政策が求められる一方，現在の金融政策に対する過度の依存は慎むべきかもしれません。

第6章　システムのコントロール2；
プルーデンス政策

1　はじめに

　金融システムの働きを通して一国経済 (マクロ経済) を物価安定等の観点から制御しようとするのがここまでにみてきた金融政策（monetary policy）でした。本章の主題であるプルーデンス政策 (prudential policy) はその金融システムが正常に機能する (安定化する) ための諸施策です。

　プルーデンス政策はシステムの不安定化を未然に防止する事前的政策，一部の不安定要素がシステム内で拡大することを防止する事後的政策の二種類に大きく分かれます。第 2 節では銀行を対象とした事前策であるバーゼル (BIS) 規制が導入されるまでと同規制の初期形態について振り返ります。第 3 節ではバーゼル規制の過去 30 年間の歩み，および証券会社や保険会社を対象とした各種のプルーデンス政策について紹介します。第 4 節では事後的政策の体系について解説します。そして第 5 節で日本のプルーデンス政策の担い手である金融庁を始めとした行政組織の歩み，現状，そして課題について考えていきます。

2　競争制限から競争前提の規制へ

2-1　事前的プルーデンス政策の始まり

　事前的プルーデンス政策とは金融機関が破綻するのを未然に防止するための規制と措置の体系です。この言葉が日本で普及しだしたのは金融ビッグバンが始動した頃, 90 年代後半でした。プルーデンス (prudential) とは「慎重な」「思慮深い」という意味です。その反対の無思慮で放漫な，破綻を

導く金融機関経営を排除するための規制や罰則の体系を意味します。考え方としては以前からありましたが，中身は時代と共に変わりました。

　出発点は古くから存在する流動性リスクを防御することでした。昭和金融恐慌のような全国的な取付け騒ぎをいかに防ぐかです。銀行取付けが問題化する元々の原因は預金払出しに備えて手元に残す準備金を預金残高の一部でよいとする部分準備制度にあります。第 2 章でみたように銀行は多人数から預金を集めることで引出し時期を分散させて長期融資を実現します。しかし風評被害も含め預金引出しが一時点に集中すると支払い準備の不足から銀行は休業に追い込まれ破綻に至ります。そうならないために戦前から一県一行主義や株式会社化による銀行の経営基盤強化と世間的信用の向上が目指されました。加えて徹底的な競争回避により銀行の経営破綻の可能性を封じたのでした (序章)。

　しかしながら，80 年代以降，自由化と国際化がグローバルな潮流となる中で日本だけ競争制限的規制で銀行破綻を封じこめる戦略を続けることは，資本の海外逃避により金融の空洞化を加速させると考えられました。そうした時期に登場したのが国際決済銀行 (BIS) が提唱した「競争を前提とした金融規制」でした。

　国内で銀行間の債権債務を決済 (settle) しているのが各国中央銀行です。その各国中央銀行間に生じた債権債務を決済するのは国際決済銀行 (BIS) の役割です。BIS は 1930(昭 5) 年，スイスのバーゼルに設立されました。バーゼルはドイツ，フランス，スイスの三国が国境を接するライン川ほとりの街です。各国中央銀行の外貨準備を預かり中央銀行間の決済を仲介することが設立当初からの目的でした。

　BIS は戦後，中央銀行同士の意見交換の場 (常設委員会など) を提供するようになりました。支払い・決済システム委員会 (CPSS) は，中央銀行が各国の清算・決済システムやクロスボーダーまたは多通貨決済スキームの動向について監視および分析を行うためのフォーラムです。グローバル金融システム委員会 (CGFS) は，主要国・地域の中央銀行副総裁・理事等をメンバーとして国際金融市場の潜在的な不安定要因を特定・評価するなど国際金融市場の機能と安定性の向上を目指しています。そしてバーゼル銀

行監督委員会 (BCBS) は国際業務を行う市中銀行の規制 (バーゼル規制) を
整備する役割を担っています。

2-2　BIS 規制の基本的考え方

　第 2 章第 5 節でみてきたように，通常であれば銀行は担保や保証，各貸
倒引当金によってリスクを吸収する能力があるものと考えられます。しか
し金融危機や大災害のケースなど想定を上回る損害の可能性にも配慮して
おく必要があります。たとえそれら想定外のリスクが現実のものとなって
も，自己資本比率が一定以上に保たれていれば不足する貸倒引当金を準
備でき損失処理は容易になります。預金者に影響を及ぼすことはなく，取
付け等によって引き起こされるシステミック・リスクの心配はなくなるで
しょう。

　BIS 規制は個々の金融機関の自己責任を前提としています。よって銀行
どうしの競争は制限されません。市場メカニズムを通じた効率的な資源配
分も実現します。さらに国際的に活動する各国銀行が，同一の規制に従う
ことによって公平な競争環境が生み出されます。これら経済学的に見た利
点も BIS 規制の導入に期待されたことでした。この最後の「公平な競争
環境」という視点が，欧米の金融機関を次々買収していったバブル期邦銀
のプレゼンスを弱体化させる意図があると当初言われたものです。日本の
金融機関は低コストの借入金によって巨額買収を実行する一方で，自己資
本比率に関しては先進国中で最低水準でした。高い自己資本比率を義務付
けることによって邦銀の買収力が弱められるというのは確かに論理として
筋が通っています。しかし BIS 規制自体はバブル以前の 70 年代前半から
構想され検討されて来たアイディアです。1988 年から国際決済銀行によっ
て参加が呼びかけられ，日本も 92(平 4) 年 4 月から参加しました。

2-3　初期の BIS 規制（バーゼルI）

　後にバーゼルⅠと呼ばれる初期 BIS 規制は一種の自己資本比率規制で
すが,その計算式は**リスクアセット・レシオ**という特殊なものです (次式)。

$$risk\ asset\ retio = \frac{\text{基本的項目}(Tier1)\ +\ \text{補完的項目}(Tier2)\ -\ \text{控除項目}}{\text{信用リスク量}} \times 100 \geq 8(\%)$$

これは**リスクアセット**(信用リスク量)に対する**自己資本**の比率(%)です。国際的に活動する銀行は同比率を8パーセント以上にすることが求められました。分母は銀行が直面している信用リスクの大きさを表すリスクアセットという概念です。その大きさを計測するために次の計算式が使われます。

$$risk\ asset = a_1w_1\ +\ a_2w_2\ + \cdots +\ a_nw_n = \sum_{i=1}^{n} a_i w_i$$

　銀行は公衆から預金を集めて,それを様々な資産に運用します。資産にはリスクが大きいモノから小さいモノ,ほぼ無リスクと言ってよいものまで様々です。上の式は何種類もある銀行の保有資産について,各々の保有額($a_1 \sim a_n$)に各々の**リスク・ウェイト**($w_1 \sim w_n$)を乗じた数値をすべて足し合わせたもの(加重平均)です。リスク・ウェイトとは資産毎のリスクの程度を表した乗数です。バーゼルⅠの場合でいえば資産の発行者によって政府0%(0.0),政府関係機関10%(0.1),銀行/証券会社20%(0.2),一般企業100%(1.0)のように決まった数値(0〜1)が割り当てられました。

　ある銀行の運用資産(単位;億円)が国債200,政府関係機関債50,銀行社債25,企業融資210とすれば,当該銀行のリスクアセット(信用リスク量)は,

　200 × 0.0 ＋ 50 × 0.1 ＋ 25 × 0.2 ＋ 210 × 1.0 ＝ 0 ＋ 5 ＋ 5 ＋ 210 ＝ 220(億円)

と計算されます。このリスク量に対してどれだけの自己資本を持っているかが当該銀行のリスク耐性を示すこととなります。

　分子の自己資本は**図表6-1**のように三つの部分から成り立っています。

　基本的項目(Tier1)は株主資本,各種準備金や剰余金など,バランスシート上の(本来の)自己資本項目です。リスクアセット・レシオにおける自己資本の役割はリスクの吸収にあります。従って,本来の自己資本以外にもリスク緩衝機能を果たすなら分子に加えていいと考えられたのが**補完的項目**(Tier2)です。ここには劣後債など(直ちに返済請求されない)負債性資本,

図表6-1　自己資本の各項目と内容

項目	内容
基本的項目 （Tier 1）	資本勘定；株主資本(コアTier1)，各種準備金，剰余金など
補完的項目 （Tier 2）	①有価証券含み益の45%相当額， ②不動産再評価益の45%相当額，③一般貸倒引当金 ④負債性資本(各種劣後債 →資本に準ずると見做される)等
控除項目	①銀行相互間の意図的な株式持合い ②配当等社外流出予定額

＊ Tier2 は Tier1 の額を上限に算入

　一般貸倒引当金，それに有価証券含み益と不動産再評価益（いずれも値上がりしたことによる未実現の利益）の45％相当額を算入できます。ただしTier2 の参入可能額は Tier1 の金額を超えることが出来ないという制限があります。そして**控除項目**として，①銀行相互間の意図的な株式持合いは資本のかさ上げになるため除外され，②配当などの社外流出予定額も差し引かれます。

　ある銀行は自己資本項目(単位；億円)として，株主資本5，各種準備金2，剰余金3，一般貸倒引当金1，発行劣後債1，有価証券含み益10，不動産再評価益10，配当等社外流出予定額1.5であったとします。Tier1 の（5＋2＋3＝）10億円に対し，Tier2 はそのまま計算すれば

$$1 + 1 + (10 + 10) \times 0.45 = 11$$

ですが，Tier1 が参入上限のため10億円となります。よって自己資本は，

Tier1 ＋ Tier2(≦ Tier1) －控除項目＝ 10 ＋ 10 － 1.5 ＝ 18.5（億円）

と計算されます。先の数値例で計算したリスクアセット220億円を使えば，

$$(18.5 \div 220) \times 100 = 8.409090\cdots(\%)$$

というリスクアセット・レシオが算出されます。これは8.0パーセントを超えているので規制はクリアしていることになります。

3 バーゼル規制 - 試行錯誤 30 年 -

3-1 バーゼルIの改良

　当初の BIS 規制は，カヴァーする範囲が信用リスクだけでした。当時欧米銀行は有価証券などへの運用を積極化させていましたから市場リスクを対象に加えることが喫緊の課題でした。

　1997 年, BIS はバーゼル I の基本枠組みはそのままにして，銀行のトレーディング勘定における市場リスクを分母に加える改良を施します。銀行には預金や貸出しといった一般的銀行取引を経理する**銀行勘定**と，それとは明確に区分された**トレーディング勘定**があります。トレーディング勘定では有価証券などの短期的な売買益の確保を目的とする取引が経理されています。

　市場リスクを計測する方法としては VaR(Value at Risk) という計測技法が採用されました。当時の基準で言うと 95％の確率の中で起こりえる最大損失額を市場リスクとみなしました。それと同額以上の追加の自己資本を保有してリスクアセット・レシオ 8％ (0.08=1/12.5) 以上になるよう市場リスクには係数 (12.5) を掛けて分母に加えられました。

　追加の自己資本が必要になるわけですが，多くの邦銀にとってトレーディング勘定が当時それほど大きな割合でなかったことが幸いでした。

3-2 早期是正措置，導入の影響

　90 年代に BIS 基準を満たせなくなった邦銀は次々海外から撤退しました。しかしながら，基準を満たせなくなっても国内的に困らなかったのは明確な罰則規定がなかったためです。

　日本の当局が動いたのは**早期是正措置**の導入に向けた検討に入ったときです。BIS 基準を下回った場合，リスクアセット・レシオに応じた行政的措置が講じられます (**図表 6-2** 参照)。日本の特徴は国際基準と国内基準の二重基準を設定した点でした。国内的にも国際基準を適用してしまうと厳しい状況に追い込まれる銀行が少なからず存在したことが背景にあります。1998(平 10) 年に同措置が導入されると，影響は経済全体に及ぶこと

図表 6-2　早期是正措置 (銀行業)

1	8％未満	4％未満	資本増強措置，業務改善計画の提出/実行命令
2	4％未満	2％未満	配当または役員賞与の抑制か禁止，総資産の圧縮
2の2	2％未満	1％未満	1) 自己資本充実，2) 大幅な業務縮小，3) 合併又は銀行業廃止のどれか
3	0％未満	0％未満	業務の一部または全部の停止命令

となります。BIS 規制本来の狙いは，レシオの分子（自己資本）の充実を促すことです。無思慮なリスクテイクを抑制する狙いもあるはずですが，分子を拡充することが難しい場合，貸出債権を含めた分母の縮小を図ろうとするインセンティブが働くこともあります。とくに分子に含み損や評価損を抱えてしまったバブル・バースト後の邦銀には貸出に消極的となる誘因が強く働いたものと思われます。いわゆる**貸し渋り**です。

　バーゼル規制に景気変動を増幅させる側面 (プロシクリカリティ) が指摘されるのは 10 年先のリーマンショック後です。しかし 90 年代末の日本においては，BIS 規制と早期是正措置に対応しようとした邦銀の多くが貸出抑制に回りました。導入のタイミングが悪かった面もありますが，景気悪化と後につづくデフレ経済を引寄せた要因の一つとなった可能性は検証する必要があるでしょう。

3-3　バーゼルIIへのバージョンアップ

　2000 年代前半，導入から 10 年以上が経過して BIS 規制は本格的な見直しが進められました。バーゼル I の主な問題点として，①住宅ローン以外すべての貸付債権に同一ウェイト (100％) が適用されており債権毎に異なるはずのリスクの違いが反映されていないこと，②リスク計測手法の技術的発展が反映されていないなど実態との乖離が指摘されました。

　BIS は 06 年導入を目指して，バーゼルIIへのバージョンアップを図りました。改良の中心は信用リスク計算の精緻化です。ただし一律の基準を適用するのではなく，銀行の実態に合わせた三つの選択肢を用意しました。もっともベーシックであるのが**標準的手法**です (**図表 6-3** 参照)。各国当局が認定した「適格格付け機関」の格付けに応じてリスク・ウェイトを適

図表 6-3 新旧のリスク・ウェイト (導入時)

与信先・債券発行元	バーゼルⅠ (旧バーゼル)	バーゼルⅡ	
		標準的手法	内部格付け手法
国・地方公共団体	0%	0%	0%～
政府関係機関等	10%	10% or 20%	0%～
銀行・証券会社	20%	20%	14%～
大企業，中堅企業	100%	20～150%*	(独自計算)
中小企業，個人		75%	
住宅ローン	50%	35%	

＊低格付けほど高ウェイト，未格付けは一律 100%

用するものです。大企業 / 中堅企業では，格付けが最高なら 20％ (0.2)，最低なら 150％ (1.5) のウェイトが適用されます。中小 / 個人は格付けがないため一律 75％ (0.75) です。1.0 より低いのは債権が小口のためリスク分散が十分可能と考えられるためです。住宅ローンは確実に担保を取るためウェイトはさらに低めの 35％ (0.35) です。

　より高度なものが**内部格付け手法**です。過去の債務不履行データにもとづいて与信先を銀行独自に格付けし，それに応じて債務不履行の確率 (PD) を推計，信用リスクを計測する手法です。一定レベルのリスク管理スキルが前提となる手法ですが，さらに同手法は銀行の能力に応じて**基礎的アプローチ** (PD まで独自算出) と**先進的アプローチ** (PD に加えてデフォルト時損失率 (LGD) も推計) が選択できるようにしました。LGD とは不良債権化した貸出先について借入残高のうち実際の損失となってしまう金額 (推計値) の割合を示すものです。

　バーゼルⅡにおけるもう一つの改良はリスクアセット・レシオの分母にオペレーショナル・リスク (第 2 章) を含めたことです。やはり銀行の実態に合わせ基礎的手法 （同リスクを年間粗利益× 0.15 とする），標準的手法 (左記乗数を 8 つの業務区分毎に細分化する)，先進的計測手法 (統計データに基づいて各行独自の計量モデルにより同リスクを計測) といった選択肢があります。

3-4　世界金融危機で露呈した問題点

　バーゼルⅡは 2006 年から翌年にかけ各国で導入されました。しかしその直後に米国住宅バブル崩壊の影響で低信用者向けのサブプライムローンが焦げ付き，08 年のリーマンショックを契機として世界金融危機に突入します。バーゼルⅡは導入早々見直しを迫られました。

　リーマンショックは BIS 始め規制当局側にとってもショックでした。世界の主要金融機関がバーゼルⅡを上回る自己資本を有していたにもかかわらず，損失を吸収し切れなかったからです (リスク吸収力の不足)。

　加えて明らかとなった事実は BIS 規制自体，景気変動を増幅させる働きを内包すること (**プロシクリカリティ**，procyclicality) でした。好況期にはリスク・ウェイトの低い高格付け資産に投融資が集中するためバブルが助長されます。また不況期には格付け引下げによってリスク・ウェイトが上昇した資産を削減するので倒産が増加し景気が悪化します。このようなリスク過敏な規制構造が危機を深めたという指摘がなされました。

　もう一つリスク管理の難しさも露呈しました。それまでは 95 ％の確率の中での最大損失額が市場リスクとして適用されていました (上記)。ところがリーマンショック後には「百年に一度」といった表現がしばしば用いられたように，残り 5 ％の確率でしか生じえない巨大損失が次々現実のものとなりました。注目されたのは**市場の同調的行動**です。パニックで売り一色となった市場では資産価格が予想をはるかに超えて暴落します。確率分布図でいえば左方の裾野部分が現実のものとなります。この裾野部分が動物のしっぽに似ていることからテール・リスク (tail risk) とも呼ばれています。

　さらに本来は安全資産であり切り札的に保有している国債すら皆が資金確保に動いている時は買い手が付かず多数の金融機関が資金繰りに窮してしまいます。現代的と言える流動性リスクとシステミック・リスクが先進諸国で現実化しました。

3-5　バーゼルⅢ，そしてⅣ?

　バーゼル監督委員会は冷静に現状を分析したと思われます。導かれた解

答 (バーゼルⅢ) はさらなる規制強化でした。リスクアセット・レシオの分母の計算は一部リスク・ウェイトが厳しくなった以外は基本的にⅡを受け継いでいます。規制の強化部分は主に分子，自己資本部分です。

　損失吸収力の向上を目的として，BIS 規制 8% に加え，15 年までに**中核的自己資本** (Tier1) を <u>6%</u>，そのうちコア Tier1 (普通株式等) の比率を <u>4.5%</u> 以上に引き上げること，加えて 19 年までに**資本保全バッファー**として経済 / 金融危機時に取崩し可能な Tier1 を平常時から <u>2.5%</u> 上乗せすることが求められました。

　プロシクリカリティに対処する措置としては，(反対の) **カウンターシクリカル** (counter-cyclical) な資本バッファーを好況時に資本保全バッファーの上乗せとして (資産内容に応じ) 最大 <u>2.5%</u> 上乗せすることが要求されました。好況時のバブル抑制が目的ですが，これで最大 (8 + 2.5 + 2.5 =)13% のリスクアセット・レシオが必要になります。

　リーマンショックで明らかになったのは，危機に際しては平時に安全資産とされる国債なども期待される役割りが果たせない事実でした。関連した規制の強化としてリスク・ウェイトと関係なく全資産額に対する Tier1 の比率を <u>3%</u> 以上に維持しなければならなくしたことでした。国債もリスクと無縁ではないと改めて認識されたのです。

　2010 年代半ばに検討され始めたバーゼルⅣは新たにレシオの分母の改定を中心としたもの（トレーディング勘定の抜本的見直し等）でしたが，17 年以降，導入に向けた動きは減速しました。Ⅲにおける規制強化の在り方自体を見直すべきであるという話も耳にしますが，2020 年 10 月末現在コロナ禍中で先は見えていません。

　日本に話を限れば，20 年前の金融不安を乗り切った邦銀の多くはバーゼルⅢをすでにクリアしています。しかし危機に対し規制の強化一辺倒で対応したことには疑問もあります。疑問の一つはカウンターシクリカルに関することです。いくら景気がよく見えても中小零細企業の多くは短期資金を借りつないで事業を継続しています。結果として貸出を抑制する方向での規制強化は中小零細企業の資金繰りを悪化させ，バブル抑制以前に倒産増と経済萎縮をもたらさないかという懸念があります。

BIS のように明示的基準による規制は透明性が高いという点で確かに優れています。しかし形式的一律規制という考え方自体，見直しを迫られているのかもしれません。

3-6　証券会社のプルーデンス政策

ここまでは銀行を中心としたプルーデンス政策について見てきました。証券や保険にもそれぞれの事業内容に即した現代的規制が課せられています。まず証券会社についてです。

2001(平 13) 年に導入された自己資本比率規制は BIS のリスクアセット・レシオとよく似た考え方に基づいていて，以下のように定義される比率を維持することが義務付けられています。

〔(基本的項目＋補完的項目－控除資産) ÷ リスク相当額〕× 100 ≧ 140(％)

基本的項目 (資本金，各種剰余金等) と補完的項目 (引当金，劣後債務) は BIS の Tier1 と Tier2 に類似しています。一方で控除項目ではなく控除資産が分子から引かれています。**控除資産**とは，固定的資産のことで会計上の固定資産と間違えられやすいのですが，ここでは直ちに売却できないような非流動的な資産全般を指しています。持ち合い株のような有価証券もここに含まれます。直ちに損失の穴埋めには使えないということです。

分母のリスク相当額は，市場リスク / 取引先リスク / 基礎的リスク (オペレーショナルリスク) の各予想損失額の合計です。

自己資本比率が基準を下回った場合には銀行における早期是正措置と同

図表 6-4　自己資本規制比率について法令等で定められている基準

自己資本比率	金融商品取引法等	取引参加者規定等
140%を下回ったとき	金融庁に届け出を要する	取引所(東京，大阪等)に報告する
120%を下回ったとき	金融庁は，業務方法の変更を命じ，財産の供託その他監督上必要な事項を命ずる	各取引所における有価証券の売買等の停止または制限を行う
100%を下回ったとき	金融庁は，3月以内の期間を定めて業務の全部又は一部の停止を命ずる	

参照：JPX のウェブサイト，2020 年 9 月 20 日に最終確認。

様の措置が**図表6-4**のように定められています。ただ銀行業界と異なり，措置を講ずる主体は金融庁だけでなく，取引所も基準を下回れば有価証券売買の停止等を行うことが定められています。

　証券会社は先物 / 信用取引 / 外国為替証拠金取引 (FX) 等の証拠金に対する運用可能額の割合 (レバレッジ率) についても規制を受けています (**証拠金規制**)。証拠金取引は実質的に自己資金の何倍もの取引をしたのと同じ利益が出せる半面，損失も同様に大きくなるハイリスク取引と考えられます。例えば FX 規制は内閣府令により 2010 年 8 月よりレバレッジ率を最大 50 倍，11 年 8 月より最大 25 倍と強化されました。

　金融庁は業界自らによる実務経験を踏まえたルール作りを推奨しています。日本証券業協会による**自主規制**では，例えば新たな有価証券 / デリバティブ等の販売を行うに当たって当該有価証券等の特性，リスクを十分に把握し，適合する顧客が想定できないものは販売してはならないといった規則を定めています。加えて法令 / 自主規制ルール等の遵守状況及び内部管理態勢の整備状況等についての監査，会員の経営状況及び顧客資産の分別管理に関するモニタリング調査をそれぞれ実施しています。違反に対しては協会除名，過怠金の賦課などの制裁も躊躇しないという厳しい姿勢が示されています。

3-7　保険会社に対するプルーデンス政策

　保険会社の事前的プルーデンス政策として，**ソルベンシーマージン比率規制**が知られています。第 3 章でみたように，保険は統計データだけで対処しきれない「想定外のリスク」に対して脆弱性を有する商品です。規制はイザというとき保険金が不払いになるリスクに対応するため，ソルベンシーマージン (支払い余力) の比率を200％以上と定めています (次式参照)。

$$ソルベンシーマージン比率 \ = \ \frac{ii}{i \times 0.5} \ \times \ 100 \, (\%) \ \geq \ 200$$

　分母の「ⅰ」が金額換算されたリスク相当額合計です。その中身は生保と損保で多少の違いはありますが，主な項目として①保険リスク（大災害などにより急増する保険金相当額），②予定利率リスク（市況悪化等で運用利

184

図表 6-5　早期是正措置 (保険業)

区分	ソルベンシーマージン	主な措置の内容
第1区	100%以上200%未満	経営改善計画の提出と実行命令
第2区	0%以上100%未満	配当賞与の抑制・禁止， 保険料計算方法の見直し，事業費抑制など
第3区	0%未満	業務の全部または一部の停止命令

回りが予想を下回った時の損失相当額），③オペレーショナル・リスク（事務
手続きの不備/システム障害等による損失相当額）となっています。

　分子 (ⅱ) が支払い余力です。その中身として，①資本の部合計，②価
格変動準備金，③有価証券含み益× 0.9 等々が計上されており，通常の保
険金支払いに備える責任準備金とは区別されています。

　ソルベンシーマージン比率が 200％を下回った場合に金融庁が下す措置
の体系が**図表 6-5** のように定められています。

4　事後的プルーデンス政策

4-1 事前的プルーデンスと事後的プルーデンス

　ここまで概観してきた事前的プルーデンス政策ですが，予想外の事が起
きた場合に対処できるように，自己資本比率やソルベンシーマージン比率
を，普段から一定水準以上にしておこうという発想でした。

　事後的プルーデンス政策は，一機関の破綻がシステム全体の機能障害に
拡大する事を防止することが目的です。バーゼルⅢレベルの備えにも拘わ
らず金融恐慌等が起こって破綻してしまった場合も，通常レベルのリスク
対応さえできていなかった金融機関が破綻しても，まず火消しに走るのが
事後的政策のスタンスです。事前的政策が順守されていたかどうかは金融
庁の処分に任せておいて，事後的政策はシステム安定化の観点から，独自
に執行されます。

4-2　最後の貸し手

　もっとも古くから存在する事後的プルーデンス政策が中央銀行の最後の

貸し手としての機能です。英国の経済学者W．バジョットが 1873 年恐慌に際し著した『ロンバート・ストリート』の中でその必要を主張しています。わが国では日銀が 1927(昭 2) 年に金融恐慌の火消しに非常貸出という名目で奔走したことが嚆矢と考えられます。後に日本銀行特別融資 (日銀特融) という名称で中央銀行の役割として法文化されました。

　日銀特融とは，日本銀行が資金的困難に直面した金融機関に必要なだけの貸出を無担保・無制限に行う措置です。危機の原因が現実の破綻か風評被害かは区別しません。戦後では 1965(昭 40) 年の証券不況の時，日本興業銀行・三菱銀行・富士銀行に対して山一證券を救済せしめるために行ったのが最初と言われます。90 年代後半から 00 年代前半にかけては散発的に発動されました。特別ではあっても融資なので救済された金融機関には返済義務があります。

4-2　預金保険とペイ・オフ

　最後の貸し手がシステムの緊急対応であるのに対し，起きた破綻案件について時間をかけて事後処理していくために預金保険のシステムは整備されました。預金保険制度は全ての預金取扱金融機関 (広義の銀行) が預金残高の一定割合を預金保険料として拠出することによって成り立っています (JA バンク等には貯金保険制度が別にあります)。預金者に決して損失転嫁しないことを旨として銀行経営は行われますが，銀行自らが破綻してしまえば自力で預金を保守することができなくなります。そのような事態に備えて銀行自らが預金保険に加入しています。

　預金保険の起源は 1933 年，大不況期のアメリカにおける預金保険公社設立に遡ります。日本では 1971(昭 46) 年，**預金保険機構**が預金者保護と信用秩序維持を目的として，政府／日銀／民間銀行の三者が出資して設立されました。加入金融機関は，前年度における預金平均残高の一定割合を預金保険料として納付することを義務付けられます。預金保険料率は時々の金融情勢を考慮して毎年見直しが行われています。また決済用預金とそれ以外の一般預金とでは料率が異なります。例えば 2020(令和 2) 年度における決済用預金の保険料率は 0.045 ％ (預金残高 10 万円に対して 45 円) です。

　集められた預金保険料の使途として，大不況期に銀行経営破綻が相次い
だアメリカで制度導入当初に想定されていたのは**ペイ・オフ**でした。これ
は破綻銀行の預金を一定範囲で保護し預金者に元利の払戻しを行うことで
す(ペイ・オフとは「払い戻し」の意味)。現在の日本の制度としては①利
息が付かない決済用預金(当座預金等)は全額保護，②それ以外の流動性
預金(普通預金等)，貯蓄性預金(定期預金等)は，1千万円までの元本と
それに付く利息についてのみ保護されると規定されています。

4-3　ペイ・オフが抑制される理由

　日本の半世紀に及ぶ預金保険の歴史で破綻した預金取扱金融機関は少
なからず存在しますが，しかしながら，ペイ・オフが行われた事例は
2010(平22)年の日本振興銀行のケース一度きりです。

　ペイ・オフ実施が抑制されてきたのには理由があります。ペイ・オフが
行われる前提として破綻機関は清算されます。清算が完了するまで預金は
凍結され，実際の払戻しは数カ月先になってしまいます。預金者に及ぶ悪
影響が大きいことは確実です。とくに企業間決済に用いられていた当座預
金が凍結されてしまえば，支払うはずの代金も支払えず，支払われる(ま
た別の支払いの原資となる)予定だった代金も入ってこなくなります。経済
におそろしい影響が及ぶことは明らかです。これは決済用預金が全額保護
される理由でもあります。

　さらに銀行を清算するということは，借り手が企業の場合も個人の場合
も債権回収の対象になることを意味します。定期的な収入に頼った分割払
いをスケジューリングしていた借り手は突然の満額取立てに戸惑い，不動
産などの資産売却を余儀なくされたり破産選択を迫られたりします。破綻
したのは銀行の自己責任だから潰せばよいとは簡単に言えません。

4-4　ペイ・オフ以外の預金保険利用

　ペイ・オフ以外の預金保険の利用について見ていきます。破綻銀行を清
算しないとすれば，合併するか事業承継してくれる銀行を見つける必要が
あります。そのような銀行が名乗りを上げた場合に資金的な援助をする，

あるいは後述する整理回収機構の設立，および同機構による不良債権買取り資金にも預金保険資金は充てられてきました。

　たとえば破綻した銀行が効率的な店舗網戦略を展開してきた場合には，そうしたネットワークは魅力的な「遺産」であり引き継ぎたいという他行が現れる可能性があります。しかし銀行が破綻するということは同時に相当量の処理しきれなかった不良債権が「負の遺産」として残されているわけです。面倒を見てくれるような体力のある銀行が現れない場合も当然あります。

　破綻行の合併先も，資産の引取り手も現れない場合の対処の仕方について**金融再生法** (1998) は以下のように定めています。まず破綻が懸念される銀行の全株を政府が買上げます。そして事業承継のネックになっている不良債権を整理回収機構が買い取って償却に当ります。銀行業務は継続させつつ必要な経営改善やリストラを進め譲渡先を探します (**特別公的管理**もしくは一時国有化)。最初に一時国有化されたのは日本長期信用銀行と日本債券信用銀行でした。どちらも後に民間譲渡され，前者は新生銀行として，後者はあおぞら銀行として，それぞれ経営再建を果たしました。

　特別公的管理以外の方法として**ブリッジバンク (承継銀行)** 方式があります。やはり譲渡先が見つからない場合，不良債権を整理回収機構に買取ってもらい，ブリッジバンクを設立して営業を移管します。そして経営改善やリストラを進めて譲渡先を探す方法です。破綻した第二地方銀行である石川銀行と中部銀行 (静岡県) の受け皿として 2002(平 14) 年に設立された日本承継銀行の事例があります。譲渡された二銀行の事業は各地域の複数の地域金融機関 (地銀および第二地銀) に引継がれました。承継銀行の役割は 2012(平 24) 年以降は，整理回収機構が担当することとなりました。

　90 年代末から 00 年代初期に多用された預金保険の利用法として公的資金注入があります。政府と預金保険機構が，国庫金と預金保険資金を出し合って未破綻銀行の償還株 (優先株の一種，第 1 章参照) 等を買上げることで資本増強を図り，それによって不良債権処理を促進することが狙いです。公的資金は利益が出たら返済することが約束されています。ただ一般的な融資と異なる点は返済期限が決まっていないことです。資本注入を受けて

時を経ずに償還できた銀行もあれば完済に時間を要したり一部未済の銀行もあり，事後的に多少の差が生まれています。

5　日本の金融行政の担い手

5-1　金融庁が誕生するまで

　1990年代前半まで，銀行，証券，保険などすべての金融分野は大蔵省(現財務省)が掌握していました。体力/実力の劣る金融機関が経営破綻しないよう，業界全体を統制する一方(護送船団行政，序章)，大蔵省官僚に大きな裁量の余地が与えられていました(裁量行政)。これがやがて場当たり的で恣意的，ときには独裁的に法制度が運用されていると批判されるようになります。

　1995(平7)年，大蔵省幹部と業界との癒着が露見，96年には破綻金融機関に対する裁量行政に疑問が呈され，そのような金融行政の在り方が許認可権を握る官僚を懐柔しようとする金融業界との癒着を生む温床になったと批判されました。

　外部の意見を取り入れながら大蔵省自身が制度改革の基本方針をまとめていきました。その第一は，裁量行政からルールに基づいた透明で公正な行政手法への転換です。第二は，金融機関が自己責任によって健全で適切な経営を進める一方で詳細に設計されたルールに基づいて業務内容が適切かどうか事後的にチェックしていくこと(**ルール・ベースの監督**)が示されました。

　1998(平10)年6月，ルール・ベースの監督を具現化すべく金融庁の前身となる金融監督庁が発足しました。そして民間金融機関の検査・監督機能を大蔵省からここに移しました。しかしその一方で，金融行政の根幹である金融制度の企画立案は大蔵省金融企画局に残されたのでした。

　当時，大手金融機関が次々破綻していました。この「金融有事」処理にあたるために98年12月，金融再生委員会が設立されます。そして金融監督庁は，その指揮下におかれることになりました。

　2000(平12)年7月，金融監督庁と大蔵省金融企画局が統合され**金融庁**

が誕生しました。翌 01 年 1 月の省庁再編により大蔵省は財務省となり，金融庁は金融再生委員会の役割を引継いで内閣府の外局へと移りました。財務省に残された金融行政機能は，①破綻処理と危機管理に関する制度の企画 / 立案 (金融庁と共同)，②国際金融業務・取引の監督，この二つに限定されました。こうして「**財政と金融の分離**」を基本とする現在の金融行政スタイルが固まったのでした。

5-2　証券取引等監視委員会と公認会計士・監査審査会

　金融庁が誕生する 8 年前，1992(平 4) 年 7 月に裁量を排した透明な市場ルールに基づく「事後監視型行政」への転換を目指して**証券取引等監視委員会** (以下，証取委) が，当時の大蔵省内に設置されました。98 年 12 月に金融監督庁共に金融再生委員会に移設され，01 年の再生委員会廃止後は内閣府外局となった金融庁の審議会等に位置づけられました。

　金融庁の証券会社等に対する監督業務全般から証取委は市場ルール遵守の監視を独立させて担っています。具体的には①市場分析審査 (広く市場調査を行い，情報を収集 / 分析し，検査・調査に活用する)，②証券検査 (金融商品取引業者などの業務や財産の状況の検査を行う)，③取引調査 (インサイダー取引や相場操縦等の不公正取引について調査を行う) などの活動を行っています。

　監視活動に実効性を持たせるため，2005(平 17) 年から課徴金制度が設けられました。これは行政処分の一種で，法令に違反した人物や企業に金銭的な負担を与え不正行為を抑制するものです。罰金と異なり，(不正に得た) 金銭的な利益をはく奪することを狙いとしています。但し，抑止力としては「甘い」といった評価もあるようです。

　公認会計士・監査審査会も証取委と同じく金融庁の審議会等の一つとして 2004(平 16) 年 4 月に設置されました。市場の公正性・透明性の確保，および会計・監査の専門家の確保を目的としています。活動内容は，①公認会計士の懲戒，②監査法人処分のための調査・審議の他に，③公認会計士試験を実施しています。

5-3　整理回収機構について

　預金保険制度のところで既にその役割について紹介していますが，あらためて整理回収機構 (以下，回収機構) についてまとめておきましょう。

　90 年代半ばに破綻処理に公的資金注入の是非が問われた住宅金融専門会社 7 社の問題 (いわゆる住専問題) がありました。その破綻処理を目的に設立された住宅金融債権管理機構が整理回収機構の前身の一つです。そして金融機関の破綻処理を担うために設立された整理回収銀行と住専債権管理機構とが 99(平 11) 年に合併して発足したのが同回収機構でした。

　回収機構は預金保険機構出資による 100％子会社ですが，その活動には預金保険法に基づくものと金融再生法に基づくものとがあります。

　預金保険法に基づいた業務として，①破綻金融機関等から買取った資産の管理，回収及び処分，②預金保険機構との承継機能協定に基づく被管理金融機関の業務引継ぎおよびその暫定的な維持継続 (承継銀行) などがあります。

　金融再生法に依拠した業務としては，健全金融機関等から買取った資産の管理，回収及び処分などの他，金融機関等の破綻原因に関与した経営者・銀行等の民事・刑事上の責任追及など幅広い役割を担います。

　ここまで見てきた日本の金融行政組織の全体像について，**図表 6-6** に簡単にまとめました。

図表 6-6　日本の金融行政 全体図

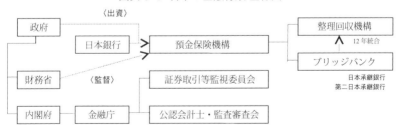

6 金融行政の移り変り

6-1 ルール主義とプリンシプル

金融庁が発足して 20 年以上の歳月が過ぎました。当初は大蔵行政からの脱却を強く意識したかのようにルール主義や透明性重視を前面に出していた印象があります。金融監督庁の時代に「**金融検査マニュアル** (1999)」，金融庁になってからは「金融検査に関する基本方針 (2005)」などを定め，検査に必要なルールや基準を明確にしました。**金融商品取引法** (07 年 9 月)では業態毎に分かれていた金融商品取引ルールや情報開示のルールを統一的なものに改めました。

金融不安の只中にあった金融事業庁の発足当初，金融庁自身が回顧しているように「国内外の信用を回復することが優先的な課題」でした。そのため裁量の余地のないマニュアル的なものを策定して「貸出先が実質債務超過か否か」「担保や保証で債権が保全されているか否か」を重視した自己査定を求めたことは，効率性の観点から見れば一定の意義が見いだされるべきものでした。

本来マニュアルは守るべき基本ライン程度のものでしかありません。ところが「大蔵省の言うことを聞いていれば間違いない」という感覚が染みついていたためでしょうか，マニュアルから先に歩みだせた金融機関は当初一部にとどまりました。金融仲介機関に本来求められる「事業内容や将来性をみてリスクを負う姿勢」は，あまり育たなかったということです。

しかし一方で，「金融処分庁」と揶揄された当局の一律処分を恐れて「将来性を理解しても融資できなかったのだ」という反論も監督される側から上がったという話も聞きます。これら事実全体にかんがみて次第にやり方を転換してきたのが金融庁 20 年の歩みだったように思われます。

2008(平 20) 年，米英における動きをヒントに金融庁はルール主義 (ルールベース) に加えて**プリンシプル・ベースの監督手法**を導入します。

プリンシプルとは行動原理のことです。具体的中身として，「創意工夫を凝らした自主的な取組により利用者利便の向上や社会において期待されている役割を果たす」「市場に参加するにあたっては市場全体の機能を向

上させ透明性・公平性を確保するよう行動する」など 14 のプリンシプルが示されました。ここにはルール主義とのバランスに配慮した苦心の跡が観られます。しかし民間金融機関の積極的アクションを引出すには未だ十分ではありませんでした。

6-2　検査・監督体制の見直し

2015(平 27) 年以来，金融庁は民間の積極的行動を引出すべく本格的な検査・監督体制の見直しを進めてきました。

基本方針として，①個別の資産査定は金融機関の判断を極力尊重し，②担保・保証への過度な依存から脱却し事業内容を判断材料とした融資への転換を促し，③金融機関の優れた取り組み (ベスト・プラクティス) を掘起して情報共有を図っていく，さらに④金融庁が借手企業に直接ヒアリングして金融機関の課題を抽出する等々です。

2016(平 28) 年には，地銀が地域経済にどれだけ貢献しているかを測るベンチマークが公表されました。地元企業の経営改善にどれだけ役立っているのか，企業の事業内容を評価したうえで実行した融資がどれだけあるか等々 50 項目の中から地銀が取組む課題を選び金融庁と達成度を協議するというものです。地元企業や地域経済が成長を取戻すことで地銀の収益基盤を底上げする，そうした新しいビジネスモデルへの転換を促すことが狙いでした（第 2 章参照）。

金融庁は新しい監督の在り方を実現するため 2018(平 30) 年に大きな組織改編を実施しました。それ以前は，総務企画局（金融制度の企画 / 立案や銀行法，保険業法などのルール整備を行う），検査局（市中機関が法令順守しているかリスク管理体制が整っているか立ち入り検査 (オンサイト・モニタリング) によって調査する），監督局（市中機関が健全で適切な経営をしているか情報を常に収集して継続的に監視 (オフサイト・モニタリング) する）の三局体制でした。

改編後，検査局を廃止して**監督局**に一本化，**企画市場局**が総務企画局に替わってフィンテック室を新設するなど，以前にも増して時代の変化に応ずる制度の企画立案に力を注ぐようにしました。そして新司令塔として**総**

合政策局が設置されました。総合政策局内では，①総合調整 (総務課)，②総合的かつ基本的な方針その他の政策の企画・立案・実施の総括 (総合政策課)，③金融システムや複数の金融機関等に共通するリスクの状況・動向に関する調査・分析の総括等 (リスク分析総括課) といった多岐にわたる機能が担われています。

6-3　金融検査マニュアルの廃止

　2019(令元) 年 12 月，「金融検査マニュアル」が廃止されました。同時に公表されたのがディスカッションペーパー「検査マニュアル廃止後の融資に関する検査・監督の考え方と進め方」です。廃止はルール主義の根幹を否定するものではありません。システム安定と積極的金融仲介をバランスよく実現するためのものです。一律の内部管理手法を押し付けるのではなく，ビジネスモデルの多様性に合わせて検査・監督手法を継続的に見直し，金融機関の自主的な創意工夫を促進することを大きな狙いとしています。

　検査・監督の基本的在り方として，金融庁は金融機関が個々の経営理念や置かれた状況に応じて発揮している金融仲介機能の中身の理解に努めます。その上で各々の個性・特性に照らして実効性ある管理体制ができているか，組織理念・戦略と整合的に金融仲介機能が発揮されリスク管理もされているのかといった内容を「対話」のなかで評価していくとしています。また担保・保証からの回収可能性だけでなく将来キャッシュフローに基づく返済可能性にも着目して金融仲介機能を発揮しようとする金融機関の取組みを妨げないとも述べられています。妨げないけれども放任ではなく，金融庁も各金融機関のビジネスモデルの持続可能性の検証に加わっていく，そこに対話という表現が使われました。

　但し実際は，マニュアルの軛を逃れることで躍進する先進的，積極的なところばかりではありません。金融庁は検査マニュアルを出発点とする実務を否定はせず多くの金融機関が信用リスクをより的確に引当に反映できるような道筋も「一般貸倒引当金の見積りにあたっての視点」や「個別貸倒引当金の見積りにあたっての視点」のような形で詳細を示しています。

6-4　今後に向けた課題について

　金融庁が今後も取組まなくてはならない課題は少なくとも二点あります。

　一つは平成から令和に掛けて顕著になったコンプライアンス・リスクへの対処です。コンプライアンス・リスクとは，法令も含めて守られるべきルールが蔑ろにされ公正な取引が行われていなかったり信用リスクが適正に評価されていなかったりすることで金融機関経営が持続不能になる危険です。金融庁は例として，「収益至上主義の傾向を有する企業文化の下で，無理な営業活動，杜撰な与信審査，審査関係書類の改竄等の不正が行われるようなケース」を挙げています。こういう場合には「深度ある検証を行った上で，ガバナンス・内部管理態勢の是正を求める」，必要ならば「改めて償却・引当の適切な見積りを求める」としています。

　金融機関の自主的な創意工夫を推奨する一方，「ミニマムスタンダードとしての態勢に問題が認められる金融機関」に対しては厳しい態度で臨むことを明言しているのです。今後に向けた課題はこのようなリスクを未然に防ぐもしくは最小化する工夫でしょう。

　もう一つの課題は，先進的金融機関との「対話」に求められる監督機関としてのより高度な評価能力の獲得です。対話とは言っても簡単なことではありません。監督側の技量が求められるのです。

　具体策として同庁が挙げているのは以下のような諸案です。

　①財務局職員と連携した地域経済や競争環境の分析および金融機関経営トップや担当職員・社外取締役・監査法人・顧客など様々なレベルの者との対話によるリスク全体像の把握，

　②産業の理解や資金使途や返済財源を踏まえた返済可能性の評価能力の向上など金融庁および財務局における融資に関する人材の育成・確保，

　③融資に関する徴求データおよび徴求方法の見直しや情報インフラ基盤及び分析手法の高度化，そして，

　④個別モニタリングを内部検証する仕組みの導入や外部評価を通じた継続的なモニタリングの質改善等々です。

　例えば欧米の行政組織であれば，上記②の「確保」の部分について，リスク管理や金融仲介における先進的取組みで一定の実績を上げた民間（も

しくは政府系)金融機関の人材を専門スタッフに招聘する，あるいは採用枠を確保するという発想が入ってきます。内部育成の部分といかにバランスさせるかも注目点です。

第7章　日本の公助金融と共助金融

1　はじめに

　ここまでの諸章では自力で将来を切り開くための運用や調達といった「自助」の金融を主に考察してきました。もちろん日本の金融には「公助」と「共助」のそれぞれのシステムが存在します。

　時間順で言えば共助金融が公助より先に誕生しました。共助とは助け合いであり，仲間同士で掛金を出し合って仲間内で順に融通を受ける頼母子講は鎌倉時代にルーツがあると言います。頼母子もしくは無尽は現代における協同組織金融やNPO金融の源流と言ってよい存在です。

　一方，日本で公助金融が生まれてくるのは近代以降です。現代における公的金融(政府系金融)がそれに該当します。日本にとって公的金融は歴史的に見ても大きな存在です。戦前の近代化や戦後の高度成長に対する公的金融の貢献を民間のそれ以上に高く評価する論説もあります。

　公助の金融と共助の金融の目的は必ずしも同じではありません。ただ共通する部分は，それらが社会的な目的に資する点でしょう。現代のSDGs金融(後述)は元々自助だった民間金融も巻き込んだムーブメントですが，公助や(特に)共助は最初から「SDGs」だった点に特徴があります。

　本章は前半(第2節〜第4節)において財政投融資を中心とした日本の公助金融について議論します。そして後半の第5節と第6節で日本の共助金融について考察したいと思います。

2 財投システム成立まで

2-1 郵便貯金制度の成立

　民間に先駆けて，事実上初の庶民貯蓄機関として登場したのが**郵便貯金**(以下，郵貯)でした。これは日本に限ったことではなく世界初である英国(1861年創設)においても同じです。労働者階級が少額の貯蓄を保有することは彼らの生活の安定に資するものと考えられ，(当時の)経営不安定な民間金融機関に代わって国営の個人貯蓄機関が必要とされていました。最初の公助金融です。

　日本で郵貯は1875(明治8)年，「中下層民向け」の少額貯蓄機関を目指して設立され，東京・横浜の19郵便局で取扱いが開始されました。明治8年のデータでは貯金取扱い郵便局が全国で22局あるのに対して，国立銀行4つの他に預貯金を取扱う民間機関はありませんでした。1900(明33)年になると民間個人貯蓄機関は2千以上にまで増えますが，貯金を受入れる郵便局は約5千局を数えて，圧倒的プレゼンスを示していました。

　社会政策的な目的によって導入された郵貯でしたが，対外戦争による財政資金需要の拡大，金本位制維持など通貨制度の安定維持，産業勃興に伴う民間資金需要に対応した産業資金の捻出など，やがて国内貯蓄集積による投資資金形成の主力とみなされるようになっていきました。

　1905(明38)年に逓信省は『郵便貯金案内』というパンフレットを全国の郵便局に配布しました。そこには「今は国民全般の勤勉貯蓄の時代」，郵貯を利用すれば消失の危険がなく，かつ「利に利を生み」「国のために役立つ」と貯蓄奨励が呼びかけられていました。郵貯は1910(明43)年頃には，中央財政資金の1割以上を占めるようになっていたのでした。

2-2 大蔵省預金部と特殊銀行，簡易保険の設立

　1872(明治5)年，政府の諸資金を預託し運用することを目的に大蔵省預金部が設置されました。戦後における資金運用部の前身です。1885(明18)年には中下層民の少額資金は国家が責任をもって保護すべきという意識から郵貯の資金運用が大蔵省に一任されました。後の財投システムにつなが

る大蔵省との結びつきはここから始まりました。

　当初は英国に倣って，ほとんどが国債 (のちに加えて地方債) の購入に充てられましたが，郵貯の収集源は主に地方の農村部であり「地方還元」が必要であるという観点から地域への資金供給が画策されました。集められた貯金の一部は 19 世紀末より産業向け長期資金を供給する特殊銀行に向けて社債や金融債などの引受け / 買入れなどを通して運用されるようになりました。

　特殊銀行は戦前期，特定の政策目的のために各々特別法に基づいて設立された銀行を指します。郵貯資金の主な運用先として，日本勧業銀行は 1897(明 30) 年,農工業向け長期資金供給を目的として日本勧業銀行法 (1896 年成立) に基づいて設立されました。農工銀行は農工業近代化のための長期融資を目的として勧銀法と同時に成立した農工銀行法に基づいて勧銀の下部機関として北海道を除く全府県に設立されました。そして北海道の開拓を目的として，1900 年に設立されたのが北海道拓殖銀行でした。

　特殊銀行には他に現存する商工組合中央金庫 (1936 年設立) を始めとして，重化学工業向けの資金供給を目的とした日本興業銀行，外為業務等を扱う横浜正金銀行，朝鮮銀行，台湾銀行などがありました（第 8 章参照）。

　郵貯と同様に郵便局を通じて提供される国営の金融サービスに**簡易生命保険**と郵便年金がありました。これらは「有利運用」「地元還元」「加入者還元」の三原則をもとに預金部預金とは独立した自主運用が戦前そして戦後を通じて行われました。簡易生命保険は，当時の民間生保が対象としなかった低所得層に小口保険を無審査で提供するものとして 1916(大 5) 年に創設されました。郵便年金は 1926(大 15) 年，国民の老後生活の安定を目的として創設されました。公的年金が軍人や一部公務員に限られていた戦前においては画期的な制度だったと言えます。

2-3　戦後；預金部から資金運用部へ，財政投融資の成立

　戦後の 50 年代から 60 年代，国内総貯蓄の約半分は家計部門によって担われていました。高度成長期を支えた資金の多くは，日本国内における自前の家計貯蓄によって供給されていたのでした。所得が向上した人々の貯

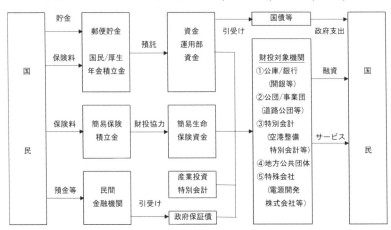

図表 7-1　かつての財政投融資制度 (～ 2000(平成 12) 年度)

　蓄先として，民間銀行以上に協同組合と郵貯が選好されました。20 世紀のほぼ全期間中，郵貯は日本の総貯蓄の中で単独 1 割以上を占めていたと言います。主力商品である定額貯金は半年複利の定期性貯金で，家計が選択する金融資産の中で民間に比べ相対的に有利な利回りでした。

　かたや民間銀行に対しては店舗新設を原則禁止するなど，競争制限的規制の下で拡大は抑制されていました (序章参照)。そもそも昭和 20 年代，民間金融機関に長期の設備資金を供給する余裕などありませんでした。1950(昭 25) 年に始まる朝鮮 (韓国) 戦争の影響で日本の生産財が高騰し国際市場での価格競争力が低下します。そこで低コストの生産を実現できるような設備の近代化が喫緊の政策課題となっていました。

　大蔵省預金部は戦後，大蔵省**資金運用部**として，戦前に構築された機能の多くが存続する形で再編されました。但し，勧銀から農工銀を通じて地域経済に資金を供給するルートは，総司令部 (ＧＨＱ) が民間の担うべき機能という認識を示したことによって閉ざされることとなります。当初，資金運用部は国債 / 地方債の引受けに限るとされていましたが，やがて再編された政府系金融機関への投融資が増えていきます。

　財政投融資制度は，1953(昭 28) 年にスタートします。その特徴は，①資金の調達 / 管理 / 運用が個別機関によって行われること，②毎年一般会

計予算と同時並行で**財政投融資計画**が策定され，国会審議を通じて予算決定されることです。調達資金は，郵便貯金，簡易生命保険，国民年金積立金，厚生年金積立金のいわゆる**四原資**が中心になっていきました。資金運用を担ったのが，政府系金融機関および公団や事業団，地方公共団体などです。そして資金運用部が管理部門の役割を果たしました。

2-4　政府系金融機関の再編

　戦前生まれた特殊銀行で政府系金融 (政策金融) 機関として戦後も継続したものは中小企業金融を担う商工中金など例外を除いてほとんどありません。民営化されて都市銀行になったものとして日本勧業銀行と北海道拓殖銀行，長期信用銀行になったものとして日本興業銀行があり，横浜正金銀行は東京銀行へと事業が引き継がれ民営の外国為替専門銀行となりました。農工銀行はすでに勧銀に吸収されていました。朝鮮銀行，台湾銀行などは連合軍に接収され消滅しました (植民地独立後に建物などの資産は各国機関に譲渡されました)。

　戦後初の政府系金融機関は復興金融公庫 (1947 ～ 1951) でした。同公庫は発行した債券を日銀が引受けることによって資金調達し，基幹産業 (石炭 / 電力 / 海運) に対するいわゆる傾斜生産方式の資金供給を行いました。しかしこれが過剰なマネーストック拡大を生み戦後のインフレを加速させました。

　1951(昭 26) 年，復金廃止に伴う「公的金融の空白」「民間金融閉塞」の解消を目的として**日本開発銀行** (以下，開銀) が設立されました。開銀は返済確実な大企業の設備資金のみ，1 年以上の長期貸付に限定して運用を開始しました。開銀と並ぶ存在が**日本輸出入銀行** (以下，輸銀) でした。1950 年に輸出振興 (日本企業に対する輸出関連融資) による日本経済の立て直しを目的に日本輸出銀行として設立され，52 年から輸入に必要な資金の融資も開始しました。

　時間的には前後しますが 1949(昭 24) 年，国民大衆に小口の生業資金を融資することを目的として**国民金融公庫** (以下，国民公庫) が，1953(昭 28)年には基幹産業ではない中小企業への長期固定の低利設備資金融資を目的

として**中小企業金融公庫** (以下，中小公庫) が，それぞれ設立されました。大企業を対象とした開銀，中小企業を対象とした中小公庫，零細・個人事業主を対象とした国民公庫という政府系金融における明確な役割分担が完成したのでした。

　1950(昭 25) 年には当時の民間金融にとって困難だった「長期低利の住宅金融資金」の提供を目的とした**住宅金融公庫**が「住宅の取得能力の拡大」「居住水準や住宅の質の向上」などを目指して設立されました。

　戦後新設されたその他政府系金融には北海道東北開発公社，沖縄振興開発公庫，農林漁業金融公庫，公営企業金融公庫，環境衛生金融公庫などがあります。

3　政府系金融に期待された役割と批判

3-1　役割①；公共財資金の供給

　政府系金融，政策金融あるいは公的金融，多少使用法の違いはありますが，公共部門の金融システムを指す言葉です。その目的は**民業の補完**であるとよく言われます。民間が供給するのが様々な理由により困難な，あるいは民間に任せておくと過少供給となったり適切な価格で提供されなかったりする財サービスを，民間に代わって供給することです。民業補完の内容は時代とともに移り変るものですが，まずは高度成長期までにおいて政府系金融に期待された役割を挙げていきましょう。

　第一は公共財を生産するための資金供給です。**公共財**とは「費用を支払う主体」と「便益を受ける主体」が一致せずフリーライド (ただ乗り) 問題が生じたり，民間企業の利益追求と矛盾したりするなど民間に任せると十分には提供されないが (過少供給)，政策的観点から是非とも必要とされる財サービスを指します。

　ここで注意しておくべきは公共財資金を供給する主体として一般会計と我々が今問題にしている財政投融資があるという点です。この二種類の公的資金には明確な役割分担もしくは棲み分けが (現在もなお) あります。

　一般会計の財源は周知のように租税であり長期・短期の国債です。国債

は将来の税収によって償還されるものですから，一般会計の財源は提供を
受けたものが返済の義務を持たない無償資金と言うことができます。した
がってその供給先として想定されるのは将来的に収益還元が見込めない一
般道路などです。対する財政投融資の財源は(かつては郵貯等の)有償資金，
すなわち返済されるべき資金です。したがってその供給先は収益が還元さ
れる有料の道路/架橋/空港，産業インフラといったものでなければなり
ません。民業補完の第一は，厳密には有償の公共財資金を提供することです。

3-2　役割②；リスクの引受けと所得再分配

　戦後新設された多くの政府系金融機関の設立目的に「長期資金の提供」
という文言が入っています。20年30年先のことを予測することは金融の
専門家でも困難です。そのような不確実な将来への投資には政府が責任を
持つ意味があります。さらに設立目的には提供される長期資金は「固定か
つ低利」と記されています。これは政府系機関が借り手の高金利期におけ
る調達費と運用益の逆転を防止すること，さらに民間の金利設定であれば
上乗せされるリスクプレミアムや期間スプレッド(第2章)を求めないこ
とを意味します。つまり政府系機関は融資先と関わる諸リスクを引き受け
ることで設備投資等を促進する機能を果たしていたと言えます。

　政府系金融が民間より良い条件(長期・固定・低利)で融資を行うことに
はもう一つ意味があります。信用力が低いために民間からでは好条件の融
資が受けられない中小零細企業や個人事業主に，長期・固定・低利の融資
を行えば，結果的に彼らの事業所得を増やせると考えられます。

　財投システムにおいて，原資となる郵貯等の元利金を支払うのに財投対
象機関から入ってくる元利返済金額が不足する場合，不足分は一般会計か
ら補填されるという仕組みがありました。そうすることで例えば高金利期
における低利固定融資を確保するなどしていました。これが後に財投が非
効率である証として批判された**利子補給**の制度です。ただ一般会計に貢献
する高額納税者から利子負担軽減分だけ中小零細個人事業者に所得移転が
なされていたとみなせば，財投はシステムとして所得再分配（公的な相互
扶助）機能を果たしていたとも考えられるのです。

3-3　役割③；産業育成と安定成長

　日本の政府系金融に公助の一義的役割を越えて期待された積極的機能として，経済の持続的，安定的な成長への貢献を挙げることができます。具体的には将来，経済成長を牽引しそうな新産業に対し優先的に融資し育成を図ることです。開銀を例にしましょう。「経済成長への貢献」を勘案し，貸付対象が時代とともに変化していった様子が見て取れます。

　昭和20年代，復興公庫の役割を継承したころの開銀融資は石炭，電力，海運，鉄鋼といった4大基幹産業が中心でした。昭和30年代前半，新たな輸出産業として機械工業，石油化学，合成繊維が融資対象に加わります。30年代後半にはオリンピックを意識してか国際観光と都市交通が，そして伸長著しかった自動車産業へと融資の幅が拡大されていきました。

　開銀融資の質的転換が始まるのは高度成長期の後半，昭和40年代です。国産化を目指すコンピュータや公害対策にも低利融資が実行されるようになった一方，石炭と繊維が開銀融資の対象から外れました。石油ショック後の昭和50年代，代替するエネルギー導入および省エネ対策を念頭に原子力発電や産業用ロボットのための資金供給が始まります。そして昭和60年代から平成初期，高齢化社会に対応した福祉施設，新たに成長を牽引すると目されたバイオ産業，宇宙産業，そしてベンチャー・ビジネスへと融資対象が移っていきました。

　もう一つの民業補完として注目されたのは97(平成9)年に「金融環境対応融資制度」として危機下にある民間金融を代替する融資を開銀が実行したことでした。それ以前から指摘されていたことですが，不況期における一般歳出だけでは需要創出が不十分な場合，不足分を担う役割が公的金融にはありました。公共事業，住宅建設等への融資には成長促進だけでなく景気安定化の効果もあるという見方がありました。

3-4　90年代の財投/郵貯批判

　バブル崩壊後，失われた十年と言われた90年代は日本の金融システム(および日本経済全体)の転換が求められた時期でした。民間においては，

規制に守られたシステムから自由化され競争を前提としたシステムへの転換が課題でした。そして財投システムにも在り方の転換が求められていたのでした。

　論点の一つは，従来民業補完と考えられた諸手法が民間システムの変化 (発展) に伴って不適切と捉えられるようになったことです。例えば，市場効率性と無関係な財投は，効率性追求の中から生まれる先端・戦略産業の育成には本来向いていない，金融資本市場から先端・戦略産業に供給されるべきマネーを財投が吸収してしまっているおかげで日本の金融資本市場の成長が阻害された，その結果かえって新産業が育たなくなったという見解です。

　もう一つは財投の構造問題です。原資を調達する郵便局は可能なだけ集めて運用部に預託するのみ，これが経済の需要を超えた過剰吸収になっている，運用部は受取った金額をベースに財投計画を立ててこれを消化するだけだから採算が無視され需要と無関係な事業が残される，必要な事業でも必要以上に巨大化している，といった批判です。バブルの象徴とも言われたリゾート開発にも巨額の財投資金が流れたことが「ムダ使い」のイメージ (実際に無駄になったものもありますが) を醸成しました。

　そしておそらくもっとも批判の声が大きかったのが官業 (政府系) による民業 (民間金融) の圧迫です。低成長時代に借入れ需要が縮小し，自由化によって利ザヤも縮小していた民間銀行は不動産関連融資を増大させていました。不動産バブル崩壊後の不良債権山積の状況下で数少ない低リスク債権として残っていた住宅ローンまで住宅金融公庫に獲られてしまっている，国の信用によって支えられた政府系金融が本来民間に任せるべき金融活動を横取りしている――こういった批判が出るのは状況的には自然な流れでした。住宅ローンや大企業融資は新しい金融テクノロジーを利用できる民間金融でも十分供給可能になっていました。公共財の範囲は縮小しており，それでも政府系金融が事業を続けるならば確かにそれは民間の収益機会を奪っていることになるでしょう。

　民業圧迫の批判は財投資金の運用機関に対してだけでなく調達機関にも向けられました。当時，一部自主運用による赤字国債の安定消化が期待さ

れていた郵便貯金は，定額貯金の満期集中による大量の資金流出を防止する目的もあって短期間に預入限度額を 300 万円 → 500 万円 (88.4) → 700 万円 (90.1) → 1000 万円 (91.11) と引上げました。そのことが，小口貯蓄手段という本来の目的からの逸脱だと批判されます。郵貯の民業圧迫批判は戦前から度々ありましたが，この後常態化していきました。

4　財投改革と現代の政府金融

4-1　財政投融資の制度改革

　時期的には金融不安の真っただ中でしたが，政府は抜本的な財政投融資改革を敢行しました。

　改革の第一の柱は資金運用部預託の完全廃止でした。それまで郵便貯金および厚生・国民年金積立金は，一部を除いて資金運用部に預託され，政府系金融などの財投機関に運用を任せるシステムでした。それを 2001 年以降，新規に受け入れた分については 100％自主運用としたのです。そこには非効率化や時代のニーズを捉えられなくなった財投対象機関への資金流入を止める，それによってこれら機関の統廃合を推し進めやすくしようという意図がありました。

　第二の柱は財投機関の金融資本市場を通じた資金調達です。預託全廃に伴って政府系金融機関などの財投対象機関は市場ルートの資金調達が求められました。その調達手段として財投機関は二種類の債券を発行するようになりました。従来からある政府保証債と保証なしの**財投機関債**です。後者の場合，発行する財投機関の事業を投資家が評価しなければ金利が上昇するため，事業の合理化，内容改善が促進されると期待されました。

　第三の柱は預託が廃止された資金運用部が財政融資資金特別会計に再編されたことです。同特別会計は**財投債**(財政融資資金特別会計債) の発行を通じて財源を確保し財投機関債の発行だけでは資金調達が十分でない事業に対して融資する方法を採用しました。財投債は政府が各法人への融資限度額を定め，国会のチェックと承認を得て発行されること，そして市場発行であることとによって，供給される資金に一定の歯止めがかかると考え

図表 7-2　改革後の財政投融資制度 (2001(平成 13) 年度～)

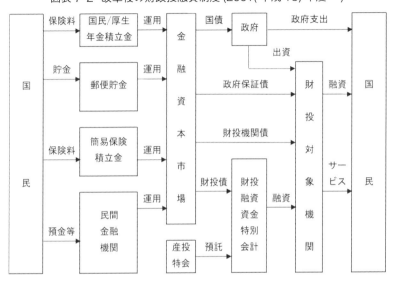

られたのでした。

4-2　郵便貯金と簡易生命保険の民営化

　財投預託が廃止されて以降，郵貯が新たに受け入れた資金は国債，地方債，優良社債，外国債，財投機関債などに自主運用されるようになりました。簡易保険は，先述のように預金部や資金運用部とは独立した自主運用が戦前戦後を通じて行われていました。ただ財投協力という形で一部資金が運用部にファイナンスされていました。しかしこれも資金運用部の再編に伴ってなくなりました。

　2001(平 13) 年，郵便貯金 / 簡易保険は従来の郵政省から総務省管轄の郵政事業庁に移り，03 年には独立採算の郵政公社に移行しました。そして07(平 19) 年，100％政府出資の日本郵政株式会社の 100％子会社として，ゆうちょ銀行，かんぽ生命，郵便事業，郵便局事業が独立経営という形で「民営化」されることとなったのでした。

　その後，2012(平 24) 年に，郵便事業と郵便局事業とが合併して日本郵便となり現在の 4 社体制へと移行しました。15(平 27) 年には，ゆうちょ

銀行とかんぽ生命が東京証券取引所の第一部市場に株式上場を果たしました。予定通りには進捗していませんが将来の完全民営化を目指して政府持株シェアを徐々に減少させており，株の売却代金は東日本大震災からの復興財源に充てられています。

4-3　年金積立金管理運用独立行政法人 (GPIF) の活動

　財投システムの主要な財源をかつて四原資と呼びました。そのうちの二つである郵貯と簡保は上述のごとく民営化の道を歩んでいます。残りの二つが国民年金と厚生年金，各々の積立金でした。組織としてはかつて年金福祉事業団という名でこれら積立金を資金運用部に預託していました。2001 年に預託が廃止されると同事業団は年金資金運用基金を設立して厚生労働大臣から寄託された年金資金の自主運用を開始します。そして2006(平 18) 年，年金積立金の管理・運用業務を担う機関として**年金積立金管理運用独立行政法人** (Government Pension Investment Fund, GPIF) が設立されました。

　日本の公的年金は現役世代が納める保険料によって高齢者世代に年金が給付される賦課方式を採っています。従って少子高齢化が進むと，より少ない現役世代人口でより多くの高齢者を支えなければいけなくなります。放っておいたら年金制度は持続可能ではなくなります。そこで保険料の上限を固定したり，給付費の一部を国庫負担としたり，時々の社会情勢に合わせ年金給付水準を自動調整する「マクロ経済スライド」を導入したりしています。

　しかしながら，無理のない制度運営という点ばかり注視すれば，肝心の年金給付が十分な水準を確保できなくなります。そこで重要になるのが，年金積立金 (保険料のうち年金の支払い等に充てられなかった部分) の活用もしくは管理運用です。その役割を担うのが GPIF です。

　年金制度が持続可能であるためには，上昇していく給付水準 (支出) に収入をバランスさせなければなりません。GPIF は，このバランスに資するため年金積立金の運用目標を「賃金上昇率＋ 1.7％」に設定しています。問題はどの様に目標を達成させるかです。

図表 7-3　GPIF による資産運用額・構成割合の変化 (各年度末 , 億円)

	2010（平成22）		2014（平成26）		2018（平成30）	
	時価総額	構成割合	時価総額	構成割合	時価総額	構成割合
国内債券	774,589	66.59%	567,037	39.39%	431,527	27.11%
市場運用	592,522	50.94%	516,915	35.91%	422,664	26.55%
財投債	182,067	15.65%	50,122	3.48%	8,863	0.56%
国内株式	134,154	11.53%	316,704	22.00%	386,556	24.28%
外国債券	94,283	8.11%	181,815	12.63%	278,187	17.47%
外国株式	130,919	11.26%	300,772	20.89%	418,975	26.32%
短期資産	29,225	2.51%	73.181	5.08%	76.808	4.82%
合計	130,919	100.00%	1,439,509	100.00%	1,592,154	100.00%

出所：GPIF「各年度 業務概況書」等のデータより作成

　GPIF の積立金運用における注目すべき点は，設立後，次第に機関投資家としての本領を発揮して積極的 (アクティブ) な運用への転換を図ってきたことです。比較的初期の 2010 年では国内債券が全体の 3 分の 2 を占めていました。それが 14 年に 4 割程度，18 年には 27％程と大きく低下します。代わって構成比を高めてきたのが国内株式・外国債券・外国株式で，何れも 1 割程度だったのが 2 倍以上に比率を高めてきました。18 年度におけるこれら三つを合わせた割合は 68.08％になり，10 年の国内債券と位置を完全に入れ替えました。おなじ国内債券でも長期保有を前提とした財投債は 15.65％から 0.56％にまで下げ，ほとんどが市場 (アクティブ) 運用で占められるようになっています (図表 7–3 参照)。

　積極運用の成果は，年金積立金残高に表れており，12 年間で 116 兆円から約 160 兆円へ，年率にして 3.1％以上の利回りを実現しています。年金財政が苦しいという話はよく耳にするし，確かにその通りである面もありますが，日本の公助金融部門が資産運用面から制度の持続可能性を支えているという事実は，もう少し国民一般に知られて良いのではないかと思います。

4-4　開銀から政策銀へ

　財投システムが改編され，資金調達部門であった郵貯等が民営化などに

より自律的な金融機関になっていった一方で，資金運用部門を構成していた個々の政府系金融機関も様々な形で再編されました。

　日本政策投資銀行(以下，政策銀)は99(平11)年，日本開発銀行と北海道東北開発公庫が統合し設立されました。政策銀は両組織の事業を引継ぎ，①経済活力の向上と持続的な経済発展，②豊かな国民生活の実現，③地域経済の自立的発展を設立目的としています。また90年代に指摘された問題点を意識し，①民業補完の徹底，②業務合理化・運営の効率化，③財務健全性の保持，④ディスクロージャー(情報開示)の充実，そして⑤政策金融評価の実施と事業の見直しを経営方針に掲げています。近年における政策銀による事業例を分野別に見てみましょう。

　a)エネルギー分野；ソーラーなど再エネ・ファイナンス，福島ガス発電(株)への事業融資など

　b)運輸・交通分野；羽田空港国際ターミナルの再拡張プロジェクト，川崎汽船(株)が運航する超大型コンテナ船取得にかかるファイナンスなど

　c)都市開発分野；東京スカイツリーを含む業平橋・押上地区再開発事業など

　d)産業分野；新世代小型ロケットの事業化による国内宇宙事業，燃料電池自動車向け水素ステーションの本格整備を目的とした合同会社設立など

　政策銀が民業補完を意識した事業として推進してきているのが，新しい形態のリスクシェアリングです。例えば民間による融資プロジェクトでも将来の不確実性が大きい場合，かつては開銀が民間に代わって排他的に長期・固定・低利の融資を実行していました。現在は民間と政策銀との共同融資，政策銀による債務保証等によってリスクをシェアリングし，以って民間による投融資を引き出す形へと変貌しています。

4-5　政策公庫と国際協力銀行

　日本政策金融公庫(以下，政策公庫)は，2008(平20)年に国民生活金融公庫(99年に国民公庫と環境衛生金融公庫が統合)，農林公庫，中小公庫の三

機関が統合され設立されました。国の政策の下で民間金融機関の補完を旨
としつつ，社会のニーズに対応して種々の手法により政策金融を機動的に
実施することを設立目的としています。経営方針として，①顧客サービス
の向上，②セーフティネット機能の発揮，③地域活性化への貢献，④低コ
ストで効率的な業務運営，環境やエネルギーへの配慮等々を掲げています。

　政策公庫が対象とする政策金融の三分野は，統合された三公庫の事業を
引き継ぎ発展させたものでした。具体的には，①国民生活事業；小規模事
業をサポート／創業支援／教育ローンなどによって支援すること，②農林
水産事業；農林漁業や食品産業への融資を通じて国内農林水産業の体質強
化や安全で良質な食料の安定供給に貢献すること，③中小企業事業；地域
経済を支える中小企業・小規模事業者の成長・発展を支援すること等々で
す。政策銀と同様，民間 (とくに地域金融機関) との協調融資など民業補完
に徹する姿勢を打ち出しています。

　国際協力銀行は，99 年に日本輸出入銀行と海外経済協力基金とが統合
して設立されました。08 年に国際金融部門が前出の政策公庫と統合され，
海外経済協力部門は独立行政法人国際協力機構（JICA）に統合されました。
しかし 12 年に 100％政府出資の株式会社・国際協力銀行として再統合され，
日本の対外経済政策の遂行を担う国際金融専門の政策機関として重要なポ
ジションにあります。

4-6　住宅金融の補完，その他の政府系金融

　住宅金融支援機構は 07(平 19) 年に住宅金融公庫を継承した独立行政法
人です。一時期，政府系金融で最大の資金量を誇り，かつてもっとも民業
圧迫の批判にさらされたのが住宅公庫でした。同公庫は，90 年代から住
宅ローンにおける直接融資を縮小し民間金融機関の住宅ローンの証券化支
援など，民業補完に徹する方向で事業の見直しを続けていました。支援機
構に衣替えした時分には既に直接融資は全廃し補完的な金融業務を専らと
する機関に改まっていました。

　証券化支援事業とはどのようなものでしょうか。支援機構は民間金融機
関が提供した住宅ローン債権を買取り，買取った債権を信託銀行等に信託

します。第 3 章で見た物の信託を使った信託方式による証券化です。支援機構は信託しておいた債権を担保として MBS(Mortgage Backed Security，不動産担保証券) を債券市場で発行します。そこで投資家から資金を調達，住宅ローン債権の買取り代金に充てます。債権を買取ってもらった民間金融機関はリスクをオフバランス化できるため，かつての政府金融同様に長期固定金利住宅ローンを提供することが可能になります。

　現存するわが国の政府系金融機関としては，沖縄振興開発金融公庫が沖縄県における産業の振興開発に寄与する事業に長期・固定・低利の貸付けを続けています。その他の政府系金融としては，商工組合中央金庫，奄美群島振興開発基金，福祉医療機構が存続しています。

4-7　財投計画のその後

　2001(平 13) 年の財投リストラクチャリング以降，財投計画額は年々減少の一途をたどっていきました。これが微増と横ばいに転じたのは 08(平 20) 年のリーマンショックの時で平成 21 年には不況対策で 5 年振りに 20 兆円を超えます。上昇は一時的に見えましたが，平成 23 年の東日本大震災で 5.7 兆円の補正が組まれて再び 20 兆円を超えました。その後は 15 兆

図表 7-4　財政投融資計画額の推移 (単位；兆円)

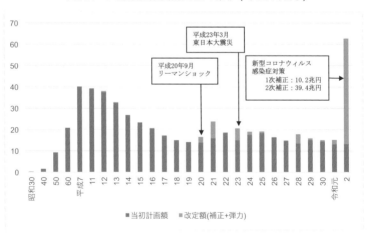

出所：財務省による開示情報 (平成 11 年以前は当初額のみ表示)

から 20 兆の間で推移していましたが，令和 2 年に新型コロナ感染症対策で，50 兆円近い補正が組まれ，財投の歴史始まって以来の水準に達しました（2020 年 8 月末現在）。

　日本は財政投融資という民間を代替する公助金融システムによって，過度な外資依存に陥ることなく戦後経済復興と高度成長を実現してきました。日本の公助金融は 21 世紀初頭の改革後も機動的に用いられてきていると言えます。もし，日本に一般会計しか予算がなかったとしたならば，コロナ対策も実際より随分抑制的になっていた可能性が高いです。

　しかし課題はあります。公助システムにおける社会目的実現という郵貯創設以来の役割も，例えば格差社会の弊害緩和など十分果たされているとは言い難いものがあります。何 10 兆円単位の支出によって，果たしてどれだけの社会的ニーズが満足されているのか，明確ではありません。

5　現代の共助金融と SDGs

5-1　日本の金融システムと SDGs

　社会的ニーズという観点から 1990 年代以降，あらためて注目されるようになったのは公助よりも長い歴史を持つ共助金融でした。

　長く存在する共助金融の担い手として信金信組など非営利の協同組織金融機関 (序章参照) があります。営利機関からは高利融資しか受けられない中小零細企業に会員 / 組合員になってもらい低利融資など緩和的条件での金融サービスを提供しています。一機関内においては，低リスク層に割高な金利を課すことによって高リスク層の割安な金利による損失を内部補填する形で相互扶助を実現します。

　近年，営利非営利を問わず社会目的を持った金融活動に関して，民間組織がサービスを提供する流れが次第に太くなってきています。従来の協同組織内にとどまらず，社会全体での助け合いといった形へと共助の範囲が拡大してきているのです。世界的潮流としては 2015 年の国連サミットで採択された SDGs(Sustainable Development Goals，**持続可能な開発目標**) を外して考えることはできません。これは国連加盟 193 か国が 2016 年から 30 年

の 15 年間で達成するために掲げた十七の人類的目標のことです。周知の
ことかもしれませんが，以下，述べておきましょう。

　大まかにですが，主として途上国に対する支援分野として①貧困をなく
そう，②飢餓をゼロに，③すべての人に健康と福祉を，④質の高い教育を
みんなに，⑤ジェンダー平等を実現しよう，⑥安全な水とトイレを世界中
にという諸目標があります。

　主に先進国に関係する分野として⑦エネルギーをみんなにそしてクリー
ンに，⑧働きがいも経済成長も，⑨産業と技術革新の基盤をつくろう，⑩
人や国の不平等をなくそう，⑪住み続けられるまちづくりを，⑫つくる責
任つかう責任といった諸目標が掲げられています。

　そして包括的な目標分野として⑬気候変動に具体的な対策を，⑭海の豊
かさを守ろう，⑮陸の豊かさも守ろう，⑯平和と公正をすべての人に，⑰
パートナーシップで目標を達成しよう，となってます。

　日本の金融機関の多くが業態を超えて CSR(Corporate Social Responsibility)
すなわち企業の社会的責任の一環として SDGs への具体的貢献を謳ってい
ます。“取り敢えず”のレベルから自らの存在意義と宣言するレベルまで
様々ですが，2020 年 3 月期年次報告書で SDGs に言及していない金融機
関を探すことは容易ではなくなっています。

　もちろん営利と非営利でレベルの違いはあります。しかし地域密着金融
(第 2 章) に見られるように現代の共助金融は営利組織と非営利組織の壁
を越えてきているという認識が最初に必要でしょう。

5-2　ソーシャル・ファイナンス

　現代社会の抱える諸問題を金融面から解決しようとする社会的活動は，
幅広くソーシャル・ファイナンス (SF) と呼ばれています。こういうとか
なり抽象的なのでその一般的性格をいくつか挙げましょう。

　まず政府機関とは一定の距離を置いています。そして住民から集めた資
金を社会的課題の解決に向けて有効活用しようとします。しかし資金 (原
資) を提供する人々が得る利息や配当金は通常の預金 / 投資よりも低水準
です。

　SF の利息や配当金が通常の資金運用よりも低い理由は，資金提供者が通常の財務的リターンに加えて社会的リターンによる効用 (精神的満足) を得ているからという説明が可能でしょう。社会的リターンもしくは**社会的投資利益率** (SROI，Social Return on Investment) は「一定期間における社会的成果」を「投下資源額」で割って求める指標です。この SROI が高いことが資金提供者の効用を高めるので株式投資収益率のような財務的リターンが低くても構わないということです。

　SF はおよそ 3 分野に分けることができます。

　第一分野は，主に貧困者などの経済的弱者に向けた金融サービスで，ソーシャル・ファイナンス自体は 20 世紀からありましたが，SDGs における開発途上国に対する支援分野と重なります。ただし主に途上国と言うだけで経済格差等の問題は日本も含め先進国の現代的課題です。第二分野は，クリーンエネルギーや古民家活用など先進国の社会的課題に取り組む零細事業者に対する金融支援です。SDGs における上記⑦から⑫に重ねられます。そして第三分野は環境，健康，教育など途上国にも先進国にも当てはめられる各種社会問題の解決に向けた金融面の支援です。

　ではこれら各分野に取り組む SF 機関にはどのような組織があるのでしょうか。欧米ではソーシャル・ファイナンスと関わる専業的な金融機関として，**クレジット・ユニオン** (credit union) があります。勤労者を中心とした個人を組合員とする非営利の協同組織金融機関です。組合員に対して①貯蓄の奨励，②銀行を利用できない組合員に低利の融資，そして③生活安定のための各種金融サービス (共済など) を提供する民間機関です。

　日本では非営利の協同組織金融機関がクレジットユニオンと類似したサービス提供をしています。他に近い存在として NPO バンク等があります。NPO バンクとは，広く言えば，SDGs に関連するような市民事業に融資を行う非営利金融機関を一まとめにした呼称です。自らは非営利でも融資対象は営利 / 非営利の区別をしないという特徴を持っています。

5-3　日本のマイクロクレジット

　SF の第一分野に挙げた，貧困者など経済的弱者に向けた金融サービス

の代表格にマイクロクレジット (MC) があります。MC は主として途上国において貧困状態にある女性たちに短期の生業資金を融資して生活の自立を促し，同時に男性社会の中での社会的地位の向上も目指す金融機関として知られています。バングラディシュのグラミン銀行 (ここは銀行なので受信もします) は，日本でもよく知られた存在です。2018 年に設立されたグラミン日本は，活動が東京周辺に未だ限られていますが，生活の自立を目指す女性達のために生業資金融資を開始しました。

　MC と一口に言っても途上国に多い①生業資金融資タイプに加えて，フランスを中心とした欧州や豪州・ニュージーランドに多く見られる②債務整理資金融資タイプ，③生活支援資金融資タイプの三種類があります。日本に従来から存在するのは②と③のタイプでした。戦前，政府公認の低利質店が③の機能を果たしていたと言います。質の起源も鎌倉時代に遡ると言いますが，1950 年代まで庶民金融と言えば質が代表でした。かつて質店の中に返済期限を設けず差し入れられた担保としての質草を長期保管したり，採算を度外視した利率で融資したりする非営利業者がありました。わが国 MC のルーツ的な存在でしょう。

　1960 年代，MC 質店に代わるように登場してきた庶民 MC が信用生協でした。しかしその多くが消費者金融の台頭によって廃業を余儀なくされました。最後に誕生した岩手信用生協 (1969 年設立，現信用生協) だけが生き残り，今も日本の MC を牽引する存在であり続けています。

　1980 年代のサラ金問題，2000 年代の多重 (もしくは過重) 債務問題に向き合う中で岩手信用生協は債務整理資金融資タイプ (②) の事業を開始し比重を高めていくこととなります。これは低利資金を借りて高利の多重債務を返済する新しいタイプの共助金融でした。これが一般的な「おまとめローン」と異なるところは，リスクと無関係に一律の低金利であること，無料の生活相談を最初に実施し，貸付が顧客の生活再生に本当に役立つ場合だけ融資を実行するという利用者本位の姿勢にあります。2000 年以降，同生協に共鳴したグリーンコープやみやぎ生協など生活協同組合や一般社団法人・生活サポート基金が②③タイプの MC を開始しました。

　1950(昭和 25) 年に生協活動と一緒にスタートした労働金庫も②タイプ

の低利借換え融資や③タイプの福祉ローンを提供しています。より低所得層を対象とした全国社会福祉協議会の生活福祉資金も，公助の性格が強くなりますが，広い意味でのMCと言えるでしょう。

5-4　市民ファンドという存在

　資金面からソーシャル・ファイナンスを支える存在に一般市民から目的限定の寄付金等を募り NPO や地域団体に助成，社会的課題の解決に役立てる**市民ファンド**があります。

　上に紹介したグラミン日本も含めた本邦 MC の資金源は多様で，自治体の制度融資 (自治体の資金を預託した金融機関の融資を紹介し信用保証料や利率を補助することによって利用者の負担軽減を図る制度) であったり，事業を理解した生協組合員が融資する生協債の発行であったりします。そしてもう一つ有力な資金調達法が市民ファンドの立上げです。上記した生活サポート基金は，多重債務者や生活困窮者に生活再生資金の融資をおこなうために「個人再生ファンド」を立ち上げて融資資金に困らないだけの資金調達に成功しました。

　市民ファンドは MC に限りません。次節で述べるクラウド・ファンディングを応用することで幅広い社会的課題解決のための資金調達を実現しています。手法として大きな伸び代を有するものです。

5-5　ESG 投資とインパクト投資

　ESG 投資は環境 (Environment) に配慮した，社会 (Social) に貢献する，企業統治 (Governance，収益を上げつつも企業倫理に適った経営) を重視する企業 (営利 / 非営利は問わないが営利が多い) への投資を意味します。これら E と S と G の非財務情報をもとに企業の持続的な成長力を評価した上で，従来のマーケット情報や各企業の業績および財務情報なども合わせて投資判断がなされます。ESG 投資に見られるのは資本主義社会の理念に則りつつも永続的に皆で豊かさを分かち合うことを目標にする，営利目的を否定するのではなく SDGs にも貢献していくというコンセプトです。

　ESG 投資のリード役を現在日本で果たしているのが，前節でも紹介し

た国内最大級の機関投資家 GPIF です。GPIF が主導することで，つながりのある多くの国内ファンドが ESG 投資になびく結果となりました。公助金融と共助金融が SDGs という共通項でつながりを持った一例です。

　インパクト投資とは社会的事業を行う企業，組織，ファンドへ投資することによって，社会的リターンと財務的リターンの両立を目指そうとするものです。そこで重要なことは「測定可能なプラスの社会的インパクト」があるということです。例えば MC(上の①タイプ) における測定可能なインパクトとは，何人の貧困者に融資が実行 (リーチ) できたか，どれだけ所得の増加に貢献できたか，どれだけ多くの女性の社会的地位を向上させられたか，といった数値で表すことができるものです。あるいは途上国の農業分野なら，どれだけ収穫量を増やせたか，どれだけ農薬使用量を減らせたかによってインパクトが測定されます。

　インパクト投資におけるもう一つ重要なポイントは，そのプラスの社会的インパクトを持続可能なものとするために経済的リターンが正当化されるという関係性です。グラミン創設者のムハマド・ユヌスは，グラミンは営利企業であると明言しましたが，彼は獲得した利益によって更に多くの貧困者をリーチ可能にするというポジティブ・インパクトを営利獲得の目的としていました。彼が提唱したソーシャル・ビジネスは，分かりやすいインパクト投資対象の実例と言えるでしょう。

6　情報技術と SDGs 金融

6-1　フィンテックとは何か

　フィンテック (Fintech) とは情報技術 (IT) を活用した (革新的な) 金融サービスのことを言います。広く解釈すれば，IC を利用した電子決済もフィンテックであり 2000 年以前から存在したことになります。一般には，リーマンショック後にアメリカのシリコンバレーで活躍するベンチャー事業者が中心となり次々生み出した「早い，安い」を特徴とする身軽な金融サービスの数々を指します。例えば，グローバルな資金決済で手数料が従来の銀行よりも安く，瞬時に手続きが完了する P2P（個人間）送金のような諸

サービスです。

　以下では SDGs とつながりを持ち得る，仮想通貨 (暗号資産) とクラウド・ファンディングをピックアップして紹介したいと思います。

6-2　ブロック・チェーンと仮想通貨 (暗号資産)

　様々なフィンテックの中で，最大級の汎用性を備えている技術が**ブロック・チェーン** (Blockchain) です。ひとまとまりの情報を次から次へと鎖のようにつないでいく構造を持ち，仮想通貨では分散型台帳技術として応用されています。これはお金のやりとりを記録した「台帳」の全部一部を，仮想通貨を取り扱う参加者全員が保存・管理することで偽造できないようにする仕組みです。

　電子マネーが中央銀行発行の法定通貨との交換によって使用可能になる（中央銀行が価値を裏付けている）貨幣であるのに対し，仮想通貨は中央銀行から独立して発行され，ブロック・チェーンを活用して管理，主にインターネット上で取引されます。金融庁はこれを通貨と認めず「暗号資産」と呼んでいます。

　仮想通貨の規模は 2020 年 9 月末段階で，全世界に 2500 から 3000 種が存在し，全体の時価総額は約 35 兆円，一日の取引額は約 10 兆円です。時価総額の割合で言うと代表的仮想通貨のビットコインが全体の約 6 割以上を占め，イーサリアムが約 12%，リップルが約 3.1% と続きます。

　仮想通貨のデメリットは，価値変動性 (ボラティリティ) が大きく投機対象になっても交換手段に向いていないこと，偽造を難しくしても不正流出などセキュリティ問題がなかなかクリアされないことでしょう。金融庁は将来性ある技術を活用した決済手段へのいたずらな規制を避けるという当初方針を転換しました。2020 年 5 月に改正資金決済法が施行され，①顧客の暗号資産を信頼性の高い方法での管理義務付けること，②虚偽表示・誇大広告の禁止，③レバレッジ取引について金融商品取引法の適用といった規制強化が行われました。

　欧米においては，投機対象資産であるだけならまだしも法貨に代わる貨幣になり得るという理由で規制する動きが見られます。そのような流れの

中で計画の変更を余儀なくされたのがフェイスブックの仮想通貨リブラでした。

リブラ (2019 年 6 月, 将来のサービス開始を発表) の当初コンセプトは,「多くの人々に力を与える, シンプルで国境のないグローバルな通貨と金融インフラになる」というものでした。日本と違い世界には信用が低いなどの理由で銀行口座を持てない人々が数多く存在します。しかしそういった人たちもスマートフォンがあればフェイスブックは利用できます。銀行口座を持たない人も含む世界中のフェイスブック利用者 27 億人に, 手軽で安い手数料で利用できる金融サービスを提供できると (少なくても表向きは) 謳っていました。

リブラは主要通貨のバスケットに連動させることで, 価格乱高下が起きにくい「ステーブルコイン」を目指していました。しかし, フェイスブックが本人確認・情報管理・マネーロンダリング (資金洗浄, 不正資金の出所を電子化によってわからなくすること) の対策が十分では無く, 個人情報が漏洩したり, リブラが盗まれたりする事件・被害の可能性が否定できないといった懸念が出されます。そして上で述べた法貨に代わる通貨への反対もあり発行が見合されました。

中央銀行から独立した決済手段の出現は, 金融政策などシステム・コントロールの有効性を脅かす危険性もあり, 一定の規制はやむを得ないかもしれません。ただリブラの発想は, グローバル・レベルでの社会的課題の解決につながるものです。仮想通貨を利用した経済的弱者への金融サービス提供は, 今後また形を変えて登場してくる可能性があります。

6-3 ソーシャル系のクラウド・ファンディング

クラウド・ファンディング (Crowdfunding, 以下 CF) とは, クラウド環境 (インターネットが使える環境があれば, どこからでもサービス利用が可能な環境) で, お金を借りたい主体とお金を貸したい主体とをマッチングさせ, 財源提供や協力などを行うことです。プラットフォームとなっているサイトの審査さえ通過すれば個人・団体・企業の大小を問わず, 誰もがプロジェクトを立ち上げられる手軽さに特徴があります。第 3 章で述べた証券化手法

がここでも広く利用されています。

　以下で紹介するのは，特にソーシャル・ファイナンス系の CF です。

　1990 年代から存在していたのが環境関連ファンドです。特定の環境テーマに関連したものを特にエコファンドと呼びます。また近年圧倒的に多くなっているのが地球温暖化防止関連ファンドです。

　度重なる天災に見舞われた 2010 年代に増えてきたのが寄付型ファンドでした。災害関連ではボランティア，災害復興，難民救済等への財政的支援などに利用されています。その他，食事に困る人のためのフードバンクへの寄付，新型コロナ関連で PCR 検査無償提供のための寄付など広がりを見せています。日本は欧米に比べ寄付の文化が定着しないと言われてきましたが，CF の持つ手軽さが常識を覆す可能性が出てきました。

　マイクロファイナンス投資ファンドは，マイクロクレジットの原資を広く一般から集める市民ファンドの一形態です。マイクロファイナンス (MFI) は融資にとどまらず預金・送金・保険などのサービスを貧困者向けに提供する機関です。CF を利用した MFI へ直接的な融資は一つの世界的ムーブメントになっています。前節で紹介したグラミン日本は 2018 年に CF を通じて 1000 万円超の支援を受けています。また 2020 年には「グラミン日本｜コロナで困窮する若者・ひとり親の未来を守る。」といった CF を自ら立ち上げました。

　その他，地域おこしなど多様な社会的課題に取り組む企業／組織を支援するために CF は幅広く活用されています。

　従来，共助金融は親族や地域，職場といった限られた範囲での助け合いを基本としていました。それがフィンテックを活用することでコミュニティーあるいは国を異にし，距離的にも遠く隔たった個人と個人が資金的に助け合える，30 年前には考えられなかった環境が生み出されました。この潮流は日本社会を文化的にも変えていく十分なポテンシャルを持っていると考えられます。

第8章　海外進出の上げ潮と引き潮

1　はじめに

　最後の締めくくりとなる本章は日本の金融システムおよび金融機関の海外との繋がりがテーマです。

　前半の第2節と第3節は1990年代までの本邦金融機関による海外進出の歴史を振り返ります。本章後半は21世紀に入ってからの動向についてです。第4節ではメガバンク，第5節で地域金融機関，第6節で証券会社の海外進出について見ていきます。そして第7節では海外から日本への進出，すなわち外資系金融機関の活動について考察します。

2　戦前から1970年代までの海外進出

2-1　横浜正金銀行の設立

　日本の金融機関が国際舞台で活動する嚆矢となったのは横浜正金銀行（以下，正銀）です。金準備の不足から金本位制の採用を断念した後の1880（明13）年，いずれ正貨取引のセンターとなるべく外国貿易の中心地だった横浜に設立されました。当時世界を席巻していた英系の香港上海銀行（HSBC）に対抗する意味もあったと言います。日本の輸出拡大にとって重要視された正銀は，1887（明20）年の横浜正金銀行条例によって外国為替業務を専門とする特殊銀行となりました。

　同行は外為業務のほか，①正貨の保管，②外為市場介入も担っていました。日本が金本位制を採用したとき，金準備の一部は在外正貨として，正銀ロンドン支店で管理され，必要に応じて現地での売買操作や正貨の輸送（現送）がおこなわれていました。これらの業務は本来中央銀行の専管な

のですが，当時は国際金融が格別に重視され，外国為替専門の正銀には相当な期待が掛けられていたのだと思われます。

正銀の資金調達は①政府からの預託金，および②日銀からの低利借入によって賄われました。輸出入業者への貸出規模は約4500万円(20世紀初頭)で，邦銀で最大規模を誇っていました(五大銀行平均で1000万円程度)。後に世界でも正銀は三大為替銀行(他はHSBC，スタンダードチャータード銀行)に数えられるほどとなりました。

2-2　戦前，特殊銀行を中心とした海外展開

戦前期において正銀の他にも，五大銀行(第一，安田，住友，三井，三菱)が各々海外へ拠点を拡大していきました。ただ動きとして目立っていたのは，植民地経営が目的で設置された現地特殊銀行の事業拡大でした。

1878(明11)年に第一国立銀行の釜山支店が設置されます。これが韓国で最初の近代銀行となったと言われていますが，韓国側には1899年に設立された大韓天一銀行(後の朝鮮商業銀行)がありました。日本の併合政策により1911(明44)年，韓国銀行(中央銀行)が，日本の特殊銀行として朝鮮銀行に改称され，兌換保証の他，商業銀行としても機能するようになりました。同行の支店等は，朝鮮24，満州26，シベリア8，ニューヨーク1，ロンドン1，中国40，内地9(日本国内)と拡がりを見せ文字通りグローバルに事業を展開していきました。その他，朝鮮殖産銀行，東洋拓殖銀行が，韓国の内外で競合的に事業を展開しました。

1899年，台湾銀行(以下，台銀)が設立されます。最初は島内貸出しが中心でしたが，1915年頃，島内を内地/在外貸出しが上回り，1924年には56.6％が内地貸出という状況でした。台銀と言えば1927(昭2)年，主要貸出先である鈴木商店の経営悪化で休業に追い込まれたという話が歴史の教科書にも出てきます。実はその後，台銀は業績回復して1940年には台湾16，内地4，中国6の他，香港，東南アジア，米英にも支店を拡大していました。

第7章でも触れたように，戦後，植民地政策のための特殊銀行は全て連合軍に接収されるなどして消滅しました。

2-3　戦後，1970 年代まで

　戦後，邦銀の海外事業展開の第一号となったのは 1952(昭 27) 年，東京銀行 (以下，東銀) がニューヨークとロンドンに支店を開設したことでした。東銀は 1946 年に横浜正銀を承継して設立された外為専門の民間銀行でした。海外拠点設置の認可で外為専門銀を優先するという大蔵省方針によって年間平均 3 拠点ペースで海外拠点網を構築していきました。60 年代末における東銀の海外拠点は 51，全邦銀拠点数 91 の約 6 割を占めていました。一方で大半の都銀の拠点開設ペースは緩慢であり，6 〜 7 年で 1 拠点開設できる程度に過ぎませんでした。

　60 年代の高度成長期になっても東銀以外，一部例外を除いて海外拠点の開設を原則認めないという大蔵省方針は従来通りでした。しかしユーロ円市場の膨張，日本企業の海外展開の増加と状況は次第に変化していきました。やがて大蔵省は海外店舗行政の転換を図ります。1969(昭 44) 年度から海外の情報収集や人材育成の見地から年 1 拠点程度の駐在員事務所の開設，1971(昭 46) 年度からは海外支店や現地法人の開設も認められるようになりました。現地法人とは現地において法人化された子会社を意味します。それ以降，邦銀全体で年 20 程度のペースで海外拠点が増えていき，70 年代末には海外拠点数が 300 を超えるまでに増加しました。

　顕著だったのは香港，シンガポール，シカゴへの拠点開設でした。特に香港においてはアジアの国際金融センターとしての地位の高まりを背景に 70 年代末までに 24 拠点が開設され，ロンドン，ニューヨークを抜いて最多となりました。開設された拠点の多くは証券現地法人でした。現地法人の開設急増も 1970 年代における海外展開の特徴と言えるでしょう。

3　上げ潮から引き潮へ；80 〜 90 年代

3-1　環境の変化

　1980 年代は，本邦金融機関の海外進出が「爆発的」に増加した時期です。背景には大蔵省の方針転換にとどまらない大きな環境変化がありました。

　第一は，内外資本フローの増大です。1979(昭 54) 年の外為法改正 (施行

は翌80年)により内外資本取引が原則自由になったこと，そして大企業による海外市場での起債など資金調達／運用の多様化が進展していました。

第二は，海外における金融自由化の進展です。70年代に米国，80年代に英国と，規制緩和が進まない日本国内よりも収益機会が拡大しました。

第三に，大企業に加え中堅中小企業でも国際化が進展したことです。70年代に都銀中心だった海外進出は，地元中小企業の海外進出につれて地域金融機関がそれぞれ海外拠点を一つ二つと持つようになりました。

そして満を持していたかのように大蔵省の海外店舗規制が大幅緩和されました。少し遅かったという話もありますが，1984(昭59)年度以降は進出先金融当局との調整がとれれば拠点開設は各行の自主判断に委ねるとしました。

3-2　一つのピーク

80年代の10年間でもっとも拠点数を増やしたのは現地法人(48拠点から196拠点へ増加)でした。通常ならば駐在員事務所や支店形態を中心に拠点を増やすものです。コスト高の現地法人を増やしたのには理由がありました。この時期，日本の銀行や証券会社の国際金融業務が，それまでの貿易金融やシンジケート・ローン(幹事金融機関が融資団を組成，同一条件で融資を行う巨額資金調達の仕組み)だけではなく，証券業務やリース業務，投資顧問業務など，支店等ではできない業務へと拡大したことが背景にありました(序章，第1章参照)。

海外拠点として現地法人を増やすもっとも手っ取り早い方法として本邦金融機関が多用したのは現地金融機関の(大型)買収でした。70年代の買収は進出の足掛かり作りが目的だったため対象のほとんどが小規模の金融機関でした。80年代買収の特徴は，業務拡充が主な目的だったことから，現地を代表する大手金融機関を対象にしたことでした。

代表的な買収事例を見ていきましょう。(金融仲介を主とする)商業銀行では三菱銀行によるバンク・オブ・カリフォルニア(83.8)，東京銀行によるユニオンバンク(88.2)が著名です。後者の買収金額7.5億ドルは，当時「史上空前」と言われました。証券業務の拡充の例では，ゴッダルド銀行

(1984.7，スイス) の買収により住友銀行は欧州での証券業務で強固な事業基盤を確保します。住銀は日系企業の公募債や転換社債などの発行で主幹事 (株式等の売り出しにおける複数の幹事会社の代表) を次々獲得していきました。その他業務拡充の例として富士銀行によるヘラーインターナショナル (84.1)，第一勧銀による CIT グループ (89.12) の買収があります。この二つは全米・カナダで中堅・中小企業向けリース業を展開していました。

　デリバティブ関連で中心となったのはシンガポールです。80 年代を通して金融先物取次ぎを専門とする現地法人が多数設立されています。当時は金融の高度化に伴って，金利 / 通貨スワップ，オプションなどのデリバティブ取引が急拡大した時期でした。顧客企業の旺盛なデリバティブ需要に対応するためニューヨークやロンドンにもデリバティブ専門の現地法人が相次いで設立されました (補論 A 参照)。

　80 年代も終わりに近い頃 (88 ～ 89 年)，欧米における主要証券取引所で邦銀の上場ラッシュが起こりました。ロンドン市場には富士，第一勧業，日本興業の各行が，ニューヨークには三菱が，さらにパリやアムステルダムにも邦銀の上場は続きました。背景の一つとして考えられるのは，欧州市場統合に向けての知名度向上の狙いがあったこと，そしてもう一つは 88 年に発表された BIS 規制の導入 (第 6 章) に合わせ資本充足のニーズが高まったこともありました。

　国内的なバブルの膨張と軌を一にした本邦金融機関の海外進出は 80 年代末を満潮として，爾来引き潮に転じます。しかし 80 年代の海外経験が現代につながる知財獲得につながったという見方もあります。①厳格な資産査定，②不良債権の前倒し償却，③ディスクロージャー，④ IR 活動の推進……等々，欧米流手法を体得する機会を得たとする積極的な評価もあるのです。

3-3　1990 年代前半；欧米からアジアへのシフト

　80 年代末は，日本のバブル程甚だしくはなかったものの，欧米諸国でも大小のバブルが発生していました。90 年代前半，邦銀のロンドン支店では 80 年代に融資を拡大した英国企業の経営状況が悪化して多額の不良

債権を抱えるに至っていました。ニューヨーク支店では S&L 危機に端を発する 80 年代末から 90 年代初めの米国経済の急速な冷え込みにより商用不動産貸出の多くが不良債権化していました。S&L (貯蓄貸付組合) とは決済機能を持たない貯蓄預金を集めて不動産投資をする協同組織の中小金融機関のことです。自由化を背景とした過大なリスクテイキングにより倒産件数は 88 年だけで 205 社に上りました。日本においては未だ対岸の火事のようにしか思われていませんでしたが，アメリカ各地に広がった取付け騒ぎは危機の様相を呈していました。

　欧米諸国における経済不調を背景として，日系企業 (中堅・中小企業を含む) のアジア進出が拡大，この時期は特に中国への大規模な進出が始まります。またアジア現地企業の成長によって資金需要が拡大したことと，外資の取込みによって成長を実現しようとするアジア各国が外銀規制を緩和したことも重なって，本邦金融機関のアジア重点化が加速して行きます。

　アジア拠点について，本店や欧米拠点の人員を振り分ける形で増員するなど，アジアシフトとみられる海外人員の集中配分が実行されます。邦銀の組織体制自体も再編されて，本店に「アジア部 (さくら銀，富士銀，第一勧銀)」や「香港業務部 (大和銀)」が置かれたり，国際部 / 国際業務部内に「アジア室」「中国室」が置かれたりしました。現地の外銀規制の緩和に伴って，大連や上海，広州，バンコクの駐在員事務所が一斉に支店へ昇格するなど支店の再重点化も図られました。

　90 年代の前半は対外的感覚としてアジアの時代という雰囲気が醸成されていました。証券業に関しては香港，シンガポールと共にニューヨーク，ロンドンの各支店も一定の地位を保っていました。93(平 5) 年 4 月に大蔵省が三局指導 (証券現地法人による日系企業公募外債の引受主幹事業務を事実上禁止) を撤廃したことを受けて，ロンドンや香港の証券現地法人が起債の引受け能力を高める目的で資本増強に乗り出します。そして外債の引受主幹事業務の獲得競争に本格参入するため現地スタッフ採用を中心とした大幅増員を敢行しました。さらにニューヨークおよびロンドンのデリバティブ現地法人がシンガポール現地法人を設立し，デリバティブ業務における三極体制が構築されていきました。

3-4　1990 年代後半；アジアも含めた海外拠点の削減

　90 年代後半はグローバル事業展開の後退が顕著だった時期です。都銀のアジアも含めた海外拠点は 94 年末の 661 から 99 年末の 417 へと 5 年で 37% 削減されて 80 年代初め (約 20 年前) の水準に戻りました。その背景にはいくつかの要因がありました。

　一つ目は東銀 / 三菱銀合併の影響です。1994 年末の海外拠点は東銀 100(駐在員事務所 22，支店 45，現地法人 33) に加え，三菱銀 60(駐在員事務所 17，支店 21，現地法人 22) で合計 160 拠点ありました。両行が合併して東京三菱銀行が誕生した 96 年 4 月 1 日時点の海外拠点は 104(駐在員事務所 21，支店 47，現地法人 36) となり 56 拠点が減少しました。統廃合にはルールがあって，重複がない拠点は原則存続させるが，重複があるときは業務範囲が広い方を存続させるというものです。現地法人の統合例として東銀のユニオンバンクと三菱銀のバンク・オブ・カリフォルニアでは，何れも全米有数の大手行なのですが，合併比率 64.8/35.2 でユニオンバンク・オブ・カリフォルニアを誕生させています (現在の MUFG ユニオンバンク)。

　大幅削減の二つ目の要因として大和銀行の全米完全撤退を挙げることができます。1995(平 7) 年 9 月，大和銀ニューヨーク支店における巨額損失事件が明るみに出ました。同行支店職員が取引損失隠蔽のため，支店資産の米国債を無断売却するなどして 11 億ドルの損失を出します。その事実を大和銀は大蔵省に報告するものの現地当局である FRB へ報告しませんでした。これがアメリカ当局によって隠蔽と認定されたのです。同年 11 月，FRB は大和銀に対して翌年 2 月までに米国内全拠点の閉鎖と免許返還を命令しました。96 年 2 月，同行は命令通りに米国からの撤退手続きを完了します。このとき住銀に 15 支店を譲渡しましたが，2 年後の 98 年 4 月に住銀の国際業務の急速な収益悪化を受けて 15 のうち 13 支店が閉鎖されました。

　海外拠点の統廃合はアジアに及びます。三つ目の要因は，東南アジアのバブル崩壊とそれにつづくアジア通貨危機の影響です。これで東南アジアの各支店，シンガポールや香港，インドネシアの現地法人の多くが閉鎖さ

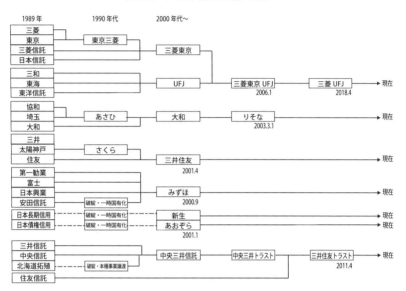

図表 8-1　大手銀行再編の流れ

れました。この後は危機の影響を食い止められた中国が，21世紀初頭に
かけて残された数少ない邦銀海外拠点の中心になります。

　邦銀の海外支店大幅削減の背景として，しかしおそらく最大の促進要因
となったのは金融当局 (大蔵省から金融庁に移行する時期です) と政府によ
る誘導的な行政措置であったように思われます。

　1998(平10)年，都銀各行は経営環境の継続的な悪化を受けて公的資金
の注入を政府に申請しました。そして98から99年にかけて二度にわたり
総額約10兆円の公的資金が都銀各行に資本注入されました (第6章)。こ
のとき資本注入の条件とされたのが，おそらく当時最大のリスク要因と考
えられていた海外拠点を思い切って統廃合することでした。各行は政府の
要請に従い，海外拠点の5，6割削減を計画します。そして競うように実
行しました。このとき残った在外拠点の多くは，現在も各行における重要
な海外資産であり続けています。

4　21 世紀メガバンクの海外再進出

4-1　ビッグバンとメガ金融グループの登場

　一つの時代の終わりは次の時代の始まりと重なっています。都銀を中心に海外拠点が大幅削減されている頃，国内的な話題は規制緩和のビッグバンでした。その目玉と言われていたのが為替取引の完全自由化です。1998(平 10) 年 4 月施行の新外為法によって為銀主義が撤廃され，外為公認銀行が独占してきた外為業務が自由化されました (96 年に東銀が三菱と合併したときに外為専門銀行はなくなっていました)。

　金融ビッグバンのもう一つの目玉が金融持ち株会社の解禁 (1999 年) でした。90 年代を通じて都銀や信託銀の大手は経営安定化を図ることを目的として合併を進め一行当たり平均資産規模を拡大していました (図表 8-1 参照)。00 年代初頭，巨大になった都銀を中心に持ち株会社 (ホールディングス) が次々設立され，その傘下に都銀自らと大手信託，系列証券が収まるスタイルのメガ金融グループが誕生しました。

　メガ・グループの誕生は規模拡大という意味だけでなく，海外進出も含めたより機動的な事業展開を可能にするものでもありました。

4-2　次のグローバル事業展開へ

　2000 年代後半，国内的な不良債権問題が落ち着いたと判断した大手金融グループは一旦縮小していた海外事業戦略の再拡大に乗り出します。

　MUFG(三菱 UFJ フィナンシャルグループ) を例にして 08(平 20) 年当時の状況を見ておきましょう。総資産 (199 兆円) の内外比率は国内 171 兆円 (85.9%)，北米 18 兆円，中南米 4 兆円，欧州・中近東 20 兆円，アジア・オセアニア 11 兆円で圧倒的に国内が高くなっています。経常利益 (連結 5.68 兆円) の内外比率も日本国内 4.24 兆円 (74.6 %)，北米 0.67 兆円，中南米 0.08 兆円，欧州・中近東 0.66 兆円，アジア・オセアニア 0.37 兆円で，国内が海外を圧倒していました。

　ただ当時，目を引いたのはアジア市場の ROA(総資産純利益率) が，04 年度 0.56%，05 年度 0.55%，06 年度 0.76%，07 年度 0.66%，08 年度 0.81%

と，比較的安定していたことでした。

　世界金融危機の最中，2008 年から 09 年にかけて MUFG は，商業・投資銀行業務の強化を図ることを目的に米国モルガン・スタンレーに約9400 億円の出資を敢行します。そこで誕生したのが三菱 UFJ モルガン・スタンレー証券です。同じ頃に，SMFG(三井住友フィナンシャル・グループ)は英国バークレイズに約 1000 億円，みずほフィナンシャル・グループは米国メリルリンチ証券に約 1300 億円，それぞれ競うように出資し業務提携をしました。これらは富裕層対象のプライベートバンキングなどビジネス強化を図ることが目的とされました。欧米金融機関からすればリーマンショック後の財務的苦境にもがいていた時期ですから，渡りに船とばかりに邦銀と提携していったのだと思われます。

　00 年代後半のメガバンクによる出資では，まず提携によって国際競争力を向上させ将来の本格的進出に備えることを狙いとしていました。

4-3　2010 年代の事例；MUFG の海外戦略

　MUFG が戦略的事業提携を進めたモルガン・スタンレーとはニューヨークを本拠とするグローバル金融グループです。MUFG は出資を続けその後 10 年で持ち株比率 23.36% の最大株主となりました。MUFG との合弁により設立されたモルガン・スタンレー MUFG 証券は機関投資家や法人向けの金融商品取引業務を中心としています。もう一つの三菱 UFJ モルガン・スタンレー証券 (上記) は MUFG の完全子会社であり，モルガン・スタンレーのリサーチ力を活用した MUFG の中核総合証券会社と位置付けられ，日本の証券大手 5 社の一つに数えられます。MUAH(MUFG 米州HD コーポレーション) は MUFG と三菱 UFJ 銀行が出資する米国金融持ち株会社です。傘下に MUFG ユニオンバンク (前節) および MUFG セキュリティーズ・アメリカ等を擁しています。

　MUFG は 2013(平 25) 年から東南アジアでの買収・資本業務提携を進めました。米国ユニオンバンクと合わせ，環太平洋での商業銀行ネットワーク構築を目指していました。13 年に子会社化したアユタヤ銀行はタイ現地名をクルンシィと言い，同国内外の約 700 支店を通して日系企業取引や

個人に包括的な金融サービスを展開しています。

　バンクダナモンはインドネシアの大手商業銀行で，三菱 UFJ 銀行が 17 年 12 月に戦略出資を発表しました。同月 19.9％ の株式を取得し 19 年 5 月までに持ち株比率を 94.1％ まで高めました。その他アジアの出資先 (国籍, 持ち株比率) としては，ヴィエティンバンク (ベトナム, 19.73％)，セキュリティバンク (フィリピン，20％) などがあります。

　2018(平 30) 年からは海外資産運用業務を深化させることを目的としてオーストラリア大手マネジメント会社・CFSGAM の買収を進めました。海外資産運用業務の深化の具体的中身として MUFG は，①商品ラインナップの拡充を図る，②アジア・オセアニア地域最大の資産管理会社としてグローバル・マーケットでの存在感を一層高める，③グローバルに拡大する顧客の多様なニーズに応え付加価値を提供していくといったことを挙げています。CFSGAM はアジア・太平洋地域の株式やエマージング (新興国) 株式，インフラ投資などに有力な運用商品を持つグローバル資産管理会社であり，シドニー，エジンバラ，香港，ロンドン，ニューヨーク，シンガポールを主な拠点としています。

　モルガン・スタンレーへの最初の出資から約 10 年，MUFG はとくに大手の現地金融機関の買収によってネットワークを再び拡大していきました。2020(令 2) 年 4 月末時点のグループ海外拠点は，買収したタイのアユタヤ銀行 693，インドネシアのバンクダナモン 920，ベトナムのヴィエティンバンク 1117，フィリピンのセキュリティバンク 308，米国の MUFG ユ

図表 8-2　MUFG グループの構造，主なグループ企業

ニオンバンク 348，米州欧州他 42 と，20 世紀末を大きく上回り，国内
727 拠点と比較して海外拠点比率は 82.5％にまで上昇しました。19 年 3 月
期における海外資産と海外利益の比率は各々 21.08％と 35.43％でした。

　グループの海外戦略を担当するのは 2 つの本部です。

　グローバル CIB 事業本部は，グローバル大企業に対して商業銀行機能
と証券機能を中核にグループ一体となって付加価値のあるソリューション
を提供する「Corporate & Investment Banking(投資銀行) 業務」を展開する
としています。ソリューション提供とは，この場合は資金調達 / 運用方法
に関する解決策を示して可能なサービスを提供していくことを意味してい
ます。

　もう一つのグローバル・コマーシャルバンキング（GCB）事業本部は，
現地法人である MUFG ユニオンバンク，アユタヤ銀行，バンクダナモン，
ヴィエティンバンク，セキュリティバンク等を所管し，海外地場の中小法
人・個人向けに金融サービスを提供しています。

　80 年代邦銀の海外進出を多少見境のない量的な拡大とするなら，現代
メガバンクのそれは質向上を伴った収益機会の拡大と言えます。尤も，海
外進出する日本の金融機関全般の話ですが，資産・利益の国内比率は未だ
高く，海外ネットワークの効率化が目下の課題と言えるでしょう。

5　地域金融機関の海外進出 / 再進出

5-1　地域銀行，海外進出の推移

　80 年代の海外進出では都市銀行ばかりでなく一部の地方銀行および
相互銀行 (後の第二地方銀行) も海外拠点を増やしていました。拠点数は
1970 年末の 5 から 80 年末の 112 まで 22.4 倍の伸びです。その大半は駐在
員事務所でしたが，都銀と同様に香港に現地法人を開設し債券や株式発行
の引受けを行う地方銀行もありました。香港の他，ニューヨークやロンド
ン，シンガポールといった金融センターに次々海外拠点が設置されていき
ました。

　90 年代は都銀と同様に，そして地銀は特に BIS 規制の影響もあり撤退

が相次ぎます。地銀と第二地銀の海外支店数は，93年度末の63から01年度末の23へと急減,05年度末には14にまで減少しました。

　縮小傾向に変化が現れたのは00年代半ばです。中国を中心に地域企業のアジア進出が再び活発化したことを受けて上海を中心に駐在員事務所が増加し始めます。海外総拠点数が底を打った04年の66から年平均3〜4拠点のペースで増加が続き17年には80年代末の水準(112)を回復しました。駐在員事務所が大半ですが，中には現地法人もふくまれます（後述）。海外支店の数も12年度末に16へと増えました。2010年代は増加の中心が東南アジアへ移り，バンコクやシンガポールなど主要都市への進出が目立ちました。

5-2　海外進出する地域銀行の取組み

　外国に拠点を持った地域銀行が推進する事業が大きく二つあります。一つは外部機関との事業提携，もう一つは海外人材の育成です。

　地元企業が地域銀行に求める海外進出支援の第一は，現地販売先の確保です。しかしこれを地域銀行単独で支援することは簡単ではありません。そこで2011年以降，多くの地域銀行が海外進出支援に関する業務提携を積極化しました。主な業務提携先としては，東南アジア地域の現地銀行，国内大手銀行，国内損害保険会社といったところです。他に日本貿易保険(株)，警備会社，物流会社，監査法人などもあります。17年1月末時点で，地域銀行(地方銀行と第二地方銀行)のほとんどが自身の海外拠点の有る無しに関わらず一つ以上の外部機関と海外進出支援のための業務提携をしているといった報告もあります。

　もう一つ地域銀行に求められる地元企業の支援事業が現地人材の確保・育成・管理です。これによって地元企業の現地における資金調達や為替リスク管理など金融面での対応を円滑にすることができます。主な方法は三つあります。一つは系列関係にある国内大手銀行へのトレーニー(研修)派遣を行い，大手行を通じて行員の海外研修を行うことです。また現地と提携している場合は東南アジア現地銀行へのトレーニー派遣ができます。派遣された行員は受入銀行のジャパンデスク(日系企業対応窓口)に籍をお

いて，２年程度で現地の金融情勢や商慣習を学び，帰国後に国内営業店において海外進出支援の実務を担当するようになります。そしてもう一つがジェトロ(日本貿易振興機構)への行員派遣です。19年度末においてジェトロの国内外の事務所に地域銀行全体で延べ100名近くの行員が派遣されています。

5-3　二つの事例；静岡銀行と名古屋銀行

　具体的な事例を見ていきたいと思います。まず静岡銀行(静岡市)です。預金額と貸出額がいずれも地方銀行では5指に入る大手行ですが，海外拠点は現地法人1・支店3・駐在員事務所2と地銀で一二を争います。

　同行の国際事業は1950(昭25)年1月に外国為替公認銀行の認可を受けたことに始まります。本格的な海外進出は1982(昭57)年のロスアンゼルス駐在員事務所開設からで同駐在員事務所は85年に支店へと昇格しました。88年に米国格付機関ムーディーズ社とS＆P社より地銀で初めて格付を取得します。91年2月には初の現地法人・欧州静岡銀行(Shizuoka Bank (Europe) S.A.)をベルギー・ブリュッセルに設立しています。

　2010年代における静岡銀行の海外戦略は現地金融機関との業務提携を主としています。主な提携先(括弧内は年月)は，タイのカシコン銀行(11.2)，韓国の新韓銀行および同行日本法人SBJ銀行(11.11)，インドネシアのCIMBニアガ(11.12)，バンク・オブ・ザ・フィリピン・アイランズ(12.11)，上海銀行(13.3)，台湾の中國信託ホールディング(13.6)，インドステイト銀行(13.12)，メキシコのBBVA Bancomer S.A.(14.12)，ベトナム投資開発銀行(16.4)と続きます。

　図表8-3を観ても分かるように，海外進出を成し遂げた第二地方銀行は僅かです。中でも唯一，海外支店を持っているのが名古屋銀行(愛知県名古屋市)です。同行は資本金250億円，総資産3兆8,972億円と第二地銀では規模が大きい部類に入りますが，リスク・アセット・レシオでは12%超と国際基準をクリアするだけでなく第二地銀一位の水準でもあります。

　同行の海外進出は相互銀行時代の1986(昭61)年6月，中国江蘇省南通

市に海外駐在員事務所を開設したことが最初でした。95 年 4 月には上海市に海外駐在員事務所を開設しています。そして 2011(平 25)9 月に駐在員事務所のあった南通市に支店を開業しました (駐在員事務所は閉鎖)。

　南通支店の主な業務は，中国に進出する地元企業による現地法人の設立支援，貿易支援，市場調査など中国ビジネスのサポート業務です。また上海駐在員事務所では上海に出向く顧客と情報交換をしたり，現地での案内役 (アテンド) を務めたりしています。これら活動から地元企業との密着

図表 8-3　地方銀行の海外拠点

（2016 年 4 月末，A：現地法人，B：支店，無印：駐在員事務所，＊第二地銀)

国	都市	設置銀行
米国(10)	ニューヨーク(9)	常陽，群馬(B)，千葉(B)，横浜，北陸，静岡(B)，中国，伊予，福岡
	ロスアンゼルス(1)	静岡(B)
英国(3)	ロンドン(3)	千葉(B)，横浜，北陸
ベルギー(1)	ブリュッセル(1)	静岡(A)
ロシア(2)	ユジノサハリンスク(1)	北海道
	ウラジオストク(1)	北海道
韓国(2)	ソウル(1)	西日本シティ
	釜山(1)	山口(B)
中国(57)	香港(17)	群馬(A)，千葉(B)，横浜，山梨中央，八十二(B)，大垣共立，十六，静岡(B)，大分，滋賀(B)，京都，南都，中国(B)，山口，伊予(B)，福岡，西日本シティ
	青島(1)	山口(B)
	瀋陽(1)	北海道
	大連(7)	北洋＊
	上海(29)	みちのく，七十七，常陽，群馬，千葉，横浜(B)，第四，八十二，北陸，北國，大垣共立，十六，静岡，百五，滋賀，京都，南都，山陰合同，中国，広島，百十四，伊予，福岡，西日本シティ，肥後，鹿児島，北洋＊，名古屋＊，みなと＊
	蘇州(1)	池田泉州
	南通(1)	名古屋(B)＊
シンガポール(13)	シンガポール(13)	常陽，千葉，八十二，北陸，北國，静岡，十六，百五，百十四，中国，広島，伊予，福岡
タイ(16)	バンコク(16)	北都，千葉，横浜，八十二，北陸，福井，大垣共立，十六，百五，滋賀，京都，山陰合同，広島，福岡，北洋＊
ベトナム(1)	ホーチミン(1)	大垣共立
台湾(1)	台北(1)	福岡
合計(106)	10ヵ国19都市	

出典：①鈴木厚 (2015)「地域金融機関 (地銀 , 第二地銀 , 信金) の海外提携戦略」,5 頁 .
②安達裕章 (2017)「中小企業の海外展開における地域金融機関あり方ついての考察
－アジアにおける我が国公的機関との連携有用性課題を中心して－」,6 頁 .

金融リレーションシップは国内にとどまらない，地銀の海外進出はそのためにあることを理解できます。

6 21世紀 日系証券の海外進出

6-1 リーマンショック後のグローバル買収競争

　第1章などで見てきたように証券業界は国内的には益々厳しくなる競争環境にさらされています。業務分野規制の緩和によって銀行業から証券業(投信の窓販，証券取引仲介など)への参入が促進され，今世紀に入ってからは，金融持ち株会社の解禁によりメガバンク系のグローバル証券が競争相手に加わりました。さらには店舗を持たないネット証券の拡大によって売買手数料の引下げ競争は激化して行きます。旧来ビジネスモデルにしがみ付いていては淘汰されるのを待つばかりです。

　リーマンショックを契機として，生き残りをかけた買収競争が内外の大手証券により展開されました。グローバル化が進んだ現代においては日系も米系も同じ土俵でビジネス展開しているという意識で見ていく必要があります。主なプレーヤーを見ていきましょう。

　まず米国銀行系では，JPモルガン・チェースがベア・スターンズ証券を買収する一方，シティグループは日興コーディアル証券を三井住友FGへ売却することでノンコア事業の分離を図りました。米国非銀行系(かつての5大証券)では最大手のゴールドマン・サックスが銀行持ち株会社化によってグローバルな買収戦略を展開する一方，既述のようにモルガン・スタンレーはMUFGと資本提携しこれに対抗しました。業界3位のメリルリンチはバンク・オブ・アメリカ傘下に入りました。4位リーマン・ブラザーズはご存じのように破綻，5位のベア・スターンズは上記のようにJPモルガン・チェースが買収しました。

　本邦銀行系では，上記のごとくMUFG(三菱UFJフィナンシャル)はモルガン・スタンレーと資本提携し合弁事業を起こしています。SMFG(三井住友フィナンシャル)は米シティグループから譲渡された日興コーディアル証券を子会社化しました。こうして生まれたのがSMBC日興証券です。

もう一つのメガバンクみずほ FG は新光証券を吸収合併しています。本邦非銀行系では野村ホールディングスがリーマン・ブラザーズの持っていた欧州とアジアの業務を買収しました。次項で言及する大和証券は北米でM&A アドバイザリー事業を担う有力会社を買収しています。

6-2　海外進出の歴史；大和証券グループの事例

　大和証券の海外進出は 1959(昭 34) 年にニューヨーク駐在員事務所を設立したときに始まります。1964(昭 39) 年にはロンドン駐在員事務所を立上げる一方, ニューヨークの駐在員事務所は現地法人に格上げされました。1970(昭 45) 年, アジア開発銀行が初の円建て外債を発行したとき引受幹事となり, 同じ年香港, 72(昭 47) 年シンガポールにそれぞれ現地法人を設立します。81(昭 56) 年にはロンドン駐在員事務所を現地法人に格上げ,85(昭 60) 年に米国市場で初の円建て外債が発行されたときは引受主幹事会社になりました。

　上位都銀が欧米の主要取引所に上場した後を追うように, 大和証券は90(平 2) 年に欧州 7 市場で一斉上場を果たします。邦銀が海外拠点の削減を進める間も 95(平 7) 年のフィリピン, 99(平 11) 年の台湾, 04(平 16) 年の上海, 07 年 (平 9) 年のムンバイと現地法人の設立は数年ごとに実施されました。

　リーマン以降では 09(平 21) 年に英国 CBCF HD を買収しています。16(平 28) 年にミャンマー証券取引センター開業にあわせて証券免許取得したのに続いてサイゴン証券を持分法適用関連会社とし, 17(平 29) 年には米国の Sagent Advisors と Signal Hill を買収して, DCS Advisory に統合する (18 年 3 月) など海外事業は拡大を続けています。

6-3　現在進行形の事業展開；みずほ証券グループの事例

　みずほ証券グループはヨーロッパ, 北米, そしてアジアの各地域にそれぞれ中心となる現地法人を置いて, 各々が固有の事業を展開しています。

　欧州では, みずほインターナショナルが有価証券の引受・販売および売買, M&A アドバイザリー業務等を営んでいます。北米では, 米国みず

ほ証券が有価証券の引受・販売・売買，先物取引仲介業，そしてやはり
M&A アドバイザリー業務等を営んでいます。

　アジアでは，みずほセキュリティーズアジアが有価証券の引受・販売お
よび売買，M&A アドバイザリー業務，投資顧問業務等を行う一方，みず
ほセキュリティーズシンガポールは先物取引の取次・清算業務を中心に営
む他，株式債券セールス業務，ウェルス・マネジメント業務（第1章）な
どを展開しています。

　中国では，現地法人の瑞穂投資諮詢(上海)有限公司が中国関連のコン
サルティング業務を行い，北京駐在員事務所と上海駐在員事務所がそれぞ
れの地域の情報収集に当たっています。またインドでは，みずほセキュリ
ティーズインディア(ムンバイ)が現地企業の海外資金調達の幹旋，現地
企業や日本企業に対する出資・提携に関するアドバイザリー・サービス等
を事業としています。

　このように同グループは各国・各地域のビジネス事情に合わせて重点的
な事業展開を進めていることが理解されます。

6-4　日本で販売するグローバル商品；岡三証券の事例

　グローバルに事業展開する大手とは異なり，国内市場を中心に事業を営
む証券会社も日本の顧客向けに海外金融商品の扱いを増やしています。

　準大手の岡三証券が外国株式のセールス・ポイントとして強調するのは，
まず世界優良企業の株主になれるということです。実際，時価総額ランキ
ング上位50社に入っている日本企業はトヨタ自動車一社という状況がこ
こ数年続いています。ICT やフィンテック等の世界経済を牽引する産業な
ら外国株投資が定石というのは事実です。同社はその他外国株のメリット
として①高成長の新興国に投資できること，②グローバルなリスク分散，
③高配当等々を挙げています。

　また，同社は海外投信として米国分散投資戦略ファンド(米国株式，米
国債券，米国リート，コモディティ(原油・金・穀物など)の4資産に分散投資)
を独自開発して販売しています。グローバル化を意識することは，国内顧
客に限ってみても外せない要件なのです（第1章も参照）。

7　外資系金融の日本での活動

7-1　外資系金融の日本進出史

　外資系と言われる金融機関が独自の判断で日本市場に進出する例は古い時代から存在します。経済産業省『外資系企業動向調査』によれば，外資系企業とは資本の 3 分の 1 以上に外国資本が入っている企業のことを指します。

　日本における外資系金融の活動の歴史は幕末 1866(慶応 2) 年に当時世界を席巻していた香港上海銀行 (HSBC，英国系) が横浜支店を開設したことに始まります。HSBC は横浜正金銀行のモデルにもなりました。1872(明 5) 年には，当時の新興国ドイツからドイツ銀行 (民間銀行) が英国に対抗するかのように横浜支店を開設しましたが，開設から僅か 3 年後に閉鎖してしまいます。証券では 1924(大 13) 年，JP モルガンが関東大震災の震災復興公債 1 億 5000 万ドルを日本政府から引受けたのが日本進出の嚆矢とされます。

　戦後の 1946(昭 21) 年に最初に活動を再開させた外資金融は米国シティバンクでした。それに続いて，1947(昭 22) 年に同じく米系のチェース・ナショナル銀行，バンク・オブ・アメリカが東京支店を開設しました。証券では 1959(昭 34) 年，ファースト・ボストン (現クレディ・スイス) が日本政府による戦後初の国債起債で単独引受幹事になっています。1961(昭 36) 年には JP モルガンの銀行部門であるモルガン銀行が東京に駐在員事務所を設立 (69 年に支店昇格) しました。

　大蔵省の緩和策で日本の金融機関が海外進出を活発化させた 1970 年代は，外資系も続々と日本進出を果たしました。1970(昭 45) 年，モルガン・スタンレーが東京駐在員事務所を開設し，1972(昭 47) 年にはメリルリンチ証券，バークレイズ銀行が東京支店を開設しました。1973(昭 48) 年にファースト・ナショナル・シティ・コーポレーションが東証上場，1974(昭 49) 年はゴールドマン・サックスが東京駐在員事務所を開設，また同年に Aflac（アメリカン・ファミリー生命保険）が日本支店を開設して

保険分野でも日本進出が始まりました。80 年代では 1985(昭 60) 年にモルガン信託銀行，チェース信託銀行，ケミカル信託銀行と連続して信託の日本法人が東京に設立されました。

　米国の保険業界は 80 年代から 90 年代にかけて日本の市場開放に向け政府を通じた働きかけを継続していました。また象徴的な出来事として，1998(平 10) 年に前年破綻した山一證券営業網の大半を引き継ぐ形でメリルリンチ日本証券が設立されました。その後，破綻した日長銀や日債銀をはじめ大手金融が外資に引継がれていくと「日本金融が外資に乗っ取られる」といった疑心暗鬼も生まれました。

7-2　2010 年代の概況

　少し冷静に考えれば，外資の進出は日本経済 (の将来) が海外から期待されている証左だということが分かります。外資の日本における事業の現況は潮の干満でいうなら「引き潮」状況です。経産省は 2017 年度末に外資系金融・保険業に今後の日本事業展開に関するアンケートを実施しました。回答があった 156 社のうち，拡大予定が 63.4 ％，現状維持が 34.4 ％で，縮小予定との回答はわずか 2.3 ％でした (事業廃止は 0 ％)。

　しかしアンケート回答とは裏腹に 2010 年代における実際の事業推移は**図表 8-4** に見る通りです。総資産は減っていませんが，売上げおよび経常利益は減少傾向です。13 年度から 18 年度にかけて約 2 割の企業が撤退し，従業員数も減少が目立っています。

図表 8-4　外資系金融・保険業 (全体) の事業推移 (百万円)

	10年度	11年度	12年度	13年度	14年度	15年度	16年度	17年度
売上高	6,942,388	6,654,308	10,173,120	10,269,309	10,269,309	9,673,414	8,752,160	6,374,809
経常利益	401,141	419,483	359,501	593,539	469,493	600,408	549,661	455,843
総資産	95,837,019	68,704,344	66,226,505	79,777,595	76,248,409	77,121,662	67,833,392	75,691,715
設備投資額	30,704	37,532	19,589	30,114	76,292	103,047	88,805	79,044
研究開発費	N/A	235	349	551	N/A	5,079	N/A	N/A
従業員数(人)	68,114	56,922	53,735	56,875	57,675	56,083	50,374	36,161
撤退企業数	N/A	N/A	N/A	7	7	5	7	7

出典：経済産業省・統計データより作成

7-3　系統別の現況

　全体としてみれば退潮傾向が読み取れる外資の日本における活動ですが，系統別に観察するとまた違った動向が見えてきます。

　まず商業銀行系についてです。リーマンショック／世界金融危機を受けて 2010 年代は各国が大規模な金融緩和を実施しました。市場に膨大な資金が供給され，資産価格は上昇，日米欧の主要金融機関の業績は回復しました。その一方で規制強化 (バーゼルⅢ，レバレッジ規制等) やマイナス金利の影響もあり投融資業務は縮小してきています。

　外国銀行支店が 19 年 8 月末の 22 カ国 56 行から 20 年 8 月末の 18 カ国 54 行へと減少したことは序章で述べました。しかし，これらの国には 1 年で 5 行から 9 行へと数を増やした中国も含まれます。本邦地銀の海外拠点が圧倒的に多いのも，中国 (全体の約 54 %) ですが (**図表8-3**を参照)，進出銀行数が多いということは自国企業 (中国系) がそれだけそこ (日本) でビジネスをしている証でしょう。

　次に日本の証券会社にあたる投資銀行系について見ましょう。外資証券はクロスボーダーな M&A 案件を対企業で提案するビジネスでは日本市場をリードしています。また対消費者向けサービスではウェルス・マネジメントなど富裕層に偏重したビジネス展開に特徴がみられます。投資銀行のグローバルな 1 位はゴールドマン・サックスですが殊日本市場では MUFG と提携しているモルガン・スタンレーの方が上位に位置しています。ただ M&A アドバイザリー (助言) 業に関してなら，ゴールドマンの実績が目立っています。買収側では，2014 年の第一生命保険による米国プロテクティブ・ライフ買収 (約 5,852 億円)，2015 年の三井住友ファイナンス・アンド・リースによる米国 GE 日本リース事業買収 (約 5,750 億円) が大きな案件でした。被買収側では，2015 年の東京海上日動火災保険による米国 HCC インシュアランス・ホールディングス買収 (約 9,253 億円)，そして 2017 年の東芝のメモリー事業売却 (約 2 兆円) がビッグディールと呼ぶべき案件でした。

　生命保険系では，外資系企業がほぼ一方的に勢力を拡大する構図が固

まってきています。この業界だけは将来的に「外資に乗っ取られる」が疑心暗鬼とばかり言えない状況になっています。アメリカンファミリー(Aflac, 米) は日本郵政と提携し全国郵便局を通じて商品販売をしています。その他外資生保の動きとして，メットライフ生命 (米) が AIG 系アリコを買収，プルデンシャル・ファイナンシャル (米) も AIG スター生命と AIG エジソン生命を合併し地盤固めを進めました。

　以上に見たように業態別に観察すれば，必ずしも外資系金融の日本ビジネスが細っていくばかりではないことが見えてきます。

　日本企業はモノづくりやきめ細やかなサービスの分野で，決して付加価値を生み出していないわけではありません。問題はそれが正当に評価されていないところにあるかもしれません。ハイクオリティーなものを安く提供しすぎているという金融実務家の指摘もあります。

　外資のなかには日本の新興企業等を育てる姿勢も持った投資ファンドも複数存在します。しかし本来，日本企業の仕事の価値を正当に評価するのは日本の金融機関もしくは投資家の任のはずです。リレーションシップを進化 (深化) させることで日本経済全体として企業価値を高められれば，収益期待が高まった外資金融は自ずと戻ってくるものと考えられます。

文献案内

　本書はテキストとしての性格上，関連の文献を全て挙げることはしませんが，あるいは読者の学習・研究を深める一助になるのではと思われる著書・論文・HP アドレスについて以下に記したいと思います．

伊鹿倉正司，2016，「わが国都市銀行の重層的国際化」，『東北学院大学経済学論集』第 187 号，93-118.

池尾和人，2013，『連続講義・デフレと経済政策―アベノミクスと経済分析』，日経ＢＰ社.

岩田一政・深尾光洋編，1998，『財政投融資の経済分析』，日本経済新聞社.

岩村充，2018，『金融政策に未来はあるか』，岩波書店.

翁百合，2010，『金融危機とプルーデンス政策―金融システム・企業の再生に向けて』，日本経済新聞出版社.

釜江廣志，2015，『入門証券市場論〔第 3 版補訂〕』，有斐閣.

国民金融公庫総合研究所編，1999，『ポストビッグバンの中小企業金融』，中小企業リサーチセンター.

小村衆統・守山昭男・西脇廣治・二上季代司，1997，『金融システム論』，多賀出版.

櫻川晶也・宿輪純一，2015，『金融が支える日本経済―真の成長戦略を考える』，東洋経済新報社.

渋澤健，2020，『SDGs 投資―資産運用しながら社会貢献』，朝日新聞出版.

千田純一・岡正生・藤原英郎，1997，『日本の金融システム―新たな課題と求められる姿』，中央経済社.

高橋亀吉・森垣淑，1993，『昭和金融恐慌史 (改訂再版)』，講談社.

立脇和夫，2002，「外国証券会杜の日本進出の史的分析」，『早稲田商学』第 393 号，43-95.

田中光，2018，『もう一つの金融システム―近代日本とマイクロクレジット』，名古屋大学出版会

筒井義郎・植村修一編, 2007,『リレーションシップバンキングと地域金融』, 日本経済新聞出版社.

中村隆英, 1994,『昭和恐慌と経済政策』, 講談社.

仁科一彦, 1997,『現代ファイナンス理論入門』, 中央経済社.

蝋川靖浩・宮島英昭, 2015,「銀行と企業の関係:歴史と展望」,『組織科学』, Vol.45, No.1, 19-31.

野口悠紀雄・藤井眞理子, 2000,『金融工学―ポートフォリオ選択と派生資産の経済分析』, ダイヤモンド社.

畫間文彦, 2011,『基礎コース 金融論（第3版）』, 新世社.

福田慎一, 2013,『金融論―市場と経済政策の有効性』, 有斐閣.

堀内昭義, 1990,『金融論』, 東京大学出版会.

ポール・シェアード, 1997,『メインバンク資本主義の危機―ビッグバンで変わる日本型経営』, 東洋経済新報社.

前田真一郎, 2014,『米国リテール金融の研究―消費者信用の歴史的発展過程』, 日本評論社.

みずほ証券バーゼルⅢ研究会編, 2012,『詳解 バーゼルⅢによる新国際金融規制』, 中央経済社.

ムハマド・ユヌス, 千葉敏生訳, 2010,『ソーシャル・ビジネス革命』, 早川書房 (Muhammad Yunus,2010,Building Social Business, Public Affairs).

村本孜, 2005,『リレーションシップ・バンキングと金融システム』, 東洋経済新報社.

安田嘉明・貞松茂・林裕, 2014,『金融入門―銀行・証券・保険の基礎知識　改訂版』, 税務経理協会.

薮下史郎・武士俣友生, 2006,『中小企業金融入門 第2版』, 東洋経済新報社.

日本銀行ホームページ；https://www.boj.or.jp/

金融庁ホームページ；https://www.fsa.go.jp/

索　引

■著　者
西垣　鳴人（にしがき　なるんと）

名城大学経営学部国際経営学科　教授
名古屋大学博士（経済学）

【著書】
『ディレギュレーション時代の公的金融』御茶の水書房
『ポストバンク改革の国際比較』柘植書房新社
『入門テキスト 現代韓国経済』（李 允福と共著）柘植書房新社
その他，内外の金融システムに関する論文多数

リカレント講座
令和日本の金融システム

2021 年 4 月 20 日　初版第 1 刷発行　定価 3,200 円 + 税

著　者　　　西垣　鳴人
装　幀　　　市村繁和（i-Media）
発行所　　　柘植書房新社
　　　　　　113-0001 東京都文京区白山 1-2-10 秋田ハウス 102
　　　　　　TEL03-3818-9270 FAX03-3818-9274
　　　　　　https://www.tsugeshobo.com　郵便振替 00160-4-113372
印刷・製本　　創栄図書印刷株式会社

乱丁・落丁はお取り替えいたします。　　　　　ISBN978-4-8068-0748-3　C3033

POST BANK

ポストバンク
改革の国際比較
相対化された郵貯論争

西垣鳴人著

柘植書房新社

ポストバンク
改革の国際比較
相対化された郵貯論争
西垣鳴人著／定価 3200 円＋税
ISBN978-4-8068-0646-2　C0033
ポストバンクとは、郵便店舗ネットワークを通じて種々の金融サービスを提供する機関もしくはビジネススタイルを意味する概念である。……効率性追求と社会的責務、これらをいかに両立させるかが、ポストバンク改革最大のテーマとなっている。（はしがきより）

入門テキスト
現代韓国経済

Lee Yun Bok　　Nishigaki Narunto
李　允福・西垣鳴人〔著〕

つげ書房新社

入門テキスト
現代韓国経済
李允福・西垣鳴人著
定価 2500 円＋税
ISBN978-4-8068-0655-4　C0033
この書物としての『入門テキスト現代韓国経済』は、日本人として知っておくべき韓国経済の基礎知識（リテラシー）とは何なのかということを念頭に執筆されている。（はしがきより）